GÜTERSDIE
LOHERVISION
VERLAGSEINER
HAUSNEUENWELT

Für Monika Fey

Heike Fink

Mein Jahr mit dem Tod

Wie ich den großen Unbekannten besser kennenlernte

GÜTERSDIE
LOHERVISION
VERLAGSEINER
HAUSNEUENWELT

INHALT

1 **JANUAR – WISSENSCHAFT**
Vom anderen Vollmond
und der fehlenden Erinnerung ans Totsein........ 6

2 **FEBRUAR – FREUNDSCHAFT**
Sterne im Sterbezimmer
und ein verstecktes Wort 34

3 **MÄRZ – FAMILIE**
Für einen Mann ohne Grab
und eine Familie im goldenen Golf 52

4 **APRIL – LIEBE**
Wasserschlacht am Gummipool
und Darth Vaders Rollstuhl............................... 78

5 **MAI – ERINNERUNG**
Vom unsterblichen Klang der Stimme
und Madonna ohne Krone 104

6 **JUNI – DICHTUNG**
Die Einsamkeit des Märchenhelden
oder von einer, die auszog, das Fürchten
zu lernen 130

7 **JULI – KUNST**
Don't be bürgerlich
und das Manifest von Energie 158

8 **AUGUST – URLAUB**
Von Friedhofsmenschen
und einem Goldfischglas im Mausoleum........ 181

9 **SEPTEMBER – TECHNIK**
Töten fürs System
und zwei L für zweimal Leben 210

10 **OKTOBER – NATUR**
Von hängenden Tomaten
und der Verkehrssicherheit auf Friedhöfen 238

11 **NOVEMBER – ARBEIT**
Verschiedene Leichenfunde
und der Mann, der den Boden wischt............. 265

12 **DEZEMBER – GLAUBE**
Die Frau im Farbmantel
und stehen an der Temperaturgrenze 289

Dank 317

1 JANUAR – WISSENSCHAFT

Vom anderen Vollmond und der fehlenden Erinnerung ans Totsein

Ich habe Angst vor dem Tod.
Gleichzeitig fasziniert er mich. Warum ist das so? Würde man mehr von sich selbst verstehen, vom Sinn und Zweck seines Daseins, wenn man mehr über ihn wüsste? Im Allgemeinen glaubt man das. Um es herauszufinden, müsste ich mich ihm annähern. Mitunter, stelle ich fest, gibt er sich nämlich recht einladend, ihn als geheimnisvolles Rätsel zu begreifen. Aber warum sollte ich? Braucht man überhaupt einen Lebenssinn? Ich atme, ich esse, schlafe, mache Liebe, habe Familie, Freunde und einen erfüllenden Beruf. Ich bin gesund und mobil. Ich beherrsche mehrere Fremdsprachen: Englisch, Schulfranzösisch und Schwäbisch. Ich kann die basalen Grundgefühle voneinander unterscheiden und weiß, was ich tun muss, um mich aufzuheitern, wenn es mir dreckig geht. Zwar glaube ich an keinen Gott, empfinde trotzdem Dankbarkeit, weil es Schönheit auf Erden gibt. Ich habe alles, was ich brauche. Und noch viel mehr ...
... außer die Kontrolle über meine Lebenszeit.

Physikalisch gesprochen bin ich ein instabiler, radioaktiver Atomkern, der mit Sicherheit zerfallen wird, ohne dass der Zeitpunkt des Verfalls vorausbestimmt werden könnte.

Wer oder was ist der Tod? Warum ist der Zerfall naturgegeben und der Moment des letzten Zerbröselns ein absoluter, erbarmungsloser Zufall?

Um die Angst vor dem Tod zu verlieren, muss ich bloß begreifen, dass ich zerfalle, dass ich sterblich bin, dass es allem Lebendigen so ergeht und Sterben also völlig normal und natürlich ist.

Es ist der unerträglichste Gedanke meines Lebens, die schrecklichste Erkenntnis, die mich je heimgesucht hat;

schlimmer als Erwachsenwerden. Meine Körperwärme, mein Duft, mein Fingerabdruck, meine Einfälle und die Art, beim Sprechen, das S leicht zu zischeln werden mit mir zugrunde gehen. Irgendwann einmal werde ich ausgelöscht sein. Ich habe keine Idee davon, was das Ende meines Bewusstseins bedeutet. Ich kann mir nicht vorstellen, NICHT zu sein.

Wie geht Nichtsein? Das Fremde, sagt man, verursacht mitunter Ängste. Je mehr man darüber weiß, desto eher gewöhnt man sich daran. Lernte ich ihn nun kennen, diesen unbekannten, entfernten, fremden Tod und gewöhnte mich an ihn …

… würde dann die Angst weniger?

Am liebsten würde ich die Finger davon lassen. Es ängstigt mich schon, das Wort TOD zu schreiben. Das Wort T O D. Es starrt mich an, versucht mir in die Augen zu sehen. Mein Blick weicht seinem runden Vollmondgesicht mit den unterschiedlichen Ohren aus, kaum dass meine Finger die drei Buchstaben schreiben. In großen Lettern wirkt er noch bedrohlicher. T O D. Als kleiner *Tod* verliert er ein wenig sein einschüchterndes Auftreten. Sein Gesicht verwandelt sich in einen Mund, der o sagt; ein beinahe erstauntes Oh! Schreibe ich ihn von hinten her – Dot – wird aus ihm eine englische Vokabel. Sie bedeutet Punkt.

Es war einer dieser Tage, an denen man die Welt besonders intensiv wahrnimmt; kühle Luft auf den Wangen spürt, die feuchte Erde und den beginnenden Herbst riecht. Selten kam mir das Laub der Bäume so orangerot und glühend vor. Zwischen den Blättern spielte die Sonne. Es war ein wundervoller, kristallklarer Tag. Nur, wenn ich meinen Blick senkte, legte sich ein Nebelschleier vor meine Augen.

Die frische Erde ist der Hügel neben dem Grab meines Freundes. Um mich gruppieren sich dunkel gekleidete Menschen, Freunde, Bekannte und Unbekannte. Sie schweigen.

Manche murmeln. Keiner weint laut. Ich stehe am Fuß des Grabes. Ich halte eine Rose in der Hand und weiß nicht, wie ich sie hinunterwerfen soll. Kann man das verlernen? Ich spüre einen Sog und schwanke leicht. Zwei Meter geht es hinab ins Erdreich. Der Wind weht sacht. Über mir rauschen die Bäume. Ich erinnere mich, dass alle, die vor mir an das Grab getreten sind, gewankt haben und sich ausbalancieren mussten. Haben sie alle dasselbe empfunden wie ich? Meine Hand öffnet sich. Die Rose fällt zu den anderen. Wie Mikadostäbe liegen sie kreuz und quer auf dem Sarg.

Keine halbe Stunde später esse ich Nusstorte und unterhalte mich mit Leuten, die ich zum ersten Mal sehe. Auf gewisse Weise sind wir uns nah. Der Tod hat aus uns eine Wahlverwandtschaft werden lassen für diesen einen Tag. Es braucht nicht viele Worte, seine Empfindungen mitzuteilen, einander zu verstehen. Trotzdem sprechen wir, viel sogar und analysieren unsere Bekanntschaftsbeziehungen, deren Knotenpunkt der Tote ist. Dabei witzeln wir, als sei nichts gewesen, als sei da keine Trauer in uns, die uns die Brust eng macht. Das dunkle Loch in der Erde auf dem Friedhof ist Abstraktion geworden. Zum Kaffee gibt es Hochprozentiges und plötzlich fällt mir auf, dass ich mich in dieser leicht übergeschnappten Stimmung, die ich von anderen Beerdigungen her kenne und die mir typisch erscheint, ziemlich wohlfühle inmitten der Gemeinschaft anderer. Jemand sagt »Essen und Trinken hält Leib und Seele zusammen.« Es wird auf den Toten angestoßen. Vernuschelt höre ich Wortfetzen: »Es muss weitergehen«, »Jaja, so ist das Leben«. Erinnerungen über den Verstorbenen werden ausgetauscht, häufig eingeleitet mit »Es hätte ihm gefallen, dass ...«

... wir uns gepflegt betrinken.

... alle zusammen sind.

... wir lachen und scherzen.

... wir uns so gut halten und keiner heulend zusammenbricht.

Dabei möchte ich heulen und schreien, ich möchte kreischen und toben, schluchzen und wehklagen und in den Meeresfluten meiner Trauer ertrinken. Nichts kann mich trösten. Nichts kann meinen Freund zurückbringen. Wie kann ich diesen Schmerz jemals ertragen? Am Nebentisch unterhalten sich einige darüber, wie sie selbst einmal sterben möchten, wenn sie die Wahl hätten. Fast alle möchten schnell und schmerzfrei sterben. Es herrscht die einhellige Meinung darüber, dass unser toter Freund es gut getroffen hat. Binnen eines Augenblicks hörte sein Herz auf zu schlagen. Noch bevor er auf dem Fußboden aufschlug, war er tot. Er hat weder den Aufprall gespürt, noch den Krach gehört, den sein rund neunzig Kilo schwerer Körper verursacht hat. An seiner verdrehten Körperhaltung konnte der Arzt, der den Totenschein ausstellte, es ablesen. Plötzlich wollen alle so sterben wie unser Freund – nur nicht so jung natürlich. Mich wundert, dass keiner *nicht* sterben will und frage in die Runde. Tatsächlich will niemand unsterblich sein. Außer mir!

Der Mann mir gegenüber, der bisher geschwiegen und mit Hingabe Torte gegessen hat, sagt ohne Zusammenhang: »Wenn man Leichenschmaus wortwörtlich nimmt …« Das Lachen platzt aus mir heraus. Ich lache, bis ich weine und umgekehrt, dann werde ich wieder ruhig. Ich halte mich recht gut, denn ich abstrahiere den konkreten Tod meines Freundes. Er liegt nicht da unten in der Erde und vermodert. Er ist von nun an in meinen Gedanken und wird dort weiterleben …

… wann immer ich an ihn denke, solange ich an ihn denke …
… bis ich selbst … einmal nicht mehr bin.

Es dauert einen Augenblick, bis ich meine eigenen Gedanken begreife und mir peu à peu beim Betrachten der dunkleren Flecken, die sich neuerdings auf meinen Handrücken ausbreiten, das Ausmaß dessen bewusst wird, was ich bisher nur erahnte: Urplötzlich überschreitet der Tod den Bannkreis, den bislang Jugend, Jungsein und Jungaussehen um mich gezogen hatten. Meine Tochter zieht aus, erste Falten ziehen in mein Gesicht, weiße Haare auf meinen Kopf. Vermehrt sterben Personen im meinem näheren Umkreis. Mein Freund ist tot. Menschen gehen für immer verloren. Auch ich werde verloren gehen und der Welt abhandenkommen. Dieser Sog ist drängender als der vorhin am offenen Grab. Tagelang schleppe ich ihn neben der Trauer um den Verlust des Freundes mit mir herum. Von nun an wird es schwerer Leichtigkeit zu spüren. Ich befinde mich in der Mitte des Lebens. Man könnte sagen, die Hälfte ist vorüber. Man könnte aber auch sagen, der zweite Teil liegt vor mir. So oder so – es ist Halbzeit. Die Hälfte der Zeit ist unwiederbringlich passé, womöglich vertan. Aber so weit will ich nicht denken! Ich muss eine Methode entwickeln, um das Unerträgliche ertragbar zu machen – die Vorstellung, dass mir wahrscheinlich nicht mehr genügend Zeit bleibt, um alles noch zu erleben, was ich erleben will, bis es ernst wird.

Mein Freund und ich waren gleichaltrig. Er ist der Erste, der gegangen ist. Noch bin ich und sind wir anderen die Überlebenden. Im Angesicht des Todes, davon bin ich überzeugt, gibt es mehr als die üblichen Weisheiten, wie »Das Leben muss weitergehen«, »Augen zu und durch« oder »Man muss das Leben in vollen Zügen auskosten und genießen«. Da muss mehr sein!

Marc Müller ist ein Sonntagskind. An einem Sonntag wurde er geboren. An einem Sonntag ist er gestorben. Er gäbe etwas darum, sich an seinen Tod erinnern zu können.

»Manchmal denke ich darüber nach, mich unter Hypnose zu begeben, um meinen Tod noch einmal bewusst erleben zu können. Für mich als Wissenschaftler wäre das eine Bereicherung.«

Totsein ist natürlich Definitionssache, und die Frage nach der Reversibilität macht es nicht einfacher. Sämtliche Religionslehren beantworten sie eindeutig. In der Medizin dürfen lebenserhaltende Maßnahmen bei Nicht-Hirntoten keinesfalls unterlassen oder ausgesetzt werden, was wohl bedeutet, dass auch die Humanwissenschaftler so ihre Zweifel am Totsein haben, sofern ›nur‹ die Vitalfunktionen, nicht aber die Hirnströme erlöschen. Kann ein Mensch auferstehen von den Toten? Offensichtlich. Es gibt zahlreiche Berichte von Rückkehrern. Marc Müller ist einer von ihnen.

»Mein Herz stand still für mehrere Minuten.« Mir gegenüber steht ein Mensch, der tot war, und blickt mich durchdringend an. Und ich versuche zu verbergen, dass ich verstohlen seine Gesichtszüge nach Anzeichen erkunde, ob man es ihm ansehen kann, ob der Tod feine Spuren hinterlassen hat. Er lächelt. Die Gläser seiner Brille fangen meine Neugier ein und werfen sie zurück. Bisher finde ich keinerlei Spuren, jedenfalls keine augenscheinlichen. Marc Müller war klinisch tot, jedoch nicht hirntot, wie es fachmedizinisch so schön und brutal heißt. Gehirnströme sind elektrische Aktivität, also pure Energie. Energetisch betrachtet lebte Marc Müller noch, irgendwie. Theoretisch hätte er eine Chance gehabt, seinen Tod bewusst mitzuerleben und sich hinterher daran zu entsinnen. Er hätte eine Chance gehabt, auf all das Wunderbare und Erhabene, das Licht und die allumhüllende, durchdringende Geborgenheit, all das wovon Menschen mit Nahtoderlebnissen berichten. Marc Müller hat nichts.

Wir stehen in einem langen Korridor. Es ist grau, drinnen wie draußen. Auf meinem Weg in die Uni trübte sich der Tag mehr und mehr ein. Der Flur hat graue Wände, einen grauen Fußboden aus stumpf gewordenem Linoleum, die ehemals weißen Deckenplatten aus nicht unbedingt gesundheitsförderlichem Material tragen einen Grauschleier, dem offensichtlich keine Reinigungskraft der Welt beikommen kann. Zufällig trage ich eine graue Jacke.

Mit unverhohlen enttäuschtem Gesichtsausdruck schließt Marc Müller die Tür zum Versuchslabor auf. »Leider kann ich mich nicht an meinen ersten Tod erinnern. So ein Unglück! Ich habe das größte Ereignis, das Nichtleben, verpasst. Ich hatte die einmalige Gelegenheit, ein Geheimnis zu erfahren, und hab sie einfach verpasst.« Unwirsch schüttelt er den Kopf. »Wenn man schon mal tot ist, verflucht noch mal, warum kann ich mich dann nicht erinnern, wie es war? Ich bedauere zutiefst, kein Nahtoderlebnis gehabt zu haben.«

Ich kann es ihm nachfühlen. Da erlebt man einen großen, monumentalen Moment von außergewöhnlichem Wert und behält nichts davon außer der Auslöschung des Bewusstseins. Und das ausgerechnet ihm, einem Naturwissenschaftler. Der Tod hatte ihm nichts Interessantes zu bieten. Ich verstehe sehr gut, das braucht man kein zweites Mal … Und doch, so wird es enden. Marc Müller kann sich dabei nicht einmal sicher sein, von dem hellen Licht und der Geborgenheit empfangen und geleitet zu werden, wovon Menschen mit Nahtoderlebnissen berichten. Sein Tod war das Erleben von nichts.

Er öffnet die Tür und führt mich ins Labor. Der Raum ist groß und hell und wird beherrscht von einem mannshohen Kunstdruck. Ich erkenne nicht gleich, wer die beiden Männer auf dem Bild sind. Marc Müller stellt mir Platon und Aristoteles vor, will aber zur Sicherheit nachschauen, ob er sich auch nicht irrt. Er rückt die schwere Holztafel ein Stück von der Wand ab und findet auf der Rückseite den Titel, es ist ein Ausschnitt aus Raffaels Fresko *Die Schule von Athen*. Anschließend hängt das Bild schief. Platon zeigt nun nicht mehr senkrecht nach oben, sondern nach schräglinks.

»Er verweist auf die Ideen, die in der Luft liegen«, erklärt Marc Müller. »Aristoteles zeigt auf die Erde. Das ist der Unterschied zwischen Lehrer und Schüler.« Trotz verschiedener Versuche, das Bild wieder gerade zu rücken, bleibt es schief.

»Macht nichts. Schauen wir uns lieber an, was ich vorbereitet habe.«

Er geht zu einer nachgebildeten Ecke, die auf einem Tisch an der Stirnseite des Raums steht und mit tiefschwarzem Molton ausgekleidet ist. Sie erinnert an ein halbes Schuhschachteltheater. Darin befindet sich eine kohlkopfgroße Kristallkugel, wie Hellseherinnen auf Jahrmärkten, in Filmen oder Büchern sie gerne verwenden.

»Sieht nach Magie aus. Ich dachte, Sie sind Wissenschaftler.« Irritiert betrachte ich die Lichtreflexe in der Kugel.

»Nein, nein, es geht wirklich um Wissenschaft und nicht um Wahrsagerei, auch wenn die Zutaten ähnlich sind.«

»Und Sie wollen mir wirklich nicht die Zukunft voraussagen?«, witzle ich.

Marc Müller schmunzelt und zupft an einer Falte im Molton. Ich bin neugierig auf das Kugelexperiment, aber mehr noch interessiert mich der Mensch. Marc Müller ist von den Toten zurückgekehrt. Ich bin mir sicher, er weiß nicht nur mehr über den Tod als jede andere Person, die mir bisher begegnet ist, er ist darüber hinaus womöglich in der Lage, ihn natur- und geisteswissenschaftlich zu entschlüsseln. Zumindest ist das meine Vermutung. Bevor wir am Tisch Platz nehmen, überprüft er sorgsam die Position der Kristallkugel exakt in der Mitte der Ecke.

»Ich habe damals angefangen Physik zu studieren, weil es ein Versprechen nach Geheimnisaufdeckung verströmte. Dabei hatte ich weder eine Erwartung, noch eine wie auch immer geartete Vorstellung, um welche Geheimnisse es sich handeln könnte.«

Geboren in Leipzig, wuchs Marc Müller in der ehemaligen DDR auf. Nach dem Mauerfall und seinem Zivildienst in München zog es ihn zurück in seine Heimatstadt, wo er sein Studium begann und in Berlin weiterführte. Nach ein paar Wochen war er allerdings sehr ernüchtert. Die Hoffnung, mithilfe der Wissenschaft in die Mysterien der Natur vorzustoßen, wurde enttäuscht. Was Marc Müller stattdessen bekam, waren Formeln, die es zu demonstrieren oder zu prüfen galt.

»Wenn ich meine Professoren fragte, wie man etwas macht, wurde ich immer aufs Spezielle verwiesen, auf einen einzelnen Sachverhalt. Ich wollte aber auf eine Allgemeingültigkeit hinaus. Das war praktisch unmöglich. In der klassischen Physik würde man sagen, wer Universelles sucht, der will eine zugrundeliegende, strukturierende Formel finden.« Er hält inne und schaut aus dem Fenster. »Schade, keine Sonne heute. Naja, genauer gesagt, wer Allgemeingültigkeit will, will die Weltformel finden.«

»Wollen das nicht alle Physiker?«

»Ich denke, insgeheim schon. Aber im Grunde brauche ich keine Weltformel. Was ich möchte, ist eine Art Muster oder Handlung, die man erlernen kann, um sie im Alltag anzuwenden. Ich meine damit eine Praxisanleitung, bei der trotzdem Varianten erlaubt sind und die durch konkrete Anwendung aufblühen kann wie ein Blumenstrauß.«

Ich verstehe nicht recht, was er meint, und hake nach.

»Zähneputzen zum Beispiel. Vom bloßen Ansehen des Zahns weiß der Zahnarzt, wie man putzt, ob man Rechts- oder Linkshänder ist. Durch die Methode, wie man etwas macht, erlangt man Wissen und Erkenntnisgewinn.«

Von Anfang an ging es ihm um das Auffinden einer solch basalen, übertragbaren Methode. Schnell erkannte er, dass jene, die in der Physik angewendet werden, zu beschränkt sind. Er wollte mehr und nahm sich eine Auszeit vom Studium, um sich darüber klar zu werden, wie er seinen Durst nach Freiheit von der reinen Theorie stillen könnte. Die Lösung für seine Forschung war, zwei Fächer zu studieren: Philosophie und Physik.

»Ich ziehe keine Trennlinie zwischen den eher naturwissenschaftlichen und den eher philosophischen Lebensbereichen. Meine Person ist vielmehr davon geprägt, dass sie sich in beiden wohlfühlt.« Aus seiner Sicht schlägt die Philosophie die Brücke zu tiefem Wissen und einer intuitiveren Annäherung an das naturwissenschaftliche Fach. »Physik ist anregend. Doch ich wollte nie nur an der Oberfläche kratzen, sondern immer zum Kern vordringen. Formeln allein machen mich unzufrieden. Eine Formel ist nur ein Wunsch ans Universum, eine fiktive Idee.« Da er ohnehin nicht erpicht darauf war, Physiker im Labor zu werden, sattelte er aufs Lehramtsstudium um und verband beide Disziplinen.

»Gefunden habe ich die für mich richtige Herangehensweise in der interdisziplinären Arbeit, der Didaktik der Physik. Hier gibt es eine kleine Gemeinde, die sich der Phänomenologie der Physik widmet. In dieser Wissenschaft finde ich Zufriedenheit. Sie erlaubt mir, die Praxis konkret zu beherrschen, wodurch sich ganz zwangsläufig Erkenntnis herausbildet.«

Er zeigt auf ein paar Bücher, die auf dem Fensterbrett liegen. »Das können Sie an einem ganz einfachen Beispiel verstehen. Versuchen Sie es! Werfen Sie mal einen Blick auf die Titel.«

»*Marc Müller: Grammatik der Natur. Von Wittgenstein Naturphänomene verstehen lernen*. Das ist ja von Ihnen.«

»Hmhm, und jetzt versuchen Sie mal nicht zu lesen.« Er wartet keine Sekunde auf das Ergebnis meines zwecklosen Versuchs. »Sehen Sie, man kann nie wieder bewusst Lesen verlernen. Mit dem Körper und den Sinnen erlernte Praktiken bleiben. Man spricht von Einwurzelung. Theorie entwurzelt, weil sie sich von den Naturphänomenen entfernt. Praxis wurzelt ein, da sie sie benutzt, um etwas haptisch und sinnlich zu demonstrieren. Die Phänomene müssen für sich selber sprechen dürfen. Dazu müssen wir ganz nah an die Natur ran.« Er deutet auf die Kristallkugel und verspricht, es mir gleich anhand des Regenbogens zu demonstrieren.

Wahrsagekugel und Regenbogen. Es wird immer mysteriöser. Allerdings wundert mich nicht, dass Regenbögen ihn faszinieren. Wann immer ich einen sehe, glaube ich an das Glück, und ich schätze, es geht jedem so. Als Kind besaß ich ein Buch mit Sagen und Legenden über den Regenbogen, wie die über den Goldschatz an seinem Ende, die Regenbogenschlange in Australien und den Bogen nach der Sintflut. In einem Gedicht kam ein Regenbogen vor, der in ein offenes Grab herabfiel. Oder stieg er aus dem Grab in den Himmel auf? Ich weiß es nicht mehr genau. Ich erzähle Marc Müller von meinem Kinderbuch. Völlig verblüfft schaut er mich an. Zu seiner ersten Geburtstagsfeier nach dem Infarkt bastelte er eine Einladung und verwendete dazu Bildmotive aus der damals aktuellen Serie seines Lieblingscomics *Mosaik*. Die Abrafaxe, die drei Helden Abrax, Brabax und Califax des Comics, waren in einem Heft gerade an der ersten Umsegelung Australiens mit Matthew Flinders, dem Commander des Segelschiffes Investigator, beteiligt. Quer über das Titelbild schlängelte sich eine Schlange.

»Das Heft hieß auch noch *Der Bote der Regenbogenschlange*! Verrückt, nicht wahr?«

»Das ist wirklich eine verrückte Synchronizität«, stimme ich ihm zu. »Der Regenbogen scheint Sie schon recht lange zu begleiten. Warum der Regenbogen?«

»Daran ist Ludwig Wittgenstein schuld«, sagt Marc Müller. »Als ich über sein Spätwerk forschte, hatte ich eine Art Erweckungserlebnis. Wittgenstein beschäftigte sich damit, wie man die Kluft zwischen Natur, also der Lebenswelt, und Theorie, der wissenschaftlichen Welt, erfassen und meistern könne. Denk nicht, sondern schau, sagt er. Nimm die Kluft nicht hin. Ich stimme ihm vollkommen zu. Für mich war er der Erste, der das so klar formulierte.« Inspiriert von Wittgenstein überträgt Marc Müller dessen spezielle, grammatische Methode der Sprachspiele auf die Physik und bezeichnet sie als Naturspiele.

»Ah«, allmählich kapiere ich, was er mit ihr vorhat und auf welches Experiment es hinauslaufen wird. Der Himmel draußen ist zwar trüb, und durch die Scheibe dringt kein Lichtstrahl, trotzdem nehme ich einen farbigen Schimmer im Glas der Kugel wahr.

»Sie wollen mir darin den Regenbogen zeigen?«

Marc Müller gibt sich geheimnisvoll. »Warten Sie's ab.«

Seine Begeisterung für Wittgenstein führte schließlich zu der Arbeit an seiner Dissertation.

»Ich mochte die Kombination, und ich wollte beiden Disziplinen, der Philosophie und der Physik, etwas Neues über Wittgenstein und Naturphänomene, unter anderem den Regenbogen, erzählen. Darum kam ich auf die etwas überhebliche Idee, zwei Bücher in einem zu schreiben. Ich habe sehr lange dafür gebraucht, und zwischenzeitlich bin ich eben mal gestorben.«

Die Erwähnung seines Todes kommt so unvermittelt, dass ich vermute, hinter den lapidaren Worten verbirgt sich entweder eine gehörige Portion Galgenhumor oder der Sinn für Spannungsaufbau – oder beides.

»Mein Herzstillstand verzögerte meine Arbeit, trotzdem wollte ich die Dissertation fertigschreiben. Ich dachte, wenn ich das nicht aufschreibe, geht der Welt was verloren«, sagt er fast schüchtern, geht zum Fenster, stützt sich auf die Fensterbank. »Insgesamt hat diese Arbeit zehn Jahre meines Lebens beherrscht. Nach fünf sehr intensiven Jahren brauchte ich eine Pause. Die war dann der Tod.« Wohl ohne es zu merken, rückt er die Bücher auf dem Sims gerade, bis ihre Rücken im rechten Winkel zueinander liegen.

Drei zufällige und nicht miteinander in Verbindung stehende Umstände trafen damals aufeinander und haben zum »schweren gesundheitlichen Ereignis« geführt, wie er es bezeichnet. Ohne erdenklichen und heute nicht mehr nachvollziehbaren Grund hörte er auf zu joggen. Zuvor war er bald täglich durch den Wald gelaufen, hatte schon als Kind mit seinen Eltern an Orientierungsläufen teilgenommen. Es war der Volkssport in der DDR, ein richtiger Familiensport. Er beschreibt den großen Spaß, wenn allesamt mit Kind und Kegel, Karte und Kompass zum Wettkampf angetreten sind, bekommt leuchtende Augen beim Schwärmen vom Zelten inmitten unbesiedelter Natur, Flüsse durchqueren und sich dabei von oben bis unten mit Dreck einsauen; echte Heldenerlebnisse. Zeitgleich nahm der Stresspegel auf seiner Arbeitsstelle an der Uni in dem Moment zu, als er seine Doppeldissertation schrieb. Und schließlich zog in die Wohnung unter ihm eine junge Frau ein, die extrem basslastige und laute Musik hörte. Trotz wiederholter Bitte, die Lautstärke zu reduzieren, drehte sie Tag und Nacht die Musik auf, feierte eine Party nach der anderen und öffnete irgendwann einfach gar nicht die Tür, wenn Marc Müller klingelte und um Ruhe bat.

»Musik als Lärmbelästigung zu empfinden, ja, regelrecht körperlich zu spüren, kam plötzlich. Ich hatte mich viel zu schnell an den Lärm gewöhnt und viel zu lange hingenommen, dass es immer laut war. Das hat mich in den Tod getrieben. Lärm ist gewalttätig. Von der Wohnung unter mir ging regelrecht Gewalt aus. Diese Gewalt drang so selbstbewusst und übergriffig in mein Leben ein, dass es mich sprachlos machte. Ich war viel zu lange hilflos, bis ich endlich auszog.«

In seiner neuen Wohnung hielt sich der Lärm in annehmbaren Grenzen, doch war er derart stillebedürftig geworden, dass ihn schon das Bellen eines Hundes oder ein Klavierspiel in der Nachbarschaft stresste.

»Zu diesem Zeitpunkt war keine Erholung mehr möglich. Ich war auf allen Ebenen zu weit gegangen und überschätzte mich selbst. Die Symptome, die meinen Herzinfarkt ankündigten, hatte ich alle nicht ernst genommen. Ich dachte, ich könne es meistern. Die Arbeit an Wittgenstein und den Phänomenen der Natur war einfach zu faszinierend für eine Unterbrechung.«

Der Tod passierte einfach, zufällig an einem Sonntag, der fröhlich hätte werden können nach einem Abend mit einem guten Freund in Klärchens Ballhaus in Berlin.

»Wir hatten viel getrunken und geraucht und viel gefeiert. Am Morgen ging es mir schlecht, ein Kater, glaubte ich. Halb im Scherz hab ich meinen Freund gebeten, den Notarzt zu rufen, wie man halt so Scherze macht. Dann starb ich. Mein Freund sagte hinterher, ich hätte dabei ausgesehen wie die Todesfratze eines Wasserspeiers auf einer gotischen Kathedrale. Mein Gesicht sei ein grauenhaftes Gesicht des Todes gewesen.«

Wir sehen einander an, und ich bin mir fast gewiss, er ahnt, wonach ich in seinen Gesichtszügen suche.

Marc Müller war mehrere Minuten tot, bis der Sanitäter ihn reanimierte und ihm einige Rippen dabei brach. Trotz Unterbrechung der Sauerstoffversorgung seines Gehirns entstanden keine Schäden am Gewebe. Es dauerte acht Tage, bis er wieder erwachte.

»Meine erste Erinnerung nach dem Tod sind gedämpfte, vergraute Träume. Diese Filmbilder aus traumlosem, schwarzem Nichts, die ins Graue übergehen, hatte ich während der Aufwachphase aus dem Koma. Das fühlte sich verrückterweise tatsächlich an wie ein allmähliches Heraufkommen aus dem Nichts. Es war ganz unzweifelhaft, dass vorher lange nichts war. Es hätte auch eine Geburt sein können anstatt einer Wiederkehr, denn ich war zwar als derjenige anwesend, der heraufkommt, aber nicht als eine charakterisierbare Person. Ich war einfach nur als Subjekt da, ein Träumender gedämpfter, vergrauter Träume. Später, viel später, habe ich erkannt, dass diejenigen Teile des Aufwachtraumes, die eine gewisse Handlung aufwiesen, dramaturgische Zusammenhänge, handelnde Personen, konkrete Orte und so eine innere Nacherzählung des Kinofilmes *Le gamin au vélo* waren, den ich am Nachmittag vor dem Infarkt gesehen habe.

Dass ich überhaupt im Kino war, daran habe ich mich, wie an alle anderen vagen Details, überhaupt erst viele Wochen später erinnern können. Die Schwelle zwischen Heraufkommen und wieder Ich in dieser Welt sein war erreicht, als ich die Augen öffnete. Ich realisierte sofort, dass ich in einem Krankenhausbett lag. Aber es war mir, der ich jetzt schon wieder Ich war, unklar, ob es sich hierbei um einen weiteren, jetzt sehr gegenständlichen Traum handelte oder bereits um Realität. Denn auch diese Situation war vergraut und noch immer ein wenig gedämpft. Einen Moment später sah ich meine Mutter am Krankenbett sitzen. Sie sah erschreckend alt aus und besorgt. Mein Tod hat ihr einen Schlag versetzt. Ich redete innerlich zu mir selbst: ›Mutter, warum bist du so alt?‹ Sofort überkam mich das Bedürfnis, sie zu trösten. Ich glaube, da habe ich die Schwelle übertreten und war wieder in der Realität angekommen.«

Nachdem ihm klar wurde, sein Tod war kein Traum, seine Erinnerung allmählich wieder zurückkam und er sich erholte, kam der behandelnde Arzt und veranstaltete Tests mit ihm.

»Die übliche medizinische Maschinerie. Ich habe ihm sofort einen Vortrag über Wittgenstein und meine Dissertation gehalten. Meine Mutter verdrehte die Augen, und der Arzt meinte nur: ›Alles klar, geistig ist er offensichtlich okay.‹«

Selbst sein Herz, dem zwei Stents eingesetzt wurden, verheilte gänzlich. Stolz berichtet er, jedes Mal wenn der Kardiologe sein Herz untersuche, staune er, weil es keine Narbenbildung aufweise.

»Mich hatte der Gedanke betrübt, dass ich vielleicht nie wieder durch die Wälder joggen könnte wie früher. Meine Ärzte hatten mir das ja strikt verboten. Trotzdem habe mich kontinuierlich ans Laufen herangearbeitet. Ich konnte nicht anders. Etwa ein Jahr nach dem Infarkt habe ich meinem Kardiologen die Erlaubnis zum leichten Joggen abgerungen.

Das war anstrengend und wegen der geringen Geschwindigkeit so ungewohnt wie langweilig.«

Einen Frühling später lief er wieder durch die Wälder. Und unter einer Stunde Waldlauf tut er es heute selten. »So langsam kann man einfach nicht joggen. Ich brauche schon ein bisschen Erschöpfung und Adrenalin. Als ich zum ersten Mal wieder über eine Stunde lang bergauf und bergab laufen konnte, war das berauschend!« Er klatscht in die Hände.

»So, jetzt aber. Sind Sie bereit?«

Bevor er zum Rollo hinübergeht und das Labor abdunkelt, schaut er prüfend aus dem Fenster in den wolkenverhangenen Himmel und ärgert sich. Mit der echten Sonne wäre der Versuch authentischer, doch ich bin auch so schon begeistert. Gegenüber der Glaskugel am anderen Ende des Raumes knipst Marc Müller eine runde, mattierte Glühbirne von der Größe einer Pampelmuse an, die für gleichmäßiges Licht sorgt. Das ist unsere Sonne für die nächste Stunde.

»Mich interessieren Dinge, die ich noch nicht kenne. In der Schule habe ich Religion gewählt, weil ich es nicht kannte. Damals in der DDR hatte man es nicht so mit der Religion.« Er platziert die Sonne in einer exakten Linie zur Kristallkugel. Zehn Meter, schätzungsweise, liegen zwischen beiden Kugeln. Über den ausgelegten schwarzen Moltonteppich auf dem Boden dazwischen, der das vom glatten Fußboden reflektierende Licht schlucken soll, kommt er auf mich zu. Hinter ihm unsere Sonne. Eigenartig, erst jetzt fällt mir auf, er trägt einen knallgelben Pullover, und ich frage mich, ob es Absicht ist oder ebenso zufällig gewählt wie meine graue Jacken an einem grauen Tag. Nichtsdestotrotz, es kommt mir symbolisch vor.

»Den Regenbogen glaubt man zu kennen. In fast allen Lehrbüchern findet man eine Zeichnung oder Grafik, die den Blick von der Seite auf die Tropfenquerschnitte darstellt. So ein seitlicher Blick eines Betrachters hilft überhaupt nicht, den Regenbogen zu verstehen. Um das zu tun, müssen wir, genau wie in der Natur, *in* den Tropfen *hineinsehen*. Ich werde es Ihnen vorführen.«

Er hat nun Position neben der Moltonecke bezogen und tippt mit dem Finger gegen das Glas der Kristallkugel. Sie dient uns als Modell, einen Wassertropfen im Regenbogen zu simulieren. Ein einzelner Tropfen besteht durch und durch aus Wasser.

»Die Frage vor dem Experiment lautet: Was sehe ich in den winzigen Tropfen des Regenbogens, und wie kann man das sichtbar machen?«

Nachdem er einige Versuche mit einem wassergefüllten Goldfischglas unternommen hat, dessen Ergebnisse nicht zu seiner vollsten Zufriedenheit waren, kam er auf die Idee, den Wassertropfen durch eine Kugel zu ersetzen, die gänzlich aus Glas ist.

»Verwendet man nämlich eine mit Wasser gefüllte, kugelige Glasschale, erhält man immer doppelte Spiegelbilder, weil das Licht sowohl an der Außen- als auch an der Innenseite des Glases reflektiert wird. Das ist zwar nicht falsch, aber es geht präziser.«

Er bittet mich, vor der Kugel in die Hocke zu gehen, hineinzusehen und zu beschreiben, was ich sehe. Nach einigem Vor und Zurück, Hin und Her erkenne ich mein eigenes Spiegelbild auf der Vorderseite der Kugel, wie ich es vom Badezimmerspiegel gewohnt bin, nur schaue ich mir mit etwas verzerrten Gesichtszügen entgegen. Mein Spiegelbild auf der Rückseite steht Kopf und ist zudem seitenverkehrt, als würde ich in einen gekrümmten Schminkspiegel blicken, den ich mit ausgestrecktem Arm von mir weghalte. Neben meinen beiden Bildern sind zwei helle Punkte zu erkennen, die Spieglung der Lampe, besser gesagt unserer Sonne, die hinter mir leuchtet. Nach dieser Feststellung soll ich meinen Kopf langsam im stetigen Abstand zur Kugel nach links bewegen, wodurch die Punkte aufeinander zuwandern.

»Es passiert etwas Besonderes, wenn sie sich begegnen.« Marc Müllers Stimme ist leiser geworden, als wolle er mich in meiner Betrachtung nicht stören, nur vorsichtig anleiten.

»Sie verfärben sich von Weiß nach Blau, und je näher sie einander kommen, desto intensiver leuchtet die Farbe«, stelle ich fest.

»Richtig. In dem Moment, wenn die Farben zu verschmelzen beginnen, erreichen sie die stärkste Leuchtkraft. Gleichzeitig werden die kreisförmigen Lichtpunkte ellipsenhaft auseinandergezogen.«

»Wenn ich noch weiter rücke, verschwindet das Blau«, sage ich und rutsche auf meinen Knien nach links. In der tiefen Ferne der Kugel sehe ich einen letzten, hellen, strahlend weißen Fleck.

»Und was sehen Sie kurz davor?«

Zuerst finde ich den Blickwinkel nicht, den Marc Müller meint. Dann aber, ich brauche meinen Kopf nur eine Nuance zu drehen, entdecke ich es. Es ist einmalig. Die Farben zerfließen ineinander von außen nach innen, von Weiß nach Lilablau, nach Cyan, Grün, Gelb, Orange und zuletzt Rot.

»Der klassische Farbverlauf eines Regenbogens«, freut sich Marc Müller. »Sehen Sie das letzte Aufblinken des Regenbogens? Es ist ein Rot. Es ist der hellste, gleißende Funke.«

Ich erhalte weitere Anweisungen und beginne einen auf Knien rutschenden Rundgang um die Kugel. Was ich auf der linken Kugelseite erlebt habe und was dem Primärbogen des Regenbogens entspricht, wiederholt sich auf der rechten Seite in abgeschwächter Farbintensität und Helligkeit in umgekehrter Reihenfolge. Es bildet den Sekundärbogen ab. In der Natur treten Regenbögen immer als Paar auf, wobei sich der zweite Bogen immer über den strahlenderen wölbt.

»Dazwischen befindet sich Alexanders dunkles Band, benannt nach seinem Entdecker, dem griechischen Philosophen Alexander von Aphrodisias. Er wunderte sich, warum auf das hellste Rot an den Innensäumen der beiden Bögen eine dunkle Fläche folgt, warum auf Helligkeit Dunkelheit folgt.«

Das frage ich mich tatsächlich auch oft!

In einer Kiste neben der Tür sucht Marc Müller nach bunter Kreide und zeichnet die beiden Regenbögen an die Tafel. Er klopft mit der Kreide ein paarmal darauf.

»Während sich die Sonne selbst in den Regentropfen der Bögen spiegelt, sehen wir im Bereich von Alexanders dunklem Band nur ihr sehr schwaches Spiegelbild. Das Band ist also nicht wirklich dunkel, es ist nur nicht so hell wie die Bögen. Man kann sagen, es ist eine Art Fenster im Regenbogen, das eine Durchsicht auf die hinter der Regenwand liegende und von dieser abgedunkelte Atmosphäre erlaubt.« Mit ein paar schnellen Strichen schraffiert er den Bereich des dunklen Bands. Wenn ich nun wie Marc Müller aus diesem Spezialfall Allgemeingültigkeit ableiten wollte, hieße das: Keine Dunkelheit ohne Licht – während es andersrum nicht gilt.

»So, nun haben Sie alles, um unsere Frage zu beantworten: Was sehen wir im Regentropfen?«

Habe ich schon erwähnt, dass ich eine Physikniete bin? Sicherlich ist die Antwort offenkundig, und jeder Grundschüler könnte sie locker aus dem Ärmel schütteln. Ich aber sehe den Wald vor lauter Bäumen nicht. Was sehe ich? Farben und Licht. Mich selbst. Eine vage Silhouette von Marc Müller. Eine Idee von dem Raum, in dem wir uns befinden. Schwärze. Was sehe ich bloß? Verlegen hebe ich die Schultern. »Überall ist Licht?«

Marc Müller lächelt nachsichtig.

»Bei einem bestimmten Beobachtungswinkel sieht man farbige Bilder der Sonne, das heißt, im Regenbogen sehen wir *definitiv nicht* die Strahlen der Sonne brechen. Wir sehen in jedem einzelnen Tropfen das Spiegelbild der Sonne, trillionenfach.«

»Und ich dachte immer, die Sonne hätte Strahlen.«

Marc Müller seufzt leise, ein Seufzer, wie er für gewöhnlich auf populärwissenschaftliche Irrtümer folgt, denen man als Spezialist den Kampf angesagt hat, die man trotz aller Anstrengung und Aufklärungsversuchen noch immer nicht aus der Welt räumen konnte; ein Seufzer der Resignation.

»Es ist zwar eine physikalisch adäquate Sprechweise zu sagen, die Strahlen der Sonne würden sich in den Wassertropfen brechen, doch das ist falsch. Wir sehen das Bild der Sonne, ihr pures Licht. Sie hat keine Strahlen! Das ist nur ein optisches Konstrukt. Licht kann man nicht sehen, nicht, während es unterwegs ist. Man sieht nur die Quelle und die Stelle, wo es auftrifft. Strahlen sind etwas Ausgedachtes.«

»Ist das die Haupterkenntnis Ihres Experiments über den Regenbogen?«

»Auch.« Er schmunzelt, wie Eingeweihte es Laien gegenüber tun, die zwar von den äußeren Erscheinungen angetan sind, denen ein weitreichender Sinn und tieferes Verständnis aber offenkundig fehlen. »In erster Linie bringt es Befriedigung, weil ich ein seltenes Naturphänomen zeitunabhängig anschauen und verstehen kann, und zwar *ohne* die übliche grafische Darstellung. Ist Ihnen noch nie aufgefallen, dass in den Fachbüchern, vor allem in Schulbüchern nur seitliche Zeichnungen abgebildet sind? Das ist nicht nur Theorie, sondern schlichtweg um die Ecke gedacht. Ich brauchte eine Antwort auf meine Frage, WIE sieht es INNEN im Tropfen selbst aus und keinen hypothetischen, nett gezeichneten Ersatz mit Strahlen. Das ist doch Mist!«

Unterdessen hat er ein Stückchen Kreide in die Hand genommen, um den zuvor nicht ganz präzise gezeichneten grünen Teil des Regenbogens weiter auszumalen. Versonnen dreht er die Kreide zwischen seinen Fingern. Winzige Partikel rieseln zu Boden, bleiben liegen wie grüner Puderzucker.

»Sie wollen das Echte?«

»Yoh! Kann man so sagen. Doch leider …«, er hält inne und wirkt mit einem Mal zerknirscht. Während er seine kreidestumpfen Finger gegeneinander reibt, saugt er Luft in seine Wangen. »Naja, ich dachte, ich hab was Neues in der Physik entdeckt. Dann bin ich auf zwei Briefe von Goethe an Sulpiz Boisserée gestoßen, eher zufällig. Er hat sie einen Monat vor seinem Tod geschrieben. Es waren mit seine letzten Briefe! Darin beschreibt er unseren Versuch.« Mit flüchtiger Geste schwingt sein Arm zwischen der Kristallkugel und der Lichtkugel vor und zurück. »Er kommt zweihundert Jahre vor mir zu denselben Ergebnissen. Das ist schon etwas ernüchternd.« Dann lacht er, legt den Zeigefinger an die Lippen. »Sagen Sie's nicht laut, dass ich mich nebenher auch mit Goethe beschäftige. Unter Physikern ist das verpönt.«

»Schade. Aber falls es Sie aufheitert, für mich ist das etwas Neues. Bisher habe ich an Sonnenstrahlen geglaubt. Jetzt weiß ich, sie sind Fiktion. Das macht sie zwar nicht weniger real, trotzdem ist es etwas völlig anderes.«

Marc Müllers Gesichtsausdruck ist anzumerken, dass er sich über meinen Aufmunterungsversuch freut.

»Na ja, es ist nicht ganz so schlimm, hinter Goethe zurückzustehen«, sagt er leichthin. »Unser Versuch hat nämlich noch etwas anderes gezeigt, und das ist mir für meine Arbeit in der Physikdidaktik sehr wichtig. Hat man einmal die kleine Wanderung um die Glaskugel gemacht und die Spiegelung der Sonne tatsächlich gesehen, wird man es nie wieder vergessen. Es ist definitiv einprägsamer als sämtliche grafischen Darstellungen in Physikbüchern. Es ist für mich das ideale Erlernen im Naturspiel der Praxis. Der Regenbogen kann also als ein Bild der phänomenologischen Optik selbst erachtet werden.« Er streicht sich über die Augenbraue. Grüne Kreidebrösel bleiben haften, kaum wahrzunehmen, wenn man es nicht weiß.

»Neben dem didaktischen Wert bleibt aber noch eine weitere Frage: Was bringt es einem zu wissen, dass Regenbogentropfen kleine Sonnen sind? Außer natürlich, dass es recht nett ist.«

Darüber bin ich erstaunt. Mir stellt sich diese Frage nicht. Ich finde es beglückend, welch Poesie eine eigentlich trockene, wissenschaftliche Erkenntnis mit sich bringt und über die Physik hinausweist. Ich bin mir sicher, wann immer ich Tropfen sehen werde, wird mir die Sonne darin begegnen. Von jetzt an werde ich in der Lage sein, winzige Sonnen zu weinen – zumindest wenn ich im richtigen Winkel zu ihren nicht vorhandenen Strahlen stehe. Das hat etwas ausgesprochen Tröstliches. Mit einem Mal fühle ich, die Physikniete, mich verbunden mit der Welt; mit mehr als der Welt, über die Welt hinaus. Ob es nun Strahlen gibt oder nicht, sie verbinden mich kleines Individuum mit dem Universum. Eine Kitschwelle bricht über mir. Besser ich surfe durch ihren Tunnel und tauche am anderen Ende wieder auf, ohne Marc Müller, den Wissenschaftler, von meinen schnulzigen Phantasien zu erzählen.

Wenig später hat er die Rollos geöffnet und das Deckenlicht angeschaltet. Draußen hängt unverändert der graue Tag in der Luft. Im Hintergrund flackert eine Neonröhre unablässig. Sorgsam ordnet er die Kreide in dem dafür vorgesehenen Kästchen und klatscht sich den Puder von den Händen.

»Ist es zu platt, wenn ich frage, wie Sie sich den Tod vorstellen, also den echten Tod, von dem man nicht wieder zurückkehrt?«

Er schüttelt den Kopf.

»Wenn ich tot bin, hört die Welt auf zu sein. Ich werde nichts mehr wissen von der Welt. Mein Bewusstsein erlöscht und damit jeder Gedanke und jedes Gefühl. Aus diesem Grund hört die Welt auf zu existieren.« Er schweigt ein paar Minuten, verliert sich in der Betrachtung seiner Regenbogenzeichnung an der Tafel. Seine wenigen Stirnfalten bewegen sich leicht. Es sieht aus wie die dünne, grüne Kurve eines

Elektrokardiogramms während der Messung von Herzströmen. Oder bilde ich mir das nur ein, weil es so schön passt?

»Im Großen und Ganzen habe ich keine Angst vor dem Tod, also nicht etwa davor, dass es irgendwann vorbei sein wird. Eher finde ich es sogar interessant zu erfahren, wie das Sterben so vonstattengeht. Natürlich habe ich etwas Angst davor, dass es schmerzhaft sein könnte. Aber auch dieser Schmerz ginge ja vorbei«, fährt Marc Müller entspannt fort und wiederholt noch einmal die für ihn wichtige Erkenntnis: »Mein Tod wird das Ende der Welt sein. Nichts wird danach mehr sein, weil nichts mehr danach für mich sein wird. Denn für mich ist die Welt nur, solange ich bin, auch wenn sie für andere weiter sein wird. Damit gibt es auch nichts, wovor Angst zu haben sich lohnen würde. Aber freilich stimmt es mich traurig, dass es so kommen muss. Dass Irre ist doch, dass das Ende *meiner* Welt bedeuten wird, dass überhaupt *alles* enden wird. Nichts, was irgendwann in dieser Welt je geschah oder noch geschehen wird, wird dann noch irgendeine Bedeutung haben, weil es sie nicht mehr für mich haben kann. Das ist wohl der wahre Kern des Solipsismus.«

Wer so denkt, braucht sich in der Tat keine Sorgen mehr um nichts zu machen. Die Realität begründet sich durch mich allein. Descartes‘ philosophische Überlegungen gehen sogar so weit zu erwägen, dass alles außerhalb der Vorstellung ein Traum sein könnte. Betrachtet man es unter dieser Maßgabe, könnte für Marc Müller sein erster Tod ein Traum gewesen sein, da er außerhalb seines Bewusstseins stattfand. Doch da sitzt der Zurückgekehrte vor mir in einem beinahe surrealen Pullover, dessen Sonnenblumengelb greifbar wirkt, ein dickes, saftiges Gelb, in das man eintauchen möchte.

»Ist das Ihre Lieblingsfarbe?«

Er schaut an sich herab. »Wenn ich so darüber nachdenke ... ja. Als Kind hatte ich nie eine Lieblingsfarbe. Seit ich mit vierunddreißig Jahren tot war, trage ich ständig gelbe Sachen.« Er zieht den Bund des Pullis glatt, neigt den Kopf und betrachtet die leuchtende Farbe auf Bauch und Brust. »Hat wohl eine Bedeutung.«

Ich warte einen Augenblick, ob er sie wohl verraten mag. Er rückt seine Brille zurecht.

»Apropos Bedeutung. Ändert sich das Leben, wenn man einmal von den Toten zurückgehrt ist? Was denkt der Mensch Marc Müller, was denkt der Naturwissenschaftler, was der Philosoph?«

Wieder betrachtet er seinen gelben Bauch.

»Auszudrücken, was ich über das Leben denke, vermag ich nicht so ohne Weiteres. Vielleicht ist mir die Frage zu allgemein. Aber sagen kann ich, dass es keine wesentlichen Unterschiede zwischen ›Vorher‹ und ›Nachher‹ gibt. Durch den Infarkt änderte sich kurzfristig jedenfalls nichts. Mir war klar, dass ich meine Dissertation fertig machen muss. Ich habe den Infarkt nicht als Zeichen verstanden, etwas an der Energie zu ändern, die ich für meine Arbeit aufwende.«

»Leidenschaft bleibt Leidenschaft?«

Er nickt.

»Und auf lange Sicht?«

»Da hat sich schon etwas geändert. Es könnte aber auch am Älter- oder Reiferwerden liegen. Ich wähle meine Umgebung und die Leute, mit denen ich zu tun haben will, heute anders aus. Von Leuten, die ich nicht schätze, nable ich mich schneller ab. Mein Mut ›Nein‹ zu sagen und auf Distanz zu gehen, ist gestiegen. In der Übergangsphase nach dem Infarkt war ich rotzig und motzig. Sicher habe ich viele Leute vor den Kopf gestoßen, denn ich musste lernen, all das, was andere auf mir abladen wollten, nicht mehr anzunehmen. Mittlerweile«, er lässt die Brauen zucken, »bin ich netter geworden.«

»Wie hat Ihr Umfeld auf Ihren Tod reagiert?«

»Nachdem ich wieder ins Leben zurückgekehrt war und in der Klinik lag, wollte ich so viel Besuch wie nur möglich. Die

Stunden meiner Genesung dauerten so«, lächelnd dehnt er das ›So‹ auf mindestens drei Os, »unendlich lange. Die Liebe meiner Freunde und meiner Familie habe ich bei ihren Besuchen aufgesogen. Die waren alle ein bisschen bestürzt über meinen Tod. Vielleicht waren sie sogar vom Gedanken ihrer eigenen Endlichkeit berührt worden. Es war überwältigend zu erleben, wer mich alles besucht und sich um mich gekümmert hat. Kaum überraschend haben sich Freunde von Kumpels getrennt, aber es sind eben auch ne ganze Menge Kumpels zu Freunden geworden: Das war überraschend. Das Wichtigste im Leben sind Freunde. Für mich bedeuten sie Heimat.«

Als ich ihn frage, ob er sich schon einmal überlegt habe, wie er einmal sterben und anschließend beerdigt werden möchte, sieht er mich herausfordernd an.

»Ich möchte gar nicht sterben. Aber wenn's denn sein muss, möchte ich begraben werden, also nicht etwa verbrannt oder so. Ich möchte so, wie ich bin, in der Erde verrotten, eins mit ihr und den Tieren werden. Ruhig sollte es in der Umgebung sein und grün vielleicht auch, sonst ist es mir gleich, wo.«

Ich erzähle ihm von einer Kindheitsvorstellung, die sicherlich viele mit mir teilen. Ich bin gestorben. Bei meiner Beerdigung hatten sich alle, die ich kenne, um mein Grab versammelt und ich schwebte als Wolke über ihnen und beobachtete was sie taten. In meiner Phantasie heulten sich meine Eltern und Großeltern die Augen aus dem Kopf und meine Freunde warfen mir zusammengefaltete Zettelchen oder Briefe mit persönlichen Abschiedsworten und Trauerbekundungen ins Grab. Meine beste Freundin schenkte mir eine Strähne ihres Haars, eine rotblonde Locke. In Zeitlupe segelte sie auf meinen Sarg hinab. Alle mochten mich und wussten nur das Allerbeste über mich zu berichten. Das fühlte sich ziemlich gut an und ich weiß noch, dass ich nach diesem Tagtraum einen enormen Appetit auf Schokolade hatte.

»Es ist vielleicht eine komische Frage: Was würden Sie am meisten vermissen, wenn Sie wirklich einmal sterben?«

Es kommt ohne Umschweife, klar wie ein Sonnenstrahl, den es in Wahrheit nicht gibt, der jedoch als Imagination schon hundertfach besungen, beschrieben, gemalt und auf bloßer Haut gefühlt wurde. Marc Müller blickt mich offen an und sagt: »Die Welt.«

Die Welt, denke ich.

»Klingt, als genießen Sie Ihr Leben. Wie geht genießen?«

Marc Müller antwortet nicht sofort. Nach einem Blick zur Seite auf die zwei verschwiegenen Beobachter auf dem Wandbild atmet er hörbar aus.

»Ich glaube, um zu lernen, das Leben zu genießen, bedarf es der Erfahrung, bedingungslos gemocht zu sein, also der offenherzigen Bestätigung, dass mit einem selbst alles gut ist. Erst danach kann man die Ruhe finden, zu genießen.« Mit verschränkten Armen lehnt er sich gegen die Kante der Tafel. »Deswegen kommen die pubertierenden Jungs nicht vor ihrem ersten Sex zur Ruhe, schweben die Teenager danach in einen unwirklichen Glanz getaucht durch die Straßen.«

Jetzt muss ich grinsen.

»Was genießen Sie am liebsten?«

»Ach, ich schlafe oft ohne Wecker ...«

Bei der Erwähnung der Zeit schiele ich ganz automatisch auf meine Armbanduhr. Wir haben fast den ganzen Tag miteinander verbracht. Um Marc Müllers Augen, das fällt mir jetzt erst auf, machen sich leichte Schatten bemerkbar. Ich hätte noch eine Menge Fragen, hätte großes Vergnügen, mir Stunde um Stunde Versuche über Sonne, Licht und die Verschmelzung von Farben anzusehen und mir das Gerümpel an dilettantischem Alltagswissen über physikalische Phänomene von einem Fachmann aufräumen zu lassen. Meine neue Erkenntnis, dass es die Sonne selbst ist, die ich in einem buntschillernden Wassertropfen finden kann, hat etwas Majestätisches.

»Wie viele Tropfen hat ein Regenbogen?« Es ist meine letzte Frage. Sie kommt mir etwas albern und banal vor. Sei's drum. Physikalische Laien stellen eben solche Fragen, zumal sie heute kapiert haben, dass die Sprache der Physik mitunter nicht nur eine poetische ist, sondern auch Metaphern für die Liebe enthalten kann. Marc Müller findet sie nicht läppisch, er mag meine Frage.

»Der Regenbogen wird ja *auf* einer Wand fallender Tropfen gesehen. Jeder einzelne zum Regenbogen gehörende Tropfen fällt durch den Regenbogenbereich und leuchtet dabei in charakteristischer Farbfolge auf. Es sind also regenschauerviele Tropfen.«

Hm?! Seine Erklärung ist nicht gerade wissenschaftlich, dennoch hübsch, wie ich finde, und bestätigt meine heimliche Vermutung: Physiker sind die wahren Poeten, auch wenn sie das sicherlich anders sehen.

Als ich zur Tür gehe, werfe ich einen letzten Blick auf *Die Schule von Athen*. Platon und Aristoteles, ins Gespräch vertieft, kommen auf mich zu. Platon trägt den Timaiosdialog unter dem Arm und weist mit seinem Zeigefinger nach oben. Über diesen Fingerzeig ist viel gerätselt worden. Betont Platon gegenüber seinem Schüler seine Worte über seine Weltlehre und Naturvorstellung? Droht er ihm, mahnt oder warnt er? Oder macht er ihn einfach nur auf die Sonne aufmerksam, die über ihnen scheint? Nach dem Lichtexperiment von Marc Müller und dem Schattenwurf auf dem Bild zu urteilen, der sich direkt unter den beiden Philosophen abzeichnet, wäre es eine plausible Erklärungsvariante. Zumal Aristoteles, während Platon nach oben zeigt, mit der ausgestreckten Hand auf die Erde deutet, dorthin wo ihr Schatten fällt. Unterhalten sich die beiden über Sonnenstrahlen? Na ja, ich kann es mir zusammenspinnen ...

Denn worum es bei Aristoteles, der sich auf der rechten Seite des Bildes befindet und die *Nikomachische Ethik* bei sich hat, geht, ist die Frage, wie man ein guter Mensch wird und wodurch es gelingt, ein glückseliges Leben zu führen. Eine Zutat, die er nennt, ist Schönheit. Und ich glaube, es wird niemanden geben, der einen Regenbogen nicht schön findet.

2 FEBRUAR – FREUNDSCHAFT

Sterne im Sterbezimmer und ein verstecktes Wort

Dieser Februar ist trüber als die vergangenen. Es will nicht recht hell werden. Dabei bietet der Februar normalerweise im Gegensatz zum November, dem finstersten Monat des Jahres, eine verheißungsvolle Aussicht auf den Frühling. Nicht dieser Februar. Morgens um zehn Uhr ist es genauso düster wie um sieben Uhr. Um halb zwölf knipse ich aus lauter Provokation die Lichter in der Wohnung aus, um die Sonne herauszufordern. Kurz darauf reißen tatsächlich die Wolken auf. Als der Himmel sich in purstem Blau wie eine Kathedrale wölbt, erreicht mich der Anruf meiner Freundin.

»Mama stirbt. Sie hat höchstens noch ein paar Tage. Der Tumor hat jetzt fünfzehn Zentimeter Durchmesser, stell dir das mal vor. Sie blutet unentwegt und wimmert vor Schmerz.« Fanny spricht mit gefasster Stimme, zwischen den Sätzen weint sie. Sie sagt Worte wie bösartig, Metastasen, Lymphe, verheerend, palliativ, Hospiz … und zwischen all den rauschenden Begriffen einen Satz, klar wie ein Eiskristall:

»Es geht nicht darum, dass ich in ein Leid verfalle.«

Genau darum geht es, denke ich, das Leiden von ihr fern zu halten. Ich will meine Freundin nicht leiden sehen, was angesichts der Situation unmöglich ist. In einer kruden Mischung aus Überforderung und Übereifer, ihr zur Seite stehen zu wollen, versuche ich es mit den üblichen Plattitüden wie »Schau mal, deine Mama hat mit sechsundsiebzig Jahren immerhin ein gewisses Alter erreicht« und »Zum Glück ist sie gut versorgt. Mein Opa ist zwei Jahre vor sich hingestorben, hin und her zwischen Krankenhaus und zu Hause« und »Du kannst mich jederzeit anrufen, egal wie spät es ist«. Ich bin hilflos, aber ich will helfen und fühle mich völlig verkehrt.

Dabei geht es hier nicht um mich. Wie aber nehme ich mich zurück und bin gleichzeitig für sie da?

Es wird ruhiger am anderen Ende der Leitung. Ein langes Schweigen breitet sich zwischen uns aus. Kein schönes Schweigen. Weil ich nicht die richtigen Worte gefunden habe? Weil ich ihre Erwartungen nach Trost nicht erfüllen konnte? Weil man sich durchs Telefon nicht umarmen kann? Weil ich mit keiner Faser meines Wesens nachempfinden kann, was sie durchmacht? Und sie das spürt? Meine Mutter lebt noch und erfreut sich bester Gesundheit.

Wie vermittelt man Mitleid, aufrichtiges Mitleid? Indem man dieselben Erfahrungen teilt? Ich weiß nicht, was es bedeutet, wenn die mentale Nabelschnur zerschnitten wird und man den Ursprung des eigenen Lebens verliert. Denn das wird der Tod der Mutter bedeuten: die unwiederbringliche Abnabelung.

»Kommst du?«, fragt sie mich nach einem tiefen Atemzug. In ihren Worten liegt keine Forderung, es ist eine schlichte Bitte. »Ich weiß nicht, wie ich umgehen soll mit dem Tod.«

›Ja‹, denke ich sofort und meine es ehrlich, trotzdem ist da ein Widerhaken, den ich nicht erwartet habe. Fannys Mutter liegt auf der Sterbestation.

Und ich will kein Hospiz von innen sehen. Schon wenn ich zufällig an einem vorbeikomme, habe ich ein mulmiges Gefühl im Magen.

Sie ist meine Freundin. Sie zu begleiten ist ein Freundschaftsdienst. Wie gerne würde ich ihn aus vollem Herzen tun. Doch es ist nur mein halbes Herz, das ›ja‹ denkt. Die andere Hälfte fühlt ›nein‹. Sie hat Angst, den Tod hautnah zu erleben; den aus dem Leben schwindenden Körper eines Menschen zu erleben.

Vor einem Monat, als die Krankheit bei Fannys Mutter diagnostiziert wurde und das qualvolle Sterben begann, gestand sie mir: »Hoffentlich ist sie bald tot.« Das hat mich bis ins Tiefste erschrocken. Natürlich sagte sie es aus Mitleid gegenüber einem todkranken Menschen, der vor Schmerzen nicht mehr aus noch ein weiß. Sie wünschte so sehr, dass ihre Mutter nicht leiden müsse. Dennoch war ich nicht darauf vorbereitet; auf solch einen Wunsch, auf solch ein offenes Geständnis: jemandem den Tod zu wünschen und keinen Schimmer Hoffnung mehr zu sehen. Später wurde mir klar, Fanny war nur deshalb fähig mir gegenüber diesen Wunsch zu äußern, weil sie mir vertraute. Ich würde sie nicht falsch beurteilen. Ich bin ihre Freundin. Wem, wenn nicht seiner Freundin, kann man das Innerste seines Herzens offenbaren …?

Bisher habe ich um Sterbehäuser einen großen Bogen gemacht. Bisher, so muss ich mir eingestehen, habe ich es bei meiner eigenen Familie immer vermieden, da zu sein, wenn der Tod sich blicken ließ. Der Tod meiner Großväter fand ohne mich statt, selbst die langjährigen Krankheiten der beiden Männer habe ich – einerseits aus Altersgründen, andererseits aus räumlicher Entfernung – weitestgehend nicht mitbekommen. Bei Opa Reinhold war ich noch zu jung, um richtig zu kapieren, was der Tod anrichten kann. Und dann gab es den Opa, der lange vorher schon nicht mehr anwesend war in meinem aktiven Kinderalltag, mit einem Mal nicht mehr. Sein langsames Verglühen half, keinen Schock zu erleben.

Bei Opa Arthur war ich zu weit weg, über fünfhundert Kilometer entfernt. Zum ersten Mal war ich dabei, in mein eigenes Leben zu starten, frei und unabhängig von meiner ›alten‹ Familie. Die wenigen Male, die ich den Krebskranken sah, waren geprägt von seinem Humor und seinen Späßen, die er mit meiner kleinen Tochter machte, seinem einzigen Urenkelkind – seinem Ein und Alles, seinem Silberstreif am Horizont. Für sie nahm er sich zusammen und gab den lustigen Uropa. Und ich war ebenfalls froh, nur das erleben zu müssen, was er sie sehen lassen wollte – die frohe Seite des Lebens.

Tod und Beerdigung meiner Oma Irmgard fanden ohne mich statt. Wieder war ich zu weit von zu Hause entfernt und arbeitete.

Eine Familie ist keine Wahlverwandtschaft. In ihrem Kreise versteht und verzeiht man, wenn der eine oder die andere keine Möglichkeit hat, beim Sterben, beim Tod oder bei der Bestattung eines Mitglieds anwesend zu sein. Man beruhigt sich mit Worten wie: »Oma hätte nicht gewollt, dass du ihretwegen einen wichtigen Auftrag sausen lässt.« Oder: »Opa will als lebenslustiger, vitaler Mann in Erinnerung bleiben. Ist schon gut, dass du ihn so nicht siehst.«

Jede Freundschaft ist eine Wahl.

Ich zögere also meine Antwort auf Fannys Frage hinaus. Ich. Zögere. Sehr. Lange.

Im Hospiz würde ich dem Tod zweifelsohne zum allerersten Mal in meinem Leben sehr nahe kommen – hautnah – zu nah! Im Hospiz werden die letzten Dinge verhandelt. Dort wird ausnahmslos gestorben. Dort haben restlos alle, Angehörige, Pflegepersonal, selbst die Sterbenden, die Hoffnung aufgegeben, dem Tod von der Schippe zu springen. Fanny lebt am anderen Ende von Deutschland, über sechshundert Kilometer entfernt. Auf meinem Schreibtisch stapelt sich die Arbeit. Eine dicke Erkältung ist im Anmarsch, sicher keine gute Idee, als Virenschleuder ein Hospiz zu betreten. Ich hätte mehr als eine gute Ausrede.

Vor ein paar Jahren habe ich aufgegeben zu überlegen, ob Zufall, Fügung oder Vorsehung das Schicksal unseres Lebens bestimmen, und mich dazu entschlossen, in allem, was mir widerfährt, etwas Zufälliges zu sehen. Das entbindet mich von der Vorstellung, es gäbe eine höhere Macht, die meine Geschicke nach ihrem Plan lenkt. Das fühlt sich eigenverantwortlich an und gibt mir ein gewisses Maß an Freiheit in der Lebensgestaltung. Der Zufall passiert einfach. Alles, worauf es ankommt, ist die Frage, was er bewirkt und wie ich damit umgehe, welche Entscheidungen ich treffe; welche Konsequenzen sich daraus ergeben. Beim Zufall geht es nie ausschließlich um die Sache selbst, die einem widerfährt, sondern immer um die Bedeutung, die man ihr beimisst. Ich brauche keine spirituelle oder irgendwie religiös geartete, vorgefertigte Weltanschauung, die mir sagt, wie ich die überraschenden Wendungen meines Lebens zu bewerten und zu nehmen habe.

Trotzdem verwundert es mich, als ich ausgerechnet auf der Fahrt im Zug nach Berlin zu meiner Freundin neben dem von mir reservierten Platz *Das Tibetische Buch vom Leben und vom Sterben* von Sogyal Rinpoche liegen sehe. Immer mal wieder finde ich Bücher im Bus oder Zug, die entweder vergessen oder absichtlich dort liegen gelassen wurden. Ein paarmal schon war ich verblüfft, wenn der Buchtitel wie die Faust aufs Auge zu meiner Stimmung oder meinen aktuellen Lebensumständen passte. Es kam mir dann vor wie ein Spiel, als schicke mir der Zufall geheime Zeichen – mal augenzwinkernd, mal mit erhobenem Zeigefinger – die ich je nach Gusto deuten konnte. Ehrlich gesagt schockt mich dieser Zufall. Blödes Spiel! Blöder Zufall! Allerdings nach meinen eigenen Spielregeln. In jedem Buch steckt eine Antwort auf eine Frage, die derzeit virulent ist, sage ich mir, und nehme es in die Hand. Ein ziemlicher Wälzer. Logisch, über den Tod gibt es einiges zu sagen. *Ein Schlüssel zum tieferen Verständnis von Leben und Tod.* Schon der Untertitel löst eine Gefühlswelle von Ablehnung in mir aus. Herr Rinpoche hat also einen Schlüssel! Ganz schön dreist. Eine derartige Behauptung bewirkt, dass ich das Buch unter dem Bahn-mobil-Magazin verstecke und ignoriere … und immer wieder darunter schiele. Neugier siegt.

Irgendwo zwischen Hannover und Berlin, das Buch liegt seit Stunden neben mir auf dem Sitz wie ein Ausrufezeichen, schlage ich es auf. Aha! War ja zu erwarten gewesen, dass der

Dalai Lama etwas dazu zu sagen hat. Bisher hatte ich immer große Hochachtung vor dem Oberhaupt der tibetischen Buddhisten, der auf die Frage eines ZEIT-Journalisten zum Thema Entspannung antwortete: *»Trinken Sie!«* Was erstaunlich ist, denn der Mann ist strenger Antialkoholiker. *»Viele trinken ab und zu. Also akzeptiere ich es. Und wenn jemand Probleme hat, erinnere ich an die alte Weisheit: Wenn es eine Möglichkeit gibt, das Problem zu lösen, gibt es keinen Grund zu Beunruhigung. Also streng dich an und höre auf, dich zu sorgen, sorgen, sorgen. Das bringt nichts [...]. Wenn man das Problem nicht lösen kann, bringt es auch nichts, sich zu sorgen, weil das nur zusätzliches Leid schafft.«*

Sehr richtig. Damit ist im Grunde genug gesagt.

Vom Zug in die U-Bahn. Auf dem Weg nach Neukölln in das Ricam Hospiz. Mir wird flau, wenn ich daran denke, gleich eine Sterbende zu sehen. Ich versuche meine Gedanken abzustellen. Das geht am besten, wenn ich meine Umgebung betrachte. Im Berliner Schaufenster in der U-Bahn läuft Reklame für den Kurzfilm *Hosanna* des koreanischen Regisseurs Na Young-kil über einen Jungen, der Tote wieder zum Leben erwecken kann. Ist das ein schlechter Scherz? Der Zufall gibt heute wirklich Gas. Meine Freundin wünscht sich, dass ich Blumen und Raumduftstäbchen für ihre Mutter mitbringe. Meine Hand krampft sich um den Frühlingsstrauß in Rot, Lila, Weiß und Gelb. In der Tasche ist der Magnolienduft noch verpackt, trotzdem breitet sich ein zarter Geruch im Abteil aus, mischt sich mit Schweiß, gewaschener und weniger gewaschener Kleidung und dem chemisch-frischen, sehr penetranten Haargelaroma, das mein Sitznachbar absondert. Ich steige in den Bus um. Die Haltestelle befindet sich vor einem Bestattungsinstitut. Gegenüber ist der Friedhof an der Leinestraße. Ich komme mir vor, als schriebe jemand ein Drehbuch und mich als Figur hinein, die auf dem Weg ins Hospiz zur Vorbereitung unterschiedliche Begegnungen mit dem Tod hat. Der Autor übertreibt es! Wenn ich das später jemandem erzähle, glaubt mir wieder keiner.

Die Delbrückstraße wirkt wenig einladend. Es ist dunkel. Ein paar Meter von der Ecke entfernt leuchtet eine rote Laterne über einem Hauseingang. Männer stehen in einer Schlange davor, begehren Einlass in den Puff. Die Fülle des Lebens – Tod und Bordell. Für meine Begriffe zu einseitig. Sehe ich nur die Extreme? Oder wollen mir die Extreme begegnen? Die Straße wird ruhiger, Bäume säumen den Gehweg, eine Wohnstraße, heimeliges Licht dringt aus den Fenstern der Wohnungen, Parkplätze, ein Speiselokal, eine Bar, ein Kiosk, der Eingang zum Hospiz. Die Tür öffnet sich ganz leicht und lautlos. Schon bin ich drin. Jetzt gibt es kein Zurück mehr. Für einen Moment frage ich mich, warum ich es so dramatisch machen muss. Er ist nur ein etwas anderes Krankenhaus, und ich werde gebraucht. Zum wiederholten Mal sage ich mir, es geht hier nicht um mich. Bisher habe ich aber noch keinen Weg gefunden, mich außen vor zu lassen. Ich bin mittendrin.

Der Aufzug bringt mich hoch ins Dachgeschoss. Dem Himmel näher, denke ich unwillkürlich und schelte mich für diesen kitschigen Gedanken, der doch, ja, wahr ist. Vielleicht sogar wahrhaftig. Es fällt mir schwer auszusteigen. Bevor sich die Fahrstuhltür wieder schließt, betrete ich die Sterbeetage. Es riecht ganz normal. Was habe ich erwartet? Dass der Tod einen besonderen Geruch verströmt? Vor mir liegt ein langer Korridor, von dem zur Linken viele Türen abgehen. Mein Blick fällt auf eine Art Raumteiler, ein deckenhohes Regal mit übergroßen, dicken Glasvasen. Ich zähle sie, um Zeit zu schinden und noch nicht den Korridor entlanggehen zu müssen. Dreizehn. Unglückszahl. Jetzt kann ich den Schweiß, der sich in meinen Handflächen bildet, kaum noch an der Hose abwischen. Was ist denn da drin, in den Vasen? Sterne. Kleine, aus buntem Papier gefaltete Sterne. Jede Vase ist angefüllt, randvoll mit Sternen. Jede in ihrer Farbe.

Grüne Sterne, blaue Sterne, orangene, ganz helles Gelb, Türkis, Rosa. In der dreizehnten Vase ein buntes Durcheinander. Diese Vase ist nur halb gefüllt. Wie lange kann man sich Sterne in Gläsern ansehen? Nach ein paar Minuten komme ich mir lächerlich vor. Wohl oder übel werde ich weitergehen müssen. Zögerlich betrete ich den Korridor, gehe um die Ecke und durch die gläserne Tür rechts, vorbei an einem tellergroßen türkischen Schutzauge. Da ist eine Sitzbank, meine Freundin wartet. Mit gebeugtem Rücken. Ihr Mann Piet hält ihre Hand. Es sieht aus, als hätten sie lange nicht miteinander gesprochen. Jeder blickt seiner Wege. Wir begrüßen uns, halten uns im Arm für einen langen, stillen Moment und schauen auf die Holztür, hinter der die Mutter liegt. Fanny wirkt gefasst, erzählt mir vom letzten Satz, den sie vorhin gesprochen hat; seither schweigt sie. »Ich gehe jetzt nach Hause.« Ein schöner letzter Satz. Meine Freundin fühlt sich dadurch getröstet. Sie kann lächeln. Wir sitzen nebeneinander, es gibt nichts zu tun. Uns bleibt das Warten. Das Sterben hat begonnen.

»Es ist so gewaltig, das Sterben. So gewaltig«, sagt meine Freundin immer wieder mit leichtem Kopfschütteln. »So gewaltig.« Sie pult an ihren Fingernägeln herum, lässt die Tür zum Sterbezimmer nicht aus den Augen. Sie bangt. Ich weiß nicht, wie lange wir so sitzen. In solchen Situationen ist man schnell bei der Hand zu sagen, die Zeit sei eine andere, sie wandle sich, dehne sich, alles geschehe in Zeitlupe. Bis jetzt dachte ich, es ist nur ein Klischee, einer dieser üblich dahingesagten Sätze. Das ist nicht wahr. Die Zeit vor dieser Tür wartet ebenfalls. Sie wartet mit uns.

Im Verlauf des Abends kommen Verwandte und Bekannte, um sich in den letzten Stunden von der Mutter zu verabschieden. Jede Person nimmt sich Zeit mit der Sterbenden, betritt alleine den Raum. Jede schließt die Tür hinter sich. Wir anderen und die Zeit warten davor. Die Enkelin singt für sie. Wir hören es leise durch die geschlossene Tür.

Die andere Tochter söhnt sich mit ihr aus. Wir hören es nicht, wissen es aber. Die alte Freundin weint. Wir sehen sie tränenüberströmt herauskommen. Piet, der Schwiegersohn, ruht in sich. Viele Dinge passieren gleichzeitig … oder nacheinander … oder immer wieder … Meine Freundin und ihre Schwester streiten. Beide sind hilflos und gefangen in der erzwungenen Untätigkeit. Was kann man schon für einen Sterbenden tun? Sie suchen ein Ventil. Nichts vermag sie zu trösten. Es duftet nach Pfannkuchen, die die Köchin für die anderen Sterbepatienten zubereitet. Das ist schön, denke ich, denn es vermittelt den Eindruck – trotz allem –, als sei dies ein letztes Zuhause. Es duftet nach Heimat und Kindheit. Türen öffnen und schließen sich. Vom Wintergarten aus sieht man den Nachthimmel. Die Stadt liegt weit unter uns. Pflegepersonal geht durch die Flure und Korridore. Sie sind auf eine bedächtige Art geschäftig. Vor anderen Türen sitzen Angehörige, klappen Zeitschriften auf, lesen aber nicht. Alle trinken Wasser oder Säfte oder Tee, was man für uns bereitgestellt hat – das tun wir, um etwas zu tun zu haben, während wir nichts tun können.

Ich weiß nichts mit mir anzufangen. Da ist ein irrer Bewegungsdrang in mir. Unruhig rutsche ich auf der Bank hin und her. Die Blumen! Die Blumen, die ich mitgebracht habe und meiner Freundin sehr gefallen, werden verwelken, wenn sie kein Wasser bekommen. Auf der Suche nach einer Vase gehe ich den Korridor hoch und runter, vorbei an allen Sterbezimmern. Ob ich besonders leise gehen soll? Gegenüber in der Wand befinden sich Einbauschränke, dort würde ich eine geeignete Vase finden, sagt eine Krankenschwester, die mir mit einem milden, sehr sozialen Lächeln entgegenkommt. Viel zu schnell finde ich eine Vase, gleich hinter der ersten Schranktür. Am liebsten hätte ich alle Schränke durchforstet, so lange bis die Zeit, die sich so greifbar vor der Tür der Mutter breitgemacht hat, verflüchtigt und meine Freundin wieder ganz die Alte ist, die so gerne lacht.

Ich drapiere die Blumen in der Vase, sortiere um, stecke eine rote Blume neben eine gelbe, zwicke ein trockenes Blatt vom Stängel.

Fanny kommt zu mir und legt mir die Hand, eine warme, gut durchblutete Hand, auf den Arm.

Sie fragt, ob ich ihre Mutter sehen will, bevor sie tot ist.

Erst brauchen die Blumen Wasser … Ich kann nicht ohne Wasser in der Vase das Zimmer betreten. Wo finde ich bloß Wasser? Wahrscheinlich werde ich meilenweit gehen müssen, um eine Wasserstelle zu finden.

Fanny hakt sich bei mir unter. »Komm.« Sie öffnet die Tür.

Mein Verharren an der Türschwelle. Wohin mit den Blumen? Ich stelle die Vase auf den Boden neben den Türrahmen, so habe ich es vor einer anderen Tür weiter hinten im Gang gesehen.

Als ich das Zimmer betrete, weiß ich augenblicklich, warum Fanny sich Duftstäbchen vom mir gewünscht hat. Der Tod riecht. Wenn man ihm nah kommt, riecht er. Die Mutter liegt im Bett, sie röchelt. Unter der Bettdecke wölbt sich ihr schwerer, massiger Leib. Ihre Augen sind geschlossen. Ich betrachte die Sterbende, einen sehr kranken Menschen. Das Leiden hat eine verdammte Kraft. Mehr denke ich nicht. Mehr nehme ich nicht wahr, vielleicht noch, entfernt in meinem hintersten Gefühl, eine große Erleichterung, dass es mich nichts angeht. Hier liegt niemand aus meiner Sippe. Der Tod passiert anderen, und ich bin nur Zaungast. Meine Freundin dunkelt den Raum ab, obwohl es draußen völlig finster ist. Sie zieht die Gardine zu, macht alles für die Nacht und den Schlaf bereit, als bringe sie ein Kind zu Bett. Zart streichelt sie der Mutter über die Stirn, kühlt sie mit einem feuchten Waschlappen. Wieder und wieder streicht sie die Bettdecke glatt. Kleine Gesten, sorgsam, sorgenvoll und umsorgend. Die Zeit wartet vor der Tür.

Plötzlich schwingt sie auf, und die Krankenschwester und die Leiterin des Hospizes stürmen herein.

»Ihre Mutter, wann ist sie gestorben?« erkundigt sich die Leiterin.

Wir sind verwirrt. Die Mutter atmet, flach zwar und rasselnd, doch sie atmet. Rasch klärt sich das Missverständnis auf. Die Blumen! Stehen Blumen auf dem Boden vor der Tür, ist der Mensch gegangen. Es ist ein Zeichen, ein Ritual für die Toten in diesem Hospiz. Im Todesfall wird auch das Kerzenlicht in dem Hängelämpchen am Türrahmen entzündet. Oder gelöscht ...? Ich höre gar nicht richtig hin, als meine Freundin und die Leiterin darüber diskutieren, ob man die Blumen ins Zimmer stellen soll oder auf den Tisch im Essbereich neben der Küche. Ich bin völlig benommen. Ich habe einen Fehler gemacht. Einen Fehler, der den Tod noch präsenter werden lässt. Vorher lag hier eine Kranke, durch mich war sie für einen Augenblick totgedacht, totgeglaubt.

Mit einem Blick der Erleichterung reicht mir die Schwester die Vase und ich glaube, in ihren Augen zu lesen, dass der Tod für sie – deren Routine es ist, mitunter täglich mehrere Menschen sterben zu sehen – immer ein Schock ist, gleichgültig, wie professionell sie als Mitarbeiterin ihren Dienst tut.

Ich stelle die Vase auf das Sideboard, drapiere die Blumen neu und versuche nicht daran zu denken, was für eine Aufregung ich durch mein Unwissen verursacht habe.

»Gut, dann ist ja nichts Schlimmes passiert«, sagt die Leiterin, und flugs ist die Stimmung merkwürdig heiter. Fanny lächelt mir zu. Sie nickt auf meine stille Frage, ob sie mit ihrer Mutter allein sei möchte.

Gemeinsam mit der Krankenschwester und der Leiterin verlasse ich den Raum. Draußen entschuldige ich mich für meinen Fehler und erkundige mich nach den Sternen in den Gläsern.

»Das sind unsere Toten.« Auf jedem Stern steht ein Name. Jetzt entdecke ich auch den Stern an der Tür mit dem Namen der Mutter und begreife, dass eine Tür im Hospiz nicht einfach nur eine Tür ist. Es wird alles dafür getan, um aus ihr eine Metapher zu machen. Stern, Licht, Blumen, Name. Durchgang. Übergang.

Einen Tag später. Fannys Mutter ist gestorben. Während meine Freundin im Zimmer nebenan übernachten durfte, sind ihr Mann und ich spät in der Nacht in ihre Wohnung gefahren. Geschlafen hat niemand von uns. Am Morgen klingelt das Telefon.

»Sie trägt den Tod ihrer Mutter mit Fassung. Wie eine gute Tochter.« Piet reicht mir den Hörer weiter. Ich bekunde Fanny mein Beileid, wähle die offizielle Formel, weil sie Sicherheit vermittelt und ich nicht wieder etwas falsch machen möchte.

»Mein herzliches Beileid. Ich umarme dich.«

»Welche Konsequenz im Sterben ...« Fanny spricht mit erstaunlich fester Stimme, »da sagt sie, sie geht nach Hause und stirbt. Keine zehn Stunden nach ihren letzten Worten ist sie tot.«

»Wie eine alte Indianerin«, sage ich. Darüber freut sich Fanny.

Dieser letzte Satz ihrer Mutter bedeutet ihr so viel. Als sei ihre Mutter, die aus Ungarn stammt und Zeit ihres Lebens nie heimisch geworden ist in Berlin, endlich in ihre Heimat zurückgekehrt. Das hat etwas Schönes, Tröstliches, trotz all der Tränen, die mit einem Mal doch fließen und nicht mehr versiegen wollen.

»Ich habe ihr zum Schluss gesagt, dass ich sie liebe. Und sie hat es verstanden. Das weiß ich.«

»Das ist gut. Das hast du gut gemacht.«

»Wir sprechen uns bald wieder. Gute Heimfahrt.« Fanny schluckt. Wir verabschieden uns, beide in dem frohen Bewusstsein, dass dies kein Abschied für immer ist und wir einander wiedersehen. Freundinnen.

Piet und ich sitzen in der Küche. Der Tisch ist gedeckt. Frühstücken möchte keiner. Der Tod öffnet die Schleusen für Erinnerungen an andere Tode, und er erzählt vom Sterben seiner Mutter, das er miterlebt hat. Seine Familie habe vom Arzt eine Broschüre erhalten, mit deren Hilfe sie ihr Sterben präzise verfolgen konnten. Seine Mutter starb praktisch nach Anleitung.

»Der minutiöse körperliche Ablauf in seiner Radikalität hat mich sehr erschüttert. Sterben funktioniert wie ein Schweizer Uhrwerk.« Er ist Schweizer und weiß, wovon er spricht. Weißes Dreieck um den Mund und Anzeichen veränderter Atmung, erst röchelnder Atem, dann aussetzender Atem, schließlich übernimmt das Zwerchfell die Führung und schubst die Lunge noch ein Weilchen an. Es sei monströs gewesen, diesen exakten Verlauf bei seiner Mutter zu erleben.

»Ich glaube«, denkt er laut, »sie hatte kein schlechtes Sterben. Es war ohne Schmerzen. Im Sterben spaltet sich wohl der Schmerzbereich ab.«

Nachdem er ein paar Sachen für Fanny eingepackt hat, fährt er zurück ins Hospiz, lässt mich allein mit meinem angebissenen Brötchen am Küchentisch zurück.

Bis mein Zug fährt, habe ich noch etwas Zeit. Ich tigere durch die leere Wohnung. Im Radio: *»I swing until I save my soul«*. Während meine Freundin im Hospiz die letzten Dinge regelt, ziehe ich die Betten ab und beziehe sie neu, räume ihre Wohnung auf, schaffe Ordnung in den Zimmern, staubsauge und rücke ein Tischchen vor die Couch und stelle Blumen darauf. Ich werfe eine verschimmelte Orange in den Müll und prüfe die Frische der Milch im Kühlschrank. Zuletzt tue ich das, was ich immer tue, wenn ich bei ihr zu Besuch bin. Ich verändere etwas in der Wohnung und hinterlasse somit eine Spur, weil ich weiß, sie wird sich auf die Suche machen und sich über mein Abschiedsspielchen freuen. In all den Jahren unserer Freundschaft hat es sich zu einem liebgewordenen Ritual entwickelt – ich verändere gern, sie entdeckt gern. Einmal habe ich ein winziges Feenfigürchen an die Deckenlampe gehängt, nicht größer als eine Stubenfliege, einmal auf die Badezimmerkacheln etwas mit Kajalstift geschrieben. Einmal zwei einander ähnliche Bilder umgehängt. Sie wusste, dass etwas anders war, ist aber lange nicht dahinter gekommen. Ein anderes Mal habe ich eine Zimmerpflanze gekauft und sie zu den anderen gestellt. Mittlerweile ist sie ein wucherndes Wesen, das eine Ecke vom Schlafzimmer beherrscht. Heute überlege ich lange, was ich verändern könnte. Ihre gesamte Welt hat sich durch den Tod der Mutter radikal gewandelt; das Leben wurde einmal auf links gedreht und auf den Kopf gestellt. Langsam gehe ich durch die Räume, nehme mir Zeit, schaue alles an. Neben dem Ehebett, auf ihrer Seite, steht ein Stuhl, darauf der übliche Stapel mit Büchern, die sie lesen will. Als ich neugierig die Titel auf den Buchrücken durchgehe, zucke ich zusammen.

Da liegt es, beinahe unbemerkt zwischen den anderen Büchern und doch entdeckt von mir mit einem einzigen Blick: *Das Tibetische Buch vom Leben und vom Sterben*. Für einen Augenblick frage ich mich, ob der Zufall, wäre er eine Person, echten Humor hat oder nur Sarkasmus. Ich entscheide mich für die einzig richtige Antwort: Den Zufall zu personifizieren ist eine dämliche menschliche (oder auch nur meine?!) Angewohnheit, genauso dämlich, wie dem Tod wesenhafte Züge zu verleihen. Beide sind, was sie sind: Begebenheiten.

Nachdem ich meinen Schock über diesen wirklich höchst eigenartigen Zufall verdaut habe, fällt mir auf, dass die Kuckucksuhr an der Wand nicht mehr funktioniert. Anstatt sie aufzuziehen und die Zeit wieder richtig einzustellen, hänge ich an eine der Pendelketten einen winzigen Zettel. Darauf steht ›Liebe‹.

Nun habe ich also zum ersten Mal in meinem Leben einen sterbenden Menschen an der Schwelle zum Tod gesehen. Ich träume von Fannys Mutter. Die Begegnung im Hospiz, diesem verwirrend heimeligen Ort lässt mich nicht mehr los. Fanny und ich telefonieren viel. Von Tag zu Tag wird ihre Stimme ruhiger und fester. Sie sagt, sie verarbeite und begreife in kleinen Schritten, was es bedeutet, den Menschen für immer verloren zu haben, der einem das Leben gegeben hat. Ich höre ihr zu, mehr kann ich nicht tun.

Bei einem unserer Telefonate erzählt Fanny von Kindheitserinnerungen mit ihrer Mutter und wird zunehmend fröhlicher. Allmählich gewinnt sie ihre alte Leichtigkeit zurück. Das gibt mir Mut, freimütig etwas anzusprechen, das sich mir ins Herz gebohrt hat und das ich zu verdrängen gehofft hatte. Meine Freundin hört zu, was ich empfand, als ich »mein erstes Mal im Hospiz« mit einem todgeweihten Menschen erlebt habe.

Wieder öffnet sich die Tür zum Sterbezimmer, und mir wird schlagartig bewusst, was für ein grausamer Akt die Begegnung mit einer Todgeweihten sein kann. Ich bin nicht gefeit gegen meine unkontrollierten Gedanken. Ich werde von ihnen überfallen und sitze in der Falle und denke, was bin ich doch für ein schlechter Mensch. Denn was ich über die Mutter denke, ist nicht angemessen. Ich gestehe Fanny, wie erschrocken ich immer noch von den ersten Eindrücken in diesem Raum bin. Wie fremd die Luft war, die wir geatmet haben. Ich berichte von dem allerersten Gedanken: ›Ich atme die Luft ein, die eine Sterbende ausatmet. Wahrscheinlich atme ich ihren letzten Hauch ein, ihren Todesatem.‹ Ich versuche, möglichst wenig und nur sehr flach zu atmen. Dann der erste Blick auf das Sterbebett: Die Frau, die ich nicht als die Verwandte meiner Freundin wahrnehme, die ich kenne, die immer lustig war und eine virtuose Sängerin, ist so wahnsinnig dick unter der Bettdecke, wie ein gestrandeter Wal. Wie soll der Tod sie jemals beherrschen? Da liegt dieser riesige Leib unter der hellgelben Decke, ein enormer Leib, ein gequälter Leib … so viel Körper. Es stinkt im Raum. Ich sehe Fanny das Fenster öffnen, ruhig und beherrscht. Sie kontrolliert jede ihrer Bewegungen. Ich begreife, wie bemüht sie ist, alles richtig zu machen und jeden dieser einzigartigen Momente bewusst erleben will. Es sind die letzten Momente mir ihrer Mutter. Frische Luft strömt herein, kann aber den Geruch nach Tod nicht verdrängen. Er hat sich eingenistet. Ich halte den Atem an. Ich habe Angst, dass der Tod auf diese Weise Besitz von mir, von uns allen ergreifen kann … weil wir ihn atmen. Es sind irrationale Gedanken, das weiß ich. Aber was am Tod ist denn rational? Außer der Tatsache, dass es ihn gibt?

»Sollten das Gedanken sein, wenn man einen sterbenden Menschen sieht?«, frage ich Fanny.

Ich schäme mich, doch ich erzähle weiter. Meine Sinneseindrücke überborden die mitfühlenden Gedanken und machen, dass ich mich mies fühle.

»Und damit steht man hinterher da und darf sich mit seinem schlechten Gewissen rumplagen«, versuche ich mich zu rechtfertigen. »Ich komme mir schrecklich vor, dass ich so etwas empfunden habe.«

Meine Freundin sieht das differenziert und baut mir eine goldene Brücke. Durch ihre Mutter bin ich vorbereitet worden auf das Sterben eines mir nahe stehenden Menschen. Denn das wird die Zukunft bringen. Je älter wir werden, desto lückenhafter wird der Personenkreis. So ist das im Leben. Manche haben die Gelegenheit, sich vorzubereiten. Die anderen trifft es aus heiterem Himmel.

»Es kommt auf dich an.«

»Vielleicht. Ja, vielleicht.«

»Mach dir keine Sorgen«, versucht meine Freundin mich zu beruhigen, »du warst da, als ich dich gebraucht habe. Das zählt. Deine Gedanken und Gefühle ändern das nicht. Du warst da.«

Dennoch frage ich mich, darf ich eine mir entfernt bekannte Person auf diese Weise benutzen? Ich weiß es nicht. Es ist nun mal passiert. Ob es fair ist?

Das Leben ist nicht fair. Der Tod offensichtlich auch nicht.

Für meine Freundin, die im Begreifen mindestens einen Schritt, wenn nicht gar eine ganze Meile weiter ist als ich, geht es nicht um Fairness. Sie hat durch den Tod ihrer Mutter etwas ganz anderes, für sie Essentielles, kapiert.

»Die Schwester im Hospiz hat mir erklärt, dass sich der Charakter der Menschen während des Sterbens und im Todesmoment nicht ändert, wie man immer glaubt. Es ist nicht wie in Filmen. Sie verzeihen nicht plötzlich, wenn sie ihr Leben lang nicht verzeihen konnten. Sie glauben nicht, wenn sie vorher nicht geglaubt haben. Und sie lieben nicht, wenn sie niemals in der Lage waren zu lieben oder Liebe anzunehmen. So, wie wir leben, sterben wir auch.«

Wir schweigen.

Und ich bin davon überzeugt, dass wir dasselbe denken. Mir fällt der letzte Satz der Mutter ein: »Ich gehe jetzt nach Hause.« Im Hospiz kam er mir noch wie ein schöner letzter Satz vor. Ich fand ihn passend und poetisch; ein wundervoller Satz zur Abrundung eines langen, ereignisreichen Lebens.

War er das? Oder hat Fannys Mutter ihre Zeit damit verbracht, an einem für sie falschen Ort zu wohnen, der ihr immer fremd blieb, und an Heimweh zu leiden?

»Sie wollte nie aus Ungarn weg«, sagt Fanny wie zur Bestätigung. »Aber jetzt ist sie zu Hause.«

Heimweh und Sehnsucht. Wie es scheint, ist man immer auf der Suche nach Dingen, die einen bewegen und einem das Herz anrühren. Ich sollte eine Liste erstellen, meine Top Ten, all jener Dinge, die ich liebe und die die Sehnsucht stillen:

1. Wenn jemand mein Gesicht streichelt, den ich liebe, und der mich wiederliebt.
2. Musik, unvermittelt, z.B. in der Natur, unter einer Brücke, wenn ich die Straße zur Bushaltestelle hochgehe, am liebsten draußen, wenn ein leichter Wind weht.
3. Einsame Menschen, vorwiegend alte Männer mit großen, knotigen Händen, die mich an die Arbeiterhände meines Großvaters erinnern.
4. Ein wolkenloser, kristallklarer, stratosphärenblauer Himmel. Ich liege neben jemandem im Gras und wir tun nichts, als den Himmel zu betrachten.
5. Menschen, die Gesten der Zärtlichkeit austauschen.
6. Wissende, seelenverbindende Blicke unter Freunden und sich Zuzwinkern, weil man dasselbe denkt und fühlt.
7. Schönheit in Dingen, wo man sie nicht erwartet.
8. Menschen, die über sich hinauswachsen, Tapferkeit zeigen und Zivilcourage.
9. Tiere, die mit mir schmusen wollen.
10. Essen und Lebensmittel, die ich geschenkt bekomme oder an jemanden verschenke.

Ich brauche den ganzen Tag, um über diese Liste nachzudenken, und fürchte, am Ende ist es doch nur eine Liste. Aber ich liebe Listen. Sie vermitteln Sicherheit. Einmal hat mir ein Nachbar ein warmes Brot geschenkt, spontan auf der Straße vor dem Haus. Er kam gerade vom Einkaufen, und ich habe versucht, mein sperriges Fahrrad durch die Haustür in den Flur zu bugsieren. Er drückte mir einfach den Brotlaib in den Arm. Da habe ich ein wenig geweint.

3 MÄRZ – FAMILIE

Für einen Mann ohne Grab und eine Familie im goldenen Golf

Gestern starb eine Tante. Nach langer, schwerer Krankheit. Daher war es nicht überraschend und doch, wie immer wenn der Tod über das Leben herfällt, unerwartet. Es ist ein düsterer Tag. Ich beginne zu zählen. All die Menschen um mich.

Mittlerweile gibt es in meiner Familie genauso viele tote wie lebende Mitglieder. Wie traurig zu wissen, dass wir von jetzt an weiter schrumpfen werden. Nur meine Tochter könnte für Nachwuchs sorgen. Die Verantwortung, unsere Familie nicht aussterben zu lassen, lastet auf einer Person. Ich scheue mich, ihr von meinen Gedanken zu erzählen. Was könnte ich ihr sagen?

Bitte sorge dafür, dass wir nicht aussterben und unser Name überdauern wird.

Der Raum um mich leert sich. Der Raum, der mir früher zu eng war, als ich jung war und glaubte, die Familie wird mich erdrücken, so wie sie jeden jungen Menschen auf die eine oder andere Weise erdrückt und er nichts als hinaus und fort will. Der Raum, der mir jetzt zu unbewohnt und manchmal trist erscheint, den ich gerne wieder füllen würde mit Menschen, die denselben Namen tragen.

Andererseits …

… was wäre so schlimm daran auszusterben?
Wäre es so schrecklich, wenn es keinen von uns mehr gäbe?
Was würden wir vermissen?
Wer würde uns vermissen?
Wie lange kann man vermisst werden?
Zwei, höchstens drei Generationen lang.
Hört das Vermissen auf, wenn sich niemand mehr an dein Bild, deine Geste, deinen Geruch erinnert?

Der Uropa, der als erster starb, roch nach Weiße Eule Sumatra. Stumpen, wie er es nannte. Er rauchte wie ein Fabrikschlot, rauchte beim Gehen, Lachen, Essen, Zeitunglesen. Seine Finger rochen nach Tabak, die hornschwielige Haut an den Fingerkuppen war vergilbt wie die Gardinen in dem schmalen Durchgang zwischen Außenklo und Scheuer. Seine schwarzblaue Strickweste roch trotz wöchentlicher Wäsche nach Rauch, wie auch die Tapeten in seiner Stube, die Tischdecke, Sofakissen, Teppichläufer und der gelbgoldene Stoff vor dem Lautsprecher des Röhrenradios.

Ich mochte es so sehr, mein Ohr an den Stoff zu legen, mit der Ohrmuschel daran zu reiben und die Stimmen und Musik ganz nah zu hören. Und dabei das winzige Lämpchen in der kaputten Taste zu betrachten. Das durfte man nicht berühren oder drücken. Uropa hat darauf geachtet: »Nich' tun. Schön lassen.« Über der Taste stand ›Sprache‹, links davon ›Bass‹. Das Platzkonzert am Sonntagnachmittag roch nach Uropa.

In einer Familie spricht man über den Körpergeruch eines Mitglieds meist erst dann, wenn er sich verflüchtigt hat und in der Atmosphäre des Raumes als Leerstelle bemerkbar geworden ist. Bin ich für längere Zeit auf Reisen, wird meiner Familie die Wohnung fremd, weil sie aufhört, nach mir zu riechen. Es geht schleichend, subtil vor sich: Man geht einkaufen, kommt zurück und etwas ist anders. Bis einem auffällt, was es ist, hat man längst gelüftet, vielleicht die Betten bezogen, die Gardinen gewaschen oder das gekocht, was man nie kocht, weil der andere es nicht mag.

Seit einiger Zeit freut es mich nicht mehr so sehr, dass man meinen Duft vermisst. Mir wird bewusst, die Erinnerung an den individuellen Eigengeruch geht unwiederbringlich verloren, wenn der Mensch aufhört zu existieren. Alles scheint auf ewig, zumindest für eine sehr lange Zeit, konservierbar: das Lächeln auf einem Foto, die Bewegungen in einem Film, die Stimme als Soundfile. Selbst wenn ich für den Rest meines Lebens in ein- und demselben Nachthemd schliefe, würde mein Geruch höchstens ein paar Wochen andauern und sich peu à peu in einzelne Duftmoleküle auflösen. Geruch ist etwas Lebendiges. Geht das Leben, geht der Geruch. Er geht mit der Wärme des Körpers.

Es ist erstaunlich, was sich die Leute alles einfallen lassen, um sich in Erinnerung zu halten, ihren Lieben auch nach dem Tod auf irgendeine Weise nahe zu sein. Erstaunlich, überraschend und unglaublich, mitunter unglaublich schön und berührend.

Drei oder vier, sagt meine Freundin Alexandra, bisher habe ihr Vater ihr drei oder vier Grabreden zur Durchsicht gegeben. Grabreden, die er für sich selbst verfasst hat und die sie zu gegebener Zeit an ausgewählter Stelle auf einem Friedhof bei seiner Beerdigung verlesen soll. Ein Grab im üblichen Sinne wird es nicht geben. Es wird nur ein Ort sein. Keine Blumen, kein Sarg, kein Leichnam. Nur dieser Ort und eine Rede auf den Toten mit der Überschrift: ›Für einen Mann ohne Grab‹.

»Keine Leiche?«, wundere ich mich.

Alexandra nickt. »Die wird präpariert.«

Ich werde neugierig.

Seinen Körper hat ihr Vater Gunther von Hagens vermacht. Er möchte ein Exponat der *Körperwelten*-Ausstellung sein. Die Erinnerung an ihn will er nicht dem Zufall überlassen, weder in Wort noch in Tat. Man soll hören, was er dachte, und soll ihn weiterhin erleben, gegossen in Plastik für die Ewigkeit. Meine Freundin nimmt es recht gelassen, dass ihr Vater seit Jahren im Voraus alle erforderlichen Handlungen für sein Ableben generalstabsmäßig durchplant und sich ausgiebig damit befasst, was mit seinen sterblichen Überresten, vor allem aber mit dem Andenken an seine Person geschieht. Seine Organisation ist präzise bis ins kleinste Detail. Alexandra ist für die Präsentation bei der Trauerfeier zuständig und deshalb vorab zur Textlektorin und später zur Hauptrednerin bestimmt worden.

Wie jedes Elternteil geht Gerhard Seidel mit Selbstverständlichkeit davon aus, dass der natürliche Lauf der Dinge eingehalten wird und seine Tochter nicht vor ihm stirbt. Wie wir alle verfügt er über diesen eingebauten Normalfall-Autopiloten mit geprüftem Sicherheitssystem, der bei all unseren Zukunftsplanungen keine Abweichung vorsieht: Die Alten gehen zuerst, die Jungen folgen – wenn sie alt geworden sind.

»Warum tut er das«, frage ich meine Freundin, »warum beschäftigt er sich so intensiv mit seinem Tod? Hat er Angst davor? Will er ihn durch gründliche Auseinandersetzung verstehen lernen wie ich?« Sie überlegt. »Nein, das eher nicht.« Sie vermutet, er wolle sichergehen, dass bei seiner Beerdigung kein Fehler gemacht würde, alles seine Richtigkeit habe. Dazu gehöre in erster Linie, vorab dezidiert und kontrolliert zu organisieren, wie alles vonstattengehen soll.

»Außerdem, du weißt ja, mein Vater ist ein Showman. Er braucht einen besonderen Abschied am Ende.« Sie streicht ihre blonden, wundervoll langen Haare zur Seite und lässt sie in einer Welle über die Schulter herabfließen. »Würde mich nicht wundern, wenn er mich morgen anruft und 'ne neue Grabrede hat.« Sie zwinkert mir zu. »Er hat lange keine Überarbeitung mehr geschrieben.«

Genau genommen ist Gerhard Seidel mit seinen siebenundsiebzig Jahren ein alter Mann. Mit dieser Vorstellung von ihm in meinem Kopf verabreden wir uns ein paar Tage später in einem Gartenlokal. Ich will ihn kennenlernen. Mir ist noch nie ein Mensch begegnet, der seinen Körper zum Kunstobjekt formen lassen möchte, um über den Tod hinaus ein sichtbarer Teil der Welt bleiben zu können. Bei unserem

Vorabtelefonat bin ich daher gleich mit der Tür ins Haus gefallen, weil ich mir dachte, bei jemandem, für den der Tod eine Art Konzept darstellt, braucht es kein Drumrumreden.

»Ist es okay, wenn ich Sie über den Tod ausquetsche?«

»Können Sie versuchen. Aber ich kenne den Tod nicht persönlich. Nur vom Hörensagen.« Sein Lachen ermuntert mich.

»Alexandra hat mir von Ihrer besonderen Beziehung zu ihm erzählt, ich werde also nicht um den heißen Brei reden.«

»Gut.« Wieder sein Lachen.

Ich bin etwas früher da, stelle enttäuscht fest, dass das Lokal geschlossen hat und wähle einen Sonnenplatz am Zaun, strecke die Beine aus und warte. Es ist ungewöhnlich warm. Vom nahe gelegenen Radweg dringen Jubel-, aber auch Schimpfrufe von einigen Kindern herüber, die versuchen, ein blaues Fahrrad unter Kontrolle zu bekommen. Fahren lernen ohne Stützräder oder einen kräftigen Erwachsenen, der für Anfangsbalance und Sicherheit sorgt, scheint nicht einfach zu sein. Die Klingel beherrschen sie hingegen sehr gut.

Als Gerhard Seidel auf mich zukommt, bin ich erst nicht sicher, ob er es ist. Aufrechter Gang, elastische Schritte, breite Schultern, kaum ergrautes Haar. Vor mir steht ein durchtrainierter Mann in den besten Jahren mit erstaunlich straffer Gesichtshaut und verhältnismäßig wenigen Runzeln. Sieht so ein alter Mann aus? Keine drei Jahre trennen ihn von dem, was man landläufig unter Greisentum versteht: Menschen über achtzig.

Alles an ihm strahlt Vitalität aus. Er ist guter Dinge und genauso gespannt auf unser Gespräch wie ich. Außerhalb seiner Familie hat er bisher noch nie mit jemandem über sein ›*Körperwelten*-Projekt‹ gesprochen. Ohne Umschweife bietet er mir das Du an. Wenn es um das ›große Thema‹ geht, darf es nicht beim unpersönlichen Sie bleiben. Auch er ist enttäuscht, weil das Lokal geschlossen hat. Er hatte sich auf ein lauschiges Plätzchen unter Bäumen und einen frühen Schluck Wein gefreut. Wir machen uns auf den Weg und klappern die beiden anderen Lokale im fußläufigen Umkreis ab, die ebenfalls geschlossen haben. An der dritten Tür erfahren wir den Grund: Montag Ruhetag.

»Schade!« Nach kurzem Überlegen lädt Gerhard mich zu sich nach Hause ein, nur ein paar Straßen entfernt. Und plötzlich finde ich es nicht mehr ganz so schade, nicht in der Sonne über den Tod zu philosophieren. Sich mit einem Menschen in seinen eigenen vier Wänden, die er selbst eingerichtet hat, zu unterhalten, ist eindeutig interessanter. Welchen Einrichtungsstil wählt ein Mann, der sich entschieden hat, KEIN Grab für seine sterblichen Überreste zu wollen? Sollte außerdem der Gesprächsfaden abreißen, was bei dem Thema gut möglich ist, findet man immer Anknüpfungspunkte: Dekorationsgegenstände, die eine Geschichte haben, Nachbarn, die Wohn- und Einkaufssituation im Allgemeinen und im Besonderen, die nicht ganz unerhebliche Frage, ob sich ein 24-Stunden-Kiosk in der Nähe befindet, der Blick aus dem Fenster auf … irgendwas. Sollte ein peinlicher Moment entstehen oder man im Fettnäpfchen gelandet sein, kann man auf die Toilette verschwinden und durchatmen. Ich stelle fest: Ich bin nervös.

Bilder, Bücher, LPs und CDs, eine ausgesprochen beachtliche Musikanlage, unterschiedliche Tierfelle auf den Sesseln, Teppiche mit Troddeln, Tapeten mit Bordüren, Blumenvasen, ein großer, runder Tisch für viele Gäste. Die Wohnung strahlt gediegene Gemütlichkeit aus und erzählt, dass hier jemand gerne lebt und sich behaglich einzurichten weiß. Ins Auge stechen eine antike Wanduhr mit Seilzugregulator, an dem zwei wuchtige Klöppel hängen, und eine mindestens zwei Meter lange Trummsäge, die mit den Zähnen nach unten über dem Durchgang zwischen dem Wohn- und Essbereich hängt. Sie ist bemalt mit einer Landschaftsidylle, die über das Sägeblatt hinausreicht und auf die Wand übergeht. Bunte Farbtupfer auf der Raufaser, Blätter und Blüten, Strohballen, Wolkenfetzen, Gras, Himmelsschlieren in verschiedenen Blautönen, die sich an den Rändern im Weiß der Tapete verlaufen.

»Bayern?«, tippe ich und liege richtig.

»Mit Wasserfarben habe ich das Tal und den Bach und auch ein paar von den Bäumen da weiter gemalt, einfach so. Pelikanfarben von guter Qualität, die standen hier rum. Die weiße Wand war mir zu wenig, da hat die Säge nicht richtig gewirkt.« Wenn man die Augen zusammenkneift, gelingt es, die herabzeigenden Zacken zu vergessen, die Farben verschwimmen ineinander.

Gerhard macht sich ein Bier auf, schenkt langsam und mit vorgenießerischem Ausdruck in eine Biertulpe ein. Mir serviert er Wasser im Rotweinglas. Wir stoßen an. Wasser und Bier.

»Ich sehne mich nicht nach dem Tod«, kommt er gleich zur Sache und sieht mich durchdringend an. »Ich hab vielleicht ein paar Jährchen auf dem Buckel, aber mir ist noch nie der Gedanke gekommen, dass ich ein alter Mensch bin.«

Ich muss ihm zustimmen. Er wirkt allenfalls wie ein Fünfzigjähriger, aber nicht wie jemand, der die Siebzig weit überschritten hat. Das Alter, erfahre ich, werde von jungen Leuten häufig falsch interpretiert. Ob aus Furcht, Respekt oder Gleichgültigkeit wisse er nicht einzuschätzen. Seit einiger Zeit stelle er betrübt fest, aus irgendeinem Grund hätten die Jungen das Interesse an seiner Person verloren. Es sei davon auszugehen, Junge hätten generell wenig Verlangen, sich mit dem Alter, ergo mit alten Menschen, zu befassen. Dabei gäbe es so viele Gesprächsthemen, unter anderem Musik oder Poesie oder Sport oder die Zukunft, die bei jedem aufs Selbe hinausläuft – nach seinem Dafürhalten ist das Alter immer die Zukunft. Er trinkt in genießerischen

Schlucken und verrät, was ihm das Wichtigste ist: Freude am Leben, der Spaß am Dasein, in guter Gesellschaft mit freundlichen Menschen, mit denen man das Vergnügen teilt bei gutem Essen und gutem Wein. »Die schönen Dinge des Lebens eben. La Dolce Vita.« Er sitzt ruhig neben mir, die Hände um den Stiel des Bierglases gefaltet. Ich kenne ihn kaum und weiß nicht, ob sein Blick, den er durch den großen Raum und über mich schweifen lässt, versonnen ist. Dann geht ein Ruck durch ihn, er steht auf. Minutenlang lässt er mich allein.

Gemeinsam sehen wir uns die Fotos an, die er sorgsam in ein Album eingeklebt hat. Der junge Mann nur mit strammer Sporthose bekleidet, könnte einem Hollywoodfilm entsprungen sein. In seinen Zwanzigern hätte Gerhard, der seinen Namen französisch ausspricht, wie alle seine Freunde damals, Johnny Weißmüller locker Konkurrenz gemacht: *Gerard* war Amateurboxer, gewann 1972 die deutsche Meisterschaft, bezwang anschließend den niederländischen Landesmeister und den belgischen im Halbschwergewicht. Fünfundzwanzig Jahre lang stählte er seinen Körper als aktiver Boxer im Bundesligaverein. Auf dem Schwarzweißfoto wirkt sein Körper wie ein Tempel aus Muskeln und Gesundheit. Mir gegenüber sitzt ein Mann, der wenig von seiner lebenslang antrainierten Kraft eingebüßt hat. Unter der etwas müden Haut seiner Oberarme sind noch immer definierte Bi- und Trizepse. Über dem beeindruckenden Sixpack unter dem engen Poloshirt hat sich kaum der übliche Speck älterer Herrschaften positioniert. Der Mann ist ein Kraftpaket. Schmunzelnd ist Gerhard meinem Blick gefolgt.

»Ich fühle mich ziemlich wohl in meinem Körper. Ich bin fit, habe eine gute Kondition. Aber das kommt alles nicht von alleine. Als Spitzenathlet wird man nicht geboren, dafür muss man hart arbeiten. Besonders, wenn man im Alter noch etwas davon haben will. Ich bin deshalb so gesund, weil ich immer Sport betrieben habe und noch betreibe. Jeden Tag!« Die letzten beiden Worte betont er.

Nach einer kurzen Pause und einem Schmunzeln erfahre ich, dahinter habe früher natürlich nicht nur das Interesse am Boxen gelegen, sondern vor allem die Begeisterung für junge Mädchen.

»Wenn ich eine angesprochen habe, oft im Schwimmbad«, er lacht sein offenes Lachen, »und ich habe gerne Mädchen angesprochen, dann hat man mir auch zugehört. Mein Vorteil war, ich habe eben einen vertrauenswürdigen Eindruck gemacht. Ich hatte große Freude daran, jemand Weiblichen davon zu überzeugen, dass ich der Richtige bin.«

»Woher kommt es, dass dein Körper dir so wichtig ist?«

Er zuckt mit den Schultern. Schweigt.

»Kommt daher die Entscheidung, dich einmal den *Körperwelten* zur Verfügung zu stellen?«

Gerhard setzt sich aufrecht hin, betrachtet längere Zeit seine wuchtigen Hände, Boxerhände, breit und knotig an den Gelenken. Er nimmt sich Zeit für seine Antwort. Nur die Wanduhr tickt in die Stille und sein Atmen hinein. »Der Gedanke, dass mein Körper verfault, verwest oder verbrannt wird, gefällt mir in keiner Weise. Die Vorstellung von geschickten, medizinisch geschulten, weiblichen Händen behandelt, sprich ›plastiniert‹, zu werden, bedeutet für mich, den Körper als Wohnung des Geistes oder der Seele zu pflegen und zu bewahren.«

Seinen Wunsch verstehe ich sofort. Ich bin selbst kein großer Freund von Maden und Würmern. Doch irgendwie, ich kann mir nicht helfen, die *Körperwelten*-Sache ist mir auch nicht sonderlich sympathisch. Nicht, weil es sich um eine umstrittene Anatomieschau handelt oder in der Presse von einer *»gruseligen Invasion der plastinierten Leichen«* gesprochen wird oder Tote zu Kunstexponaten umfunktioniert werden und man hinterher nicht mehr weiß, wer wer war; das alles kann man empfinden wie man möchte und ist mir letztlich gleichgültig. Es handelt sich schließlich um eine absolut freiwillige und intime Angelegenheit und den letzten Willen eines jeden Einzelnen, worüber ich mir überhaupt kein Urteil erlauben möchte. Auch das Publikum entscheidet selbst, ob es Eintrittsgeld bezahlen und die Schau ansehen will. Mich stört vielmehr, dass aufgrund der Plastination – beurteilt als dauerhaftes Konservierungsverfahren – auf eine schräge Weise Vergänglichkeit geleugnet und Unvergänglichkeit geheuchelt wird.

Als vor Jahren um die Ausstellung so viel Wirbel gemacht wurde, habe ich sie mir mit gemischten Gefühlen angesehen. Einerseits hatte ich Vorurteile, andererseits wollte ich nicht mit den Wölfen heulen, die die Schau mehrheitlich als unzumutbar empfanden. Ich war zur Mittagszeit dort. Viele Kinder bestaunten die Toten, neugierig, unbelastet, lediglich angefüttert mit Informationen, die ihre Eltern ihnen gegeben hatten, und das waren, wie mir schien, hauptsächlich wissenschaftlich interessierte Erwachsene. Die gelöste Stimmung machte es mir leicht, mich auf die Plastiken einzulassen. In keiner Sekunde war ich fähig zu vergessen, dass es echte Tote waren, dennoch konnte ich mich nicht davon freimachen, Schönheit zu entdecken. (Der reine Blutgefäßkörper war unglaublich schön!) Ich erinnere mich, wie ich durch die Halle auf dem Kölner Heumarkt ging. Vor der Frau, die als Nachbildung von Salvador Dalis *Die brennende Giraffe* auf einem Sockel stand, kann mir ein beunruhigender Gedanke: Was passiert, wenn das Exponat umkippt und eine Schublade abbricht oder ein Finger, ein Ohr, der Kopf? Zersplittert das Material in tausend Stücke? Was passiert, wenn es älter und brüchiger wird und die naturgemäße Materialermüdung eintritt? Die Plaste verrottet ja nicht, sie wird bröselig. Wie wird gewährleistet, dass die Körper *dauerhaft in einem Stück* erhalten bleiben – bei weltweit derart vielen Ausstellungen und Transporten und womöglich nicht immer ganz achtsamen Transporteuren? Diese Vorstellung hat mich fertiggemacht.

Gerhard sitzt vor mir. Unser Kunstverständnis und Begriff von Schönheit und Vergänglichkeit sind völlig verschieden. Er ist stolz auf seinen gesunden, noch immer beeindruckend vitalen Körper. Ein Teil von *Körperwelten* zu werden, beruhigt und befriedigt ihn. Sein letzter Wunsch, nach seinem Tod weiterhin sichtbarer Teil der Gesellschaft zu sein, bedeutet ihm, eine echte Zukunftsperspektive zu haben, etwas, das man nicht unbedingt mit den Alten in Verbindung bringt. Eine kleine Körperwelt zu werden, ist für Gerhard der krönende Abschluss eines intensiv gelebten Lebens.

»Wenn ich dann da stehe, in der Ausstellung, gut erhalten und sportlich, vielleicht in New York, stelle ich mir vor, wie junge Damen mich anschauen, junge Damen mit einem Empfinden für Ästhetik und sich sagen: ›Mann, den Mann hätte ich gerne kennengelernt, als er noch jung war.‹ Ist doch eine tolle Vorstellung, nicht?!«

»Um junge Damen geht es also?« Ich weiß nicht, warum ich das sage. Es kam spontan, ist unangemessen vorlaut und ich sehe mich schon im befürchteten Fettnäpfchen zappeln. Versonnen nickt Gerhard vor sich hin. Die Frage hat ihn nicht gekränkt, wie ich seinen entspannten, leicht belustigten Gesichtszügen entnehme. Sie scheint sogar die richtige gewesen zu sein.

»Schon. Aber vielleicht noch mehr für meinen Enkel. Vielleicht geht er einmal durch die Ausstellung und denkt, wenn er so vor mir steht, von der Figur her könnte das mein Opa sein. Ist eine schöne Vorstellung, dass es seine Phantasie beschäftigt, aber auch, dass die Ausstellungsstücke, die ja keine Namen tragen, ihm die Freiheit lassen, sich eine entsprechende Figur auszusuchen. Solange ich lebe, kann er ja nichts daran ändern, dass ich sein Opa bin, da muss er mich so akzeptieren, wie ich bin. Auch, wenn es ihm vielleicht manchmal nicht gefällt. Nach meinem Tod, wenn ich in Plastik gegossen bin, kann er wählen, ist ja alles anonym.«

»Obwohl du jemand bist, der offensichtlich gerne im Mittelpunkt steht, ist die Anonymisierung positiv für dich?«

Er zuckt mit den Schultern und streicht das Tischtuch glatt. Schweigsam blättert er in dem Fotoalbum, betrachtet seine abgelichtete, schwarz-weiße Vergangenheit.

»Ich könnte mir vorstellen, es würde ganz gut zu deiner Trauerrede ›Für einen Mann ohne Grab‹ passen, wenn unter deiner Körperplastik auf einem Schild stünde: Für einen Mann ohne Namen.«

Er deutet auf die Wanduhr.

»Sie geht zwei Minuten nach. Ich bastle schon seit einiger Zeit dran, dass sie richtig geht. Schau mal hier!« Er steht auf und stellt sich vor die Uhr. Ich folge ihm. Die Uhr ist ein wuchtiges Gerät. *Tempus Fugit* steht in Schnörkelschrift über der Zwölf.

»Ich habe sie selbst restauriert. Hier, auf das Zifferblatt habe ich Blattgold aufgetragen und alle die Applikationen vergoldet. Das macht sie optisch schöner und wertvoller.« Er tippt leicht auf einen der Klöppel, die auf halber Höhe zum Fußboden hängen. »Die sind auch vergoldet. Jetzt ist da nur noch diese Kleinigkeit: Die Uhr hat Probleme mit der Genauigkeit. Das hinzufummeln dauert seine Zeit, aber ich kriege es noch hin!«

Als wir zum Tisch zurückgehen und wieder unsere Plätze einnehmen, sagt er unvermittelt: »Im Grunde ist es mir egal, ob mein Name drunter steht. Wenn ich als gute Arbeit präsentiert werde, wäre es allerdings schon schön, einen Namen zu haben. Wenn aber mein verbrauchter Körper ausgestellt wird, würde mir das nicht so gut gefallen, denn dann müsste ich mir eingestehen, dafür bin ich verantwortlich.«

»Was deinen Körper anbelangt, begibst du dich vertrauensvoll in die Hände eines anderen, von Fremden. Deine

Grabrede schreibst du selbst, kein anderer soll das letzte Wort haben.«

»Es geht nicht um das letzte Wort, sondern um das richtige. In meinem Leben habe ich schon viele Grabreden gehört, viele waren nur Pflicht. Man hat dem Pfarrer oder dem Sprecher ein paar Informationen zukommen lassen und jetzt soll ein literarisches Kunstwerk daraus entstehen. Damit sind alle überfordert. Selbstverständlich ist meine Grabrede nicht unbedingt Literatur. Es sind einfache Abschiedsworte an die Leute, die mir das letzte Geleit geben. Erinnerungen an jemanden, mit Respekt und Bedauern, mit dem man sich vielleicht lieber noch weiter unterhalten hätte, anstatt hier zu stehen. Die Leute sollen gerne meinen letzten Worten zuhören und keine Tränen vergießen. Mein Tod soll auch Lebensfreude vermitteln, weil ich mein Leben gut gelebt habe.«

Für einen Augenblick irritiert es mich, weil er nun von seinem Leben in der Vergangenheit spricht, obwohl er anfangs so darauf beharrte, ein alter Mensch gestalte ebenso wie ein junger aktiv seine Zukunft. Bedeutet Zukunftsgestaltung ab einem gewissen Zeitpunkt womöglich doch nur die Planung der eigenen Beerdigung und das Sein, Werden oder Vergehen über den Tod hinaus?

Ohne dass ich es will, überkommt mich ein Gefühl des Bedauerns, während Gerhard von seiner Grabrede spricht, und ich hoffe, ich liege falsch.

Zwei DIN-A4-Seiten umfasst der Text. Nicht zu lang, nicht zu kurz, keinesfalls soll sich ein Trauergast langweilen. »Meine Tochter, die die Rede lesen wird, verfügt über großes Selbstbewusstsein und ist auch rhetorisch geschult und begabt. Das Allerwichtigste jedoch ist die Liebe und die Zuneigung zu ihrem Vater, der während dieser Rede ganz nahe bei ihr sein wird.«

Meine Freundin habe die komplette Rede vor einiger Zeit erhalten und absolut freie Hand etwas zu ändern, erklärt Gerhard.

Ob sie schon etwas gestrichen oder hinzugefügt habe, frage ich vorsichtig. Es ist ein heikler Moment, denn jede Änderung oder Korrektur bedeutet auch Kritik. Gerhard schüttelt den Kopf. Er habe selbst einige Umstrukturierungen vorgenommen und bei den Anmerkungen seiner Tochter habe er keine Sorge. »Alles wird in Ordnung sein, was sie in Bezug auf meine Person entscheidet. Alexandra ist der Mensch, dem ich am meisten vertraue.« Fast schüchtern fügt er hinzu: »Ich hab sie halt sehr lieb.«

Fast gleichzeitig greifen wir zu unseren Gläsern und trinken uns den berührenden Moment weg. Ich trinke zwei, drei Schlucke mehr. Wieder schweigen wir. Das berührt mich noch mehr. Und ich schäme mich ein wenig, denn als meine Freundin mir erzählte, ihr Vater verfasse seine eigene Totenrede, kam mir das exzentrisch vor. Das ist es auch, aber gerade wird mir bewusst, wie viel mehr dahinter steckt; es ist eine besondere Hinterlassenschaft, zumal Alexandra die Möglichkeit hat, ihre Sicht auf ihren Vater und ihre Beziehung zu ihm mitzuteilen und auf dem Friedhof vielleicht sogar noch einen letzten Dialog mit ihm führen könnte.

»Wenn meine Rede vorgelesen wird, ist mir eines sehr wichtig«, Gerhards Stimme ist einen Ton heller als bisher, »die Leute sollen Folgendes verstehen: Bei einem solchen Ereignis handelt es sich um einen dauerhaften Abschied. Der aber trotzdem eine große Hoffnung für gläubige Menschen bedeutet. Zum anderen möchte ich kundtun, dass selbst der Tod mich nicht hat sprachlos werden lassen, weil mein Geist lebendig bleibt. Mein Geist wird mit Sicherheit nicht sterben. Sonst hätte alles keinen Zweck gehabt. Sonst wäre ich irgendwann Vergangenheit. Aber mit einem lebendigen Geist ist die Zukunft immer vorstellbar.«

Da ist er wieder, Gerhards unerschütterlicher Glaube an die Zukunft. Woher stammt er?

»Von Gott.«

Das überrascht mich, vor allem, nachdem ich einiges über seine Vorliebe für die weltlichen Freuden erfahren habe. Das Genussdreigestirn Wein, Weib und Gesang steht allerdings für ihn nicht im Widersprich zum christlichen Glauben; wenn Gott alles geschaffen hat, dann auch das Schöne.

Anfangs katholisch getauft, wurde er evangelisch erzogen. Der intolerante, katholische Pfarrer war seinem Vater ein Dorn im Auge. ›Dann treten wir eben aus‹, habe sein Vater kurzerhand bestimmt, ›und gehen rüber zu den Evangelischen. Ist ja derselbe Gott und die sind lockerer.‹ So einfach geht das.

Wie schon im Musikunterricht in der Schule (wo er nichts als Einsen erhalten hat!) war Gerhard bei den sonntäglichen Messen ein begeisterter Sänger und beherrschte binnen kurzer Zeit sämtliche Kirchenlieder des Gesangbuchs auswendig.

»Musik muss etwas Göttliches sein«, sagt er voller Überzeugung.

Da ich nicht an einen Gott glaube und davon ausgehe, wir Menschen neigen dazu, tiefempfundene, unerklärliche Sinneseindrücke in den Bereich des Göttlichen zu rücken (ich vermute aus mangelndem Vertrauen darauf, selbst nicht fähig genug zu sein, Grandioses und Unermesslichkeit herzustellen), bin ich neugierig zu erfahren, was Gott ihm neben dem Geschenk der göttlichen Musik und dem unsterblichen Geist noch bedeutet.

»Ich wäre ja im Leben ziemlich hilflos, wenn ich nichts Großes hätte, an das ich glauben und von dem ich Hilfe erwarten könnte. Meine größte Hoffnung ist, dass es einen Himmel gibt, wo die warten, die vor mir gegangen sind. Ich glaube an ein Wiedersehen mit all meinen verstorbenen Freunden, Angehörigen und geliebten Menschen.«

Das christliche Heilsversprechen scheint unerschütterlich. Manchmal sehne ich mich danach, so tief und bedingungslos an Gott und seinen Himmel glauben zu können …

manchmal ist mein Verlangen nach diesem Glauben so stark wie meine Lebensenergie und die Sehnsucht nach Zuneigung ... manchmal ... jetzt gerade etwa, wenn ich erlebe, wie ein fast Achtzigjähriger in keiner Weise zweifelt.

»Wenn ich als kleiner Erdenbürger einen unsterblichen Geist habe, muss es in den höheren Regionen eine gewaltige Institution geben. Letztlich muss ich mir sagen, dass ich wirklich an etwas Göttliches glaube. Wenn es nämlich nichts geben würde, auch keine Barmherzigkeit, müsste ich mit dem Höllenfeuer rechnen.« Mit der Hand streicht er sich ein paarmal über den Hinterkopf und grinst mit einem Mundwinkel. »Das würde mein Leben schon sehr beunruhigen.«

Und genau aus diesem Grund ist Religion für mich dann doch keine Alternative. Da dräut immer etwas Dunkles im Hintergrund, dieses Wenn-Dann-Ding: Wenn du nicht an Gott glaubst, hast du keine unsterbliche Seele. Wenn du keine unsterbliche Seele hast, dann kommst du nicht ins Himmelreich. Kommst du nicht ins Himmelreich, siehst du nicht deine Lieben wieder und das war‘s dann. Die Höllenvariante und das Geschäft mit der Angst sind auch nicht gerade attraktiv. Lieber bin ich realistisch und halte mich an die Natur. Alles ist ein Kreislauf, und am Ende werde ich Erde sein, und wenn ich Glück habe, erwächst eine Pflanze aus mir, die sich eines meiner Lieblingstiere gut schmecken lässt; Haselnuss fürs Eichhörnchen oder Wiesenschaumkraut fürs Pferd.

»Wendet die beruhigende Überzeugung, am Ende wartet ein Himmel auf dich, die Angst vor dem Tod ab?« Das ist eigentlich eine unnötige Frage, aber ich muss sicher sein. Diesmal schmunzelt Gerhard nicht.

»Bisher schon, und ich hoffe, dass es sich nicht ändert und ich ihn zu sehr auf die leichte Schulter genommen habe.«

Je länger mir Gerhard von seinem Leben erzählt, desto mehr leuchtet mir ein, wie unabdingbar es ist, sich jedem Bereich seines Lebens intensiv zu widmen, über das Leben hinauszudenken und dabei herauszufinden, was Körper, Geist und Seele nährt, damit trotz des unvermeidlichen Ablebens eine Zukunft vorstellbar bleibt, gerade weil Geist und Seele nicht einfach dahinschwinden dürfen; nicht, wenn man mit Hingabe dafür gesorgt hat, dass das Leben prall und satt ist. Irgendwie beneide ich ihn.

Und das, obwohl sich, wie er mir nun gesteht, sein absoluter, großer Lebenstraum, Opernsänger zu werden, nicht erfüllt hat.

Vor mir sitzt ein Mann, der trotzdem zufrieden ist und nicht bereut, für seinen Traum nicht alles gegeben zu haben.

»Dinge, die vorbei sind …, die sich nicht ändern lassen …, was nützt es mir, wenn ich sie bereue?«

Neben seinen Boxerambitionen träumte er von einer Karriere als Sänger. Mehrere Jahre nahm er Gesangsunterricht. Alle Lehrer attestierten ihm, er sei ein »toller Tenor«. Als er dem Operndirektor vorsang, bot dieser ihm enttäuschenderweise nur einen Platz im Chor an.

»Chorsänger?!« Gerhards Entrüstung ist immer noch spürbar. »Das war mir zu wenig. Weniger als der Solist zu sein, war nicht drin. Das Vermögen dazu hätte ich gehabt. Wenn man weiß, wozu man alles befähigt ist, gibt man sich nicht mit weniger zufrieden.«

»Du hättest klein anfangen und dich hocharbeiten können.«

»Nein!«

Es ist eines dieser Neins, die keine weitere Frage, keine Bemerkung mehr zulassen.

Die Begeisterung für die Musik ließ sich Gerhard trotzdem nicht nehmen. »Melodien, vorgetragen von schönen Stimmen, sind die Tür zu einer anderen Welt, ob als Zuhörer oder eben als Hobbysänger.« Während seiner Kochausbildung schmetterte er den *Postillion von Lonjumeau* vom Balkon seines Gesellenzimmers und unterhielt die Leute auf dem Marktplatz.

Ob ich den *Postillion* kenne? Als ich einen Augenblick zu lange überlege, weiß Gerhard Bescheid. Ich muss gestehen, ich bin nicht sehr bewandert auf dem Gebiet der Opéra comique. Er setzt sich aufrecht hin, lässt Luft in seine Lungen strömen. Stille. Nur die Wanduhr tickt. Mit kräftiger Stimme und ausgeprägt rollendem R bekomme ich ein Ständchen, die erste Strophe und den Refrain, und eine weitere Bekräftigung dessen, was Gerhard unter ›Wohnung des Geistes und der Seele‹ versteht.

»Welch ein Glückstag ist das heute, Madeleine ist nun mein! Jetzt zum Tanze, liebe Leute, schnell bringet Wein her, vom allerbesten! Auf unser Glück stoßt mit uns an!«

Er wirkt gelöst. »Mein Publikum wollte immer Zugaben. Die wussten, Musik ist Lebensenergie. Ich hatte Spaß daran, andere zu unterhalten, ihnen etwas Schönes zu bieten. So bin ich eben. Von je her verspürte ich den Drang, mir das Leben so angenehm wie möglich zu machen. Wenn man all die schönen Dinge des Lebens nicht genießen kann, ist das pure Verschwendung.«

Neidvoll sehe ich ihm zu, wie er sein Bierchen trinkt und gelassene Ruhe ausstrahlt. Er ist sich seiner bewusst. Wie einfach wäre das Leben, beherrschte ich eine Kunst, die man immer mit sich tragen kann, weil der Körper selbst sie herstellt. Ich kann zwar einigermaßen gerade Töne singen, bin aber von Lampenfieber geplagt, sobald ich es vor Leuten tun soll. Ich kann Bier trinken. Aber schon bei dem Versuch, einem Bier und einem Käsebrot mit Senf immer das Allerbeste abzugewinnen, scheitere ich. Dauernd brauche ich Abwechslung. Dabei bleibt der Genuss auf der Strecke. Dann ist es nur Trinken und den leeren Magen Vollstopfen, unsinnliches Schlingen, das Depot wieder auffüllen, um weitermachen zu können; seine Energie zu verschwenden für die Karriere, das Geldverdienen, die Terminüberlagerungen, die Sorgen ums Kind, um die Beziehung, die Gesundheit, die Lebensoptimierung, das Alles-unter-einen-Hut-Bringen, das Möglichst-viel-mitnehmen-und-nichts-Auslassen. Ich erkundige mich nach seinem Rezept.

»Genuss kommt von allein. Dabei helfen schöne Melodien, geschliffene Texte, die Kunst eines literarischen Vortrages und anderen damit eine Freude zu machen. Man muss sich täglich damit beschäftigen.«

Über Jahre hinweg fand Gerhard in den *Karpaten,* jenem Lokal das Johannes Rau zu seiner Lieblingswirtschaft erklärt hat, sein Publikum. Jede Woche, immer mittwochs, rezitierte er Gedichte und sang zwischendurch die eine oder andere Opernarie. Poesie, die ihn innerlich bewegte, Worte großer Dichter, denen er seine Stimme gab, um sie anderen nahezubringen.

»Die Gäste haben jedes Mal auf mich gewartet. Ist 'ne tolle Motivation, die Aufmerksamkeit von anderen. Man muss natürlich über ein entsprechendes Repertoire verfügen, damit man zwei bis drei Stunden füllen kann. Man möchte sich ja nicht wiederholen.«

»Gib weiter, was dich selbst entflammt, lautet so das Zauberwort?«

Er nickt. »Wenn aber die Aufmerksamkeit von anderen fehlt, beginnt man zu verblühen. Deswegen bin ich überglücklich über die Literatur und Poesie und die Musik und das Bewusstsein überhaupt, wie viele wunderschöne Dinge es auf der Welt gibt. Suche ich Trost, suche ich bei den Asiaten, die sind das Nonplusultra.« Wieder nimmt er Haltung an, die geübte Haltung eines Schauspielers auf der Bühne:

»Im Meere hinter Brandungsschaum und Riff
Schwimmt wie ein Kormoran das Blumenschiff.
Ich bin nicht gegen seinen Duft gefeit.
Ich heb den Arm. Das Schiff ist allzu weit.
Mimosen hängen traubengleich am Bug.

Ein Fächer schlägt den Takt zum Ruderzug.
Ich werfe eine Blume in das Meer,
Die treibt nun auf den Wellen hin und her.
Vielleicht, dass, wenn der Wind sich abends dreht,
Er meine Blume bis zur Barke weht.«

Jetzt habe ich einen Kloß im Hals. Gerhards große Hände ruhen auf der Tischdecke neben den Fotografien. Das Bier ist ausgetrunken. Die Uhr an der Wand geht immer noch zwei Minuten nach. *Tempus Fugit*. Es ist Zeit zu gehen.

»Danke, weil ich dich ausquetschen durfte.«

Bei der Verabschiedung zögere ich einen Moment, ob ich ihn bitten kann, mir seine Totenrede zu lesen zu geben. Nun haben wir so lange geredet, und den eigentlichen Quell meines Interesses kenne ich gar nicht. Was lässt mich zaudern, Gerhard danach zu fragen, der so offen war, einer Unbekannten persönliche Dinge aus seinem Leben anzuvertrauen?

Gerade seine Offenheit. Hätte er den Wunsch, seine letzten Worte mit mir zu teilen, würde er sie mir bereitwillig vortragen. Ich vermute, er kann sie ebenso auswendig wie all die Liedtexte und Gedichte, von denen ich ein paar Kostproben bekommen habe.

»Also dann!«, druckse ich rum.

»Bis dann. Vielleicht unterhalten wir uns bald einmal wieder.«

Soll ich doch schnell fragen? Im Falle eines Nein bin ich auch nicht blöder als vorher. Mit einem letzten Blick auf die nachgehende Uhr entscheide ich mich dagegen.

So bleibt eine Überraschung am Ende.

»Hast du viel an der Grabrede geändert?«, erkundige ich mich bei meiner Freundin und berichte von meinem Treffen mit ihrem Vater, wie sehr mich beeindruckt hat, dass sie für ihn der Mensch auf der Welt ist, dem er am meisten Vertrauen schenkt. Darüber ist sie selbst erstaunt.

»Das hat er gesagt?«

»Ja.«

»Alle Achtung.«

Sie brutzelt Champignons in der Pfanne. Ich putze den Salat. Die Salatsoße schmecken wir gemeinsam ab. Wie üblich fehlt Salz, wenn ich sie anrühre.

»Er ist durchaus selbstkritisch. Eigentlich gebe ich ihm nur ganz wenig Feedback. Ich würde ohnehin seinen Text genau so belassen, wie er es sich wünscht. Da hab ich ja auch nichts zu ändern dran. Es ist sein Ding! Worte und Sprache sind ihm sehr wichtig, sonst würde er nicht immer wieder daran feilen. Am Ende, also zu gegebenem Anlass, wenn ich die Rede dann vorgelesen habe, würde ich mir vielleicht herausnehmen, meine eigenen Worte zu wählen, aber nur vielleicht, wenn mir Humor über die Lippen kommt. Ich weiß ja nicht, wie ich auf seinen Tod wirklich reagiere. In meiner Vorstellung so vielleicht: Hier verlassen wir einmal die Gedanken des Verstorbenen und wenden uns einigen Anmerkungen zu, die ich mir als Tochter gemacht habe.« Sie nimmt den Topf vom Herd und gießt die Nudeln ab. Es dampft aus der Spüle und ihre Brillengläser beschlagen.

»Gefällt dir seine Rede?«

Während sie eine heiße Nudel aus dem Sieb stibitzt und isst, überlegt sie. »Als er mir die erste zu lesen gegeben hat, fand ich es traurig. Nicht, was er geschrieben hat, das war ziemlich unterhaltsam, sondern weil ich mit einem Mal bemerkt habe, er stirbt irgendwann.« Die nächste Nudel verschwindet zwischen ihren Lippen. Nachdenklich kaut sie. »Ja, ich finde den Text gut. Er ist angemessen. Ich spüre, mein Vater lebt mit der von ihm selbst gewählten Sprache über den Tod hinaus.« Sie nimmt eine weitere Nudel, überlegt, ob sie sie essen soll und dreht sie zwischen den Fingern hin und her. »Na ja, eigentlich ist eine selbstverfasste Grabrede ja etwas narzisstisch, wenn man es genau nimmt. Aber das passt zu meinem Vater. Dass er sie selbst geschrieben hat, ist die logische Konsequenz seines Lebens. So, wie er von der Persönlichkeit her gestrickt ist, musste er sie selbst schreiben.«

»Wie meinst du das?«

»Er hat die Dinge gern geregelt. Dazu gehört auch, dass er seinen Körper Gunther von Hagens vermacht hat. Das passt ebenso zu ihm wie das Schreiben seiner Grabrede. Sein ganzes Leben ist er völlig körperbetont gewesen, als Plastik in einer Ausstellung zu stehen, ist genauso zwingend konsequent wie seine eigenen Abschiedsworte.«

»Klingt sehr kontrolliert.« Ich koste ebenfalls eine Nudel.

»Aber manche Sachen kann man nicht kontrollieren. Es ist ihm zu wünschen, dass sein Körper auch tatsächlich als Ganzer ausgestellt wird, wie er sich das vorstellt, und nicht nur sein Innenohr, was ich persönlich ja ganz interessant fände. Manchmal dient von Hagens ein toter Körper nur zu Übungszwecken. Dann wird nichts davon ausgestellt. Das könnte passieren. Ich wünsche meinem Vater, er findet sich nach seinem Tod genau so vor, wie er sich das ausgemalt hat, in einem Stück. Weißt du, mein Vater war immer einer, der es sich selbst und anderen beweisen musste. Daran ändert auch der Tod nichts. Er muss über ihn hinaus mit seinem Geist und seinem Körper noch etwas darstellen. Zum Beispiel, dass er immer noch ein fabelhaft aussehender Mann ist, ein topfiter Lebemann, der er immer war und ja auch noch ist, und mit fast achtzig aussieht wie ein Zwanzigjähriger. Wenn er beim Arzt war, erzählt er immer, seine Leberwerte seien die eines jungen Mannes. Darauf ist er stolz. Auch, dass er vom Denken her jung geblieben ist. Seine großen Träume, Schauspieler oder Opernsänger zu werden, sind ihm verwehrt geblieben. Mit meiner Mutter verheiratet zu bleiben, ebenso. Optisch jung geblieben zu sein, das ist ihm geglückt und das will er präsentieren. Jetzt ist sein Traum, nach dem Tod endlich die große Bühne zu bekommen und dazustehen in voller Pracht. Es hat mich also nicht verwundert, als er mir erzählt hat, er habe seinen Körper für eine Kunstausstellung vorgesehen. Ein Leben im Sarg, vergraben und von Würmern zerfressen, wäre aus seiner Sicht Vergeudung seines Lebenswerkes.«

Während ich beobachte, wie Alexandra jeden einzelnen Champignon in der Pfanne mit der Gabel wendet, damit sie von beiden Seiten knusprig werden, interessiert mich, ob diese penible Art der Vorbereitung ihres Vaters auf den Tod auch für sie eine Möglichkeit der Vorbereitung ist.

»Ich glaube, man kann sich nicht auf den Tod eines Elternteils vorbereiten. Man kann nur die Abläufe im Vorfeld regeln. Ich werde, wenn es so weit ist, die Grabrede häufig lesen, um nicht im Ernstfall aufgrund meiner Emotionen zu stottern. Die Rede muss gut vorgetragen sein, weil ihm das viel bedeutet. Ich werde versuchen, es genau so zu machen, wie er es gerne gehabt hätte.« Sie denkt nach, schaut durch die Küche, bis ihr Blick am Gewürzregal hängenbleibt. »Wenn jemand stirbt, ist die Situation einzigartig. Darauf kann man sich nicht vorbereiten. Da helfen noch so viele Grabreden nicht.« Mit einem raschen Griff nimmt sie das Gläschen mit dem Rosenpaprika und würzt die Pilze. »Wer weiß, vielleicht bin ich am Ende sogar dankbar, dass ich 'ne vorgefertigte Rede hab, die ich einfach vorlesen kann. Dann bin ich damit durch. Unterm Strich kann ich froh sein, dass er mir die Arbeit abnimmt. In welchem emotionalen Zustand ich in dem Moment sein werde, weiß ich ja nicht.«

»Würdest du für dich auch eine Grabrede schreiben wollen und eventuell eine Familientradition in Gang setzen?« Es ist eine alberne Frage, aber manchmal kommen mir solche Gedanken. Alexandra und ich kennen uns lange genug, sie weiß, wie sie es nehmen muss.

»Nee, ich hab nicht dieses ausgeprägte Schreib- und Sprachtalent wie mein Vater.« Plötzlich funkeln ihre Augen, als käme ihr in dieser Sekunde eine Idee in den Sinn. »Aber ich fände es gut, wenn jemand anders für mich schreibt, was Nettes zum Beispiel, und ich es vor meinem Tod noch lesen könnte. Das fände ich richtig gut.«

Wir zwinkern uns zu. Und ich bilde mir ein, es entsteht ein stilles Einverständnis zwischen uns. Allerdings hüte ich mich davor, ihr anzubieten, ihre Grabredenschreiberin zu sein. Was würde ich wohl Nettes schreiben? Dass Alexandra, neben vielen anderen Vorzügen, eine hervorragende Köchin ist, im Abschmecken von Speisen einsame Spitze? Ich halte tunlichst den Schnabel, frage stattdessen, ob sie sich ihren Vater später in der *Körperwelten*-Ausstellung anschauen möchte. Sie zuckt mit den Schultern. Sie weiß es nicht.

»Vielleicht schicke ich jemanden rein.« Wieder wirft sie mir diesen Blick zu. »Geh du mal, mach ein Foto, für den Fall, dass man ihn wirklich erkennt. Anhand des Fotos würde ich entscheiden, ob ich ein Wiedersehen auf diese ungewöhnliche Art emotional packe und auch, ob die Art, wie er ausgestellt ist, seiner Idee entspricht.« Die Pilze sind fertig und landen auf einem Krepptuch, das sofort das überschüssige Fett aufsaugt. »Ist ganz gut, dass die Plastiken anonymisiert sind. Andererseits bin ich neugierig. Ich könnte auch ohne Foto einfach reingehen. Wenn ich ihn allerdings wirklich erkennen würde, fände ich das schon gruselig.«

In den letzten Jahren hat Alexandra zwei *Körperwelten*-Ausstellungen besucht. Sie ist Heilpraktikerin und entsprechend interessiert an der Anatomie des Menschen. »Wenn es um den eigenen Vater geht und vielleicht sein Brustkorb aufgeklappt ist wie die Flügel eines Schmetterlings ...« Sie stößt einen Seufzer aus. »... keine Ahnung. Das ist so eine schräge Vorstellung.«

»Und du hättest keinen Ort auf einem Friedhof, wo du um ihn trauern könntest«, überlege ich laut. Darüber hat sie längst nachgedacht und für sich entschieden, sie braucht keinen solchen Trauerort. Sie mischt Nudeln, Pilze, Pinienkerne und Mozzarella. Ich mische Kräuter unter den Salat. Zusammen decken wir den Tisch.

»Als meine Mutter vor kurzem aber auf die Idee gekommen ist, auch ihre letzten Angelegenheiten regeln zu wollen, bin ich schon ziemlich froh gewesen zu hören, sie wolle unter einem schönen Baum auf einem Waldfriedhof beerdigt werden.«

»Braucht man einen Ort, wo sich die Familie als Ganze, wie auch immer, treffen kann?«

Alexandra füllt die Teller. »Ja und nein.« Und dabei belassen wir es.

Beim Essen vermeiden wir das Thema Tod, genießen unsere Pasta und anschließend einen Whiskey. Zum Abschied umarmen wir uns. An diesem Abend braucht es nicht mehr Worte um das Wissen: Die letzten Dinge werden in der Familie geregelt, und seien sie auch noch so ungewöhnlich.

Als meine Tochter noch klein war, starb der goldene Golf. Es war das Auto meines Schwiegervaters, das wir uns zeitweise ausliehen, für Urlaub, Kurzausflüge, Einkaufsorgien. Ein steinaltes Modell, zweitürig, ohne Servolenkung. Die Kupplung konnte man bis unter die Motorhaube durchtreten. Der Rückwärtsgang ließ sich nur mit Überredungskünsten einlegen. Wir liebten den Golf. Er war treu und golden. Seine einmalige Farbe hat sogar dafür gesorgt, dass er Statist in dem Film *Der Krieger und die Kaiserin* von Tom Tykwer wurde. Einen heißen Tag klebte ich hinter dem Lenkrad an der Kreuzung in Vohwinkel unter der Schwebebahn und verfolgte, wie es um mich herum von Schauspielern und Filmcrew wuselte. Nach kurzer Zeit überkam mich die große Langeweile. Nichts ist öder, als auf einem Filmset Fußvolk zu sein. Stundenlang probierte ich verschiedene Sitzvariationen hinter dem Lenkrad aus. Mit heruntergelassenem Fenster und dem Ellbogen draußen, mit den Beinen auf dem Beifahrersitz, liegend auf der nach unten gelassenen Rückenlehne. Das lange

Sitzen war unendlich eintönig. Statist sein war blöd. Mich versöhnte nicht einmal, dass Benno Fürmann mindestens zwanzig Mal die Gräfrather Straße runtergerannt kam, links an meinem Fenster (oder Ellbogen!) stehen blieb. Ich hätte ihn berühren können, bevor er weiterlief und vor dem goldenen Golf in die Kaiserstraße abbog.

Später im Kino war der Golf sofort zu erkennen. Wenn man wusste, in welcher Szene er vorkam und wo er stand. Natürlich erkannte ihn nur unsere Familie. Das Nummernschild war verdeckt, insofern war er namenlos. Nur seine Farbe war Erkennungszeichen. Allerdings musste man genau hinsehen und sich auf den höchstens daumennagelgroßen goldenen Punkt auf der großen Leinwand konzentrieren. Wir waren sehr stolz.

Umso mehr, weil er kurz darauf den Geist aufgab und verschrottet wurde. Unsere Tochter, damals im Kindergarten und gerade mit den letzten Dingen und Fragen des Lebens auf magisch-realistische Weise beschäftigt, erklärte uns, der Golf fahre im Himmel spazieren. Das stellte sich ein Jahr später als kluge Überlegung heraus, als Opa Arthur starb. Seither sitzt er im goldenen Golf und fährt über den Himmel. Das Auto füllt sich seit einigen Jahren mit Familienmitgliedern. Irgendwann, wenn es nach unserer Tochter geht, die längst aus ihren kindlichen Phantasien herausgewachsen ist, wird unsere gesamte Familie darin im Himmel spazieren fahren.

Im Vorbeigehen lese ich an der schmiedeeisernen Pforte: Kath. Friedhof, Hochstr. 11. Für einen Augenblick bin ich verwundert, dass Friedhöfe Hausnummern haben. Dann erscheint es mir vollkommen richtig. Es ist das letzte Zuhause. Ein Kind würde sicherlich sagen, hier wohnen die Toten und würde sich die Hausnummer merken, wo der Opa jetzt wohnt.

4 APRIL – LIEBE

Wasserschlacht am Gummipool und Darth Vaders Rollstuhl

Jetzt, in der Mitte des Frühlings, wandeln sich meine Gedanken. Galten sie anfangs ausschließlich dem Tod, kreisen sie mehr und mehr um das Leben. Ich ertappe mich dabei, immer wieder abzuschweifen von meinem Ursprungsthema. Die Frage nach dem Sinn des Lebens stellt sich vermehrt, und ich schätze, wenn ich sie nicht bald klar beantworte, drängt sich das Leben mehr und mehr in mein Projekt und den Tod an den Rand. Genau das will ich verhindern. Ich will ihn nicht aus meinem Blickfeld verdrängen und ihn zum Tabuthema machen.

Warum aber die plötzlich aufkeimende, drängende Frage nach dem Sinn? Braucht man ihn wirklich? Genügt es nicht einfach zu leben, stetig vor sich hin zu leben? Ergibt die Suche nach dem Sinn Sinn? Hat Sinn Allgemeingültigkeit? Ist er ausschließlich persönlich? Warum ist der Sinn des Lebens ein geflügeltes Wort, der Sinn des Todes jedoch nicht?

Jede Person, die ich in den vergangenen Monaten getroffen habe, hat mir etwas von sich geschenkt: ihre ureigene Antwort auf die Frage aller Fragen nach dem Sinn des Lebens. Zusammenfassend ergibt es Folgendes:

etwas bewahren
etwas erfinden
etwas verschönern
etwas entdecken
etwas weitergeben
etwas teilen
an etwas glauben
Grenzen überschreiten

etwas genießen
etwas mit Hingabe tun
etwas lieben.

Etwas lieben.

Der Ort in dem Film, den ich mir ansehe, heißt Knoxville, Tennessee. Das umzäunte Gelände ist die Bodyfarm. Das klingt eher nach Wellnesszone oder Spa und nicht nach einer Sammelstelle für menschliche Leichen, die in der Natur auslegt sind – ein postmortales Freiluftlabor. Wie der Verwesungsprozess von Kadavern verläuft, wird wissenschaftlich begleitet und erforscht. Die Bodyfarm der University of Tennessee ist eine von weltweit vier Verwesungsstätten. Doch nur hier sind menschliche Leichname zu finden. An den anderen Orten werden die Prozesse der Verwesung an Schweinen untersucht. Es ist ein riesiges Waldgrundstück auf dem sich nur autorisierte Personen aufhalten dürfen, Anthropologen, Kriminologen, Gerichtsmediziner oder Menschen, die freiwillig ihren Körper spenden werden und sich vorab kundig machen wollen. Dutzende Leichen in unterschiedlichen Zuständen der Verwesung liegen zwischen Gras und Moos, unter Bäumen, neben Blumen, Steinen und Unkraut und auch mal in Plastiksäcken. Die toten Körper liegen im Laub wie Mumien. Zudem befindet sich auf der Bodyfarm die umfangreichste Skelettsammlung, das sogenannte Knochenarchiv, begründet durch den Anthropologen Dr. William M. Bass, den man auch den ›Knochenleser‹ nennt oder den ›Herrn der Skelette‹. Er war es übrigens, dem der Name Bodyfarm – er stammt von der Autorin Patricia Cornwell – gefallen und ihn daher übernommen hat. Seine Kollegen fanden die Bezeichnung recht geschmacklos und sprechen offiziell nur von »Facility«.

Das Ganze könnte makaber sein, doch wie der Regisseur Stefan Schneider es in Szene gesetzt hat, wirken die Bilder beruhigend und meditativ, und die von Respekt geleitete Forschung der Wissenschaftler wird sichtbar. Sein Dokumentarfilm »Im Garten des Todes – Die Leichen des Dr. Bass« ist anrührend, so dass man, so befremdlich es klingen mag, Lust bekommt, dort einmal spazieren zu gehen und sich alles aus der Nähe anzuschauen.

Nach dem Film besteht die Möglichkeit, den Filmemacher zu befragen. Stefan Schneider erzählt in ruhigen Worten. Für ihn seien die Dreharbeiten eine bereichernde Entdeckung gewesen. Die Bodyfarm sei ein faszinierender Ort ohne Schrecken, ein Ort, wo der Tod für den Körper nicht das Ende bedeutet. Wenn man eine Leiche vor sich habe, sagt er, spüre man, dass der Tod schon vorübergezogen ist. Neben der rücksichtvollen Arbeitsweise sei für ihn bemerkenswert gewesen festzustellen, dass in den höheren Semestern fast ausschließlich Frauen studieren. Eine Erklärung dafür hat er nicht.

Ich überlege, ob Frauen sich eher mit dem Tod befassen können als Männer, weil sie auch beim Akt der Geburt intensiver und näher am Geschehen sind. Männer erleben die Geburt als Zaungäste. Frauen passiert sie. Aber vielleicht liege ich völlig falsch, und die hohe Frauenquote lässt sich auf das pflegerische und umsorgende Moment zurückführen, das uns Frauen so gerne nachgesagt wird.

Dr. Bass' letzter Wille nach seinem Tod, so erfährt man im Film, ist es, selbst auf der Bodyfarm in Ruhe verwesen und Forschern Aufschluss über den Tod geben zu können:

»Ich wüsste nicht, warum ich aufhören sollte zu lehren, nur weil ich sterbe«, lautet sein Credo.

Sein auf pragmatische Weise Über-den-Tod-Hinausdenken übt auf mich eine große und eigenartige Anziehungskraft aus. Was der Film und seine Protagonisten in den Interviews vermitteln, ist weit entfernt von religiösem Glauben, befasst sich ausschließlich mit Fakten und Tatsachen, messbaren Sachverhalten. Dr. Bass' Wunsch, von Nutzen zu sein, erscheint mir frommer als jede Vorstellung vom Himmel und jedes Heilsversprechen, das religiöse Gemeinschaften ihren Göttern in den Mund legen.

Die Sache mit Fannys Mutter im Hospiz, diesem verwirrend heimeligen Ort, lässt mich nicht mehr los. Wir Menschen sind es, die solche Orte, all die Orte auf der Welt, wo der Tod gebündelt anzutreffen ist, entstehen lassen. Was sind das für Orte? Wer belebt sie? Wie lebt es sich dort?

»Wenn Sie an der Bushaltestelle ausgestiegen sind, wenden Sie sich nach rechts und gehen immer weiter. Immer weiter. Auch auf der schmalen Waldstraße gehen Sie immer weiter. Irgendwann denkt man, entweder ist hier die Welt zu Ende, oder wir kippen von der Kugel ab. Da sind dann wir.«

Die weibliche Stimme am Telefon klingt ausgesprochen heiter. Ich nehme mir vor, mich genauso heiter auf den Weg zu machen. Je näher mich der Bus meinem Ziel bringt, desto enger wird mir der Hals. Ich bin nicht sonderlich erstaunt, weil es sich um meine Heimatbuslinie 613 handelt, nur fährt sie mich diesmal quer durch die Stadt auf den gegenüberliegenden Hügel.

Heute ist nicht einmal genug Wind in der Luft, um die Wolken zu tragen. Es ist still, während ich durch den Wald gehe und ein urbanes Geräusch nach dem anderen verebbt, zuletzt das Rauschen der Autobahn. Ich gehe und gehe und komme ins Schwitzen. Für diese frühe Morgenstunde ist es ungewöhnlich warm. Vom Waldboden dampft Feuchtigkeit empor und verschmilzt mit den Wolken. Ein LKW mit der Aufschrift ›Wäschedienst‹ kommt mir entgegen. Ansonsten begegne ich niemandem. Ich gehe endlos lange … bis zum Ende der Welt. Die Wegbeschreibung kommt mir merkwürdig symbolisch vor. Ein paarmal bin ich davon überzeugt, mich verlaufen zu haben. Kurz vor der Kante am Rande der Welt blitzt zwischen den Bäumen ein grünes, modernes Gebäude auf. Es ist ein Grün, wie es nicht in der Natur vorkommt; ein Grün das laut hinausruft: Ich bin das grünste Grün! Später erfahre ich, die Farbe wurde eigens für das Kinder- und Jugendhospiz Burgholz angefertigt, Deutschlands erste ökumenische Einrichtung dieser Art. Eine ferne Insel im Wald inmitten wogender Baumwipfel. Der Weg schlängelt sich auf die besondere Herberge zu. Ich gehe langsamer.

Im Berliner Hospiz bei Fanny und ihrer Mutter war ich nicht so schissig. Warum schwitzen meine Handflächen plötzlich unkontrolliert? Es ist nur ein Weg zu einem grünen Haus. Eine Squillion Funken sprühen mir durch den Kopf. Werde ich heute Erfahrungen machen, die ich morgen wieder verdrängen und vergessen will?

Mir kommt der Gedanke, der bewusste Umgang mit dem Tod als Teil des Lebens läuft meist auf eine bestimmte Weise ab: Wir gehen auf den Tod zu, wir begegnen ihm auf unserem Weg, berühren ihn, nehmen Abstand, gehen weiter und vergessen ihn, um heiter zu leben, bis er uns wieder über den Weg läuft. Mit jeder neuen Begegnung wird die Erfahrung intensiver. Uns bleiben zwei Möglichkeiten: Entweder wir überlassen uns der Angst und verharren in ihr, oder wir aktivieren alle Energie für die Lebensfreude beim Weitermarschieren.

Und dann stehe ich vor der gläsernen Tür des Hospizes und habe bisher weiter nichts erlebt als einen Fußmarsch zwischen Bäumen im Naturschutzgebiet. Ich habe noch keinem todkranken Kind in die Augen gesehen oder ihm die Hand gegeben und weiß trotzdem nicht mehr weiter – bevor es angefangen hat. Wie verlockend der Weg zurück auf einmal ist … weg vom Ende der Welt.

Die Leiterin des Hospizes heißt Merle Fells, ein sprechender, ein poetischer Name. Man braucht nicht viel Phantasie, um Perle und Fels herauszuhören. Oder hineinzudichten.

»Hier stirbt es sich anders als anderswo«, erklärt sie, nachdem sie mich herzlich begrüßt hat.

Seit Minuten starre ich sie an. Mir ist selten eine so schöne, klare Frau begegnet. 1,88 Meter groß. Sie hat blondes, langes Haar und trägt ein farbenfrohes Blumenkleid. Der Stoff umfließt ihren Körper, während ich ihr durch das lichte Gebäude in den Garten folge. Wir gehen vorbei an einer mit bemalten Baumringen geschmückten Wand. Auf jeder Holzscheibe ist ein Name zu lesen: Lennart, Carmela, Abdel, Rabiye, Chantal, Anke, Melissa ... Es werden die Namen der toten Kinder sein. Im Gemeinschaftsraum befinden sich mehrere Kinder und ihre Pflegerinnen. Allesamt verströmen sie Heiterkeit. Ich höre sie lachen und munter erzählen. Irgendwo singt jemand. Der Duft von Mittagessen zieht durch den Raum ... wie ›normal‹ dieser Ort wirkt.

Ganz leicht könnte ich mir vorstellen, Merle Fells führte mich durch eine Herberge, in der ich ein paar Urlaubstage verbringen kann. Tatsächlich steuern wir durch die Terrassentür in den Garten, wo ein riesiger Gummiswimmingpool aufgeblasen steht und von einem Mitarbeiter mit Wasser befüllt wird. Wären da nicht die Kinder in Rollstühlen, mit Gehhilfen, auf weichen Kissen und Matten am Boden, sitzend, liegend, wach oder abwesend ... Keines ist lebensfähig ohne Betreuung oder technisches Equipment. Sie alle sind hier, weil ihr Leben krankheitsbedingt verkürzt ist.

Wie schaffen es Hospizmitarbeiter, sich dem auszusetzen? Sie arbeiten hier tagtäglich, verbringen bei einer vollen Stelle rund ein Drittel ihrer Lebenszeit mit Sterbenden – Kindern, die vor ihrer Zeit gehen werden. Das muss man aushalten können. Wäre ich dazu in der Lage? Niemals! Seit Betreten des Gebäudes habe ich fahrige Finger und atme flacher. Sind sie mutiger als ich? Gesetzter in ihrem Leben? Bewusster? Empathischer? Haben sie mehr Routine im Umgang mit dem Tod?

Es ist meine erste Frage, nachdem Merle Fells und ich uns unter einem Sonnenschirm an einen Tisch gesetzt haben.

Im Hintergrund plätschert Wasser ins Bassin. Das Feriengefühl stellt sich wieder ein. Auch dagegen kann ich mich nicht wehren.

»Kann der Tod Alltag werden? Wenn ja, wie?«

Merle Fells scheint wenig überrascht, weil ich gleich mit der Tür ins Haus falle.

»Zuerst muss man wissen, dass alles, was hier bei uns passiert, mit dem Tod in der Nähe passiert. Der Tod kommuniziert mit uns. Er schwebt über uns, ist aber nicht täglich zu Gast. Die Kinder kommen nicht vorwiegend zum Sterben hierher, sondern im Rahmen einer Entlastungspflege. Es geht um seelsorgerische Hilfe für die ganze Familie, die Eltern, Geschwister und auch die Großeltern. Wir pflegen Kinder und Jugendliche ab dem Tag der Diagnose einer lebenszeitverkürzenden Erkrankung. Das kann manchmal Jahre dauern.« Sie lacht. »Zum Glück. Hier wird nämlich nicht jeden Tag gestorben. Hier wird vor allem gelebt, bis zum Schluss. Die Kinder sind nicht nur an ihrem Lebensende bei uns, sie und oft auch ihre Familien kommen hierher, um sich zu erholen und schöne Zeiten zu verbringen. Dass es um Erholung geht, macht vieles einfacher. Es ist unglaublich anstrengend, emotional und körperlich. Die Angst begrenzt alles. Bei uns können die Familien etwas entspannen. Eine Art Urlaub vom Tod.«

Auch im Sitzen ist Merle Fells eine große Frau. Sonnenstrahlen, die sich zwischen den Ritzen des Schirmdachs hindurchschlängeln, bringen ihr Haar an einigen Stellen zum Leuchten. Ich entspanne mich. Vermutlich ist alles nicht so dramatisch, wie ich es mir ausgemalt habe.

»Aber sicher, man braucht Routine im Job. Aber bei aller Empathie, allem Mitgefühl, allen Begegnungen mit sehr kranken Menschen, die uns verändern, ist es ein Job. Wir dürfen am Ende des Tages nicht mehr leiden als die Familien. Mein Leben geht weiter. Sich das bewusst zu machen, ist wichtig.«

Zur Entspannung, erfahre ich, macht Merle Fells viel Sport. Skifahren sei ideal. Da gäbe es nur die Natur, den Schnee, die Piste und das konzentrierte Fahren. Man müsse sich ganz dem Moment des Fahrens überlassen, könne und brauche an nichts anderes zu denken. Weil sie allerdings nicht immer Ski fahren könne, habe sie vor einem halben Jahr begonnen zu reiten. Auch hier gehe es ihr um das Hier und Jetzt, die Bewegung und ausschließliche Konzentration auf das Pferd und sich selbst. »Da tanke ich auf und habe wieder Kraft für den Beruf.«

Als ich sie frage, ob es Beruf oder Berufung sei, blickt sie zur Seite und betrachtet eine Zeitlang die Lichtreflexe, die das Wasser unter dem Schirmdach formt.

Hätte Merle Fells sich nicht das Sprunggelenk verletzt, wäre sie womöglich Ballerina geworden. Ihre Kindheit und Jugend verbrachte sie mit Tanzen.

»Sechsmal die Woche habe ich Ballett getanzt. Für mich gab es nichts anderes.«

Neben der Bewegung zur Musik bedeutet Tanzen, sich im Augenblick, in der absoluten Gegenwart zu befinden, nichts anderes zu tun und an nichts anderes zu denken als an den von Klang und Rhythmus erfüllten Körper. »Tanzen war alles, was ich wollte. Ich habe es nach der Verletzung mit Modern Dance probiert, da braucht man nicht auf Spitze zu stehen. Aber das war nichts im Vergleich zum Ballett.«

Es hat lange gedauert, bis Merle Fells ihre Träume begrub und frei wurde für einen neuen, ganz anderen Weg ins Berufsleben. Sie wurde Kinderkrankenschwester und ließ sich nach einigen Berufsjahren zur Kinder- und Familientrauerbegleiterin weiterbilden. Rund sechs Jahre ist es her, seitdem sie die Kinderintensivstation des Universitätsklinikums Düsseldorf verließ.

»Ich bin dankbar, dass ich wieder Zeit habe für die Menschen. Der Personalschlüssel in den Kliniken ist miserabel. Irgendwann konnte ich nicht mehr. Wir hatten keine Zeit für niemanden. Die Kinder starben der Reihe nach, jede Woche mehrere. Bei jedem habe ich gefühlt, die Seele ist noch nicht weg, und da stirbt schon das nächste. Als ich in einer Woche acht tote Kinder hatte und keine Sekunde Zeit, mit den Angehörigen ein vernünftiges Gespräch zu führen, ja, nicht einmal selbst Zeit zum Nachdenken und Verarbeiten hatte, wusste ich, ich muss etwas ändern. Jetzt.«

Wieder lächelt sie ihr ansteckendes Lächeln. »Ob Sie's glauben oder nicht, aber im Hospiz wird seltener gestorben als im Krankenhaus. Ehrlich gesagt, findet hier viel mehr Leben statt.«

Ich schaue mich um. Ein Junge im Rollstuhl, ich schätze ihn auf dreizehn, pest schwungvoll aus dem Haus, flachst mit dem Mann am Gummipool. Es macht den Eindruck, als heckten sie etwas aus. Auf der anderen Seite der Terrasse macht sich ein Gärtner an einer Hecke zu schaffen, und aus dem Gemeinschaftsraum dringen fröhliche Stimmen. Merle Fells ist meinem Blick gefolgt und macht eine bedeutsame Handbewegung. Völlig klar, was sie meint.

Ungefähr zur selben Zeit, als sie ihren Job kündigte, begleitete sie ihre Freundin beim Tod ihres Kindes. Merle Fells war sowohl Vertraute als auch professionelle, zertifizierte Trauerbegleiterin. Im Anschluss war klar, Familien im Sterbeprozess ihrer Kinder zu unterstützen, würde künftig ihr beruflicher Weg sein.

Einen solchen Beruf wählt man nicht beiläufig oder aus Frustration, weil man gezwungen ist, den Traumberuf aufzugeben, oder weil sich nichts anderes ergibt. Er ist eine einschneidende Lebensentscheidung. Merle Fells hat ihr Leben eng mit leidenden Menschen verknüpft. Sie berichtet von der erschöpfenden Arbeit und der Tragik der täglichen schweren Schicksale. Zeitgleich empfindet sie Dankbarkeit für die außergewöhnliche Möglichkeit, Menschen intensiv zu begegnen, tiefgreifende Beziehungen aufzubauen, die weit über das normale, alltägliche Maß hinausgehen. Dankbarkeit für einen Beruf, der sie am Ende immer an das Totenbett einer Person stellt, die sie womöglich besser gekannt hat als jemand anderes.

»Menschen haben einen guten Tod verdient«, betont sie, »jeder hat das verdient. Ohne Ausnahme.«

Wenn ich sie so ansehe, diese große, strahlende, gesunde Frau, frage ich mich, wie schwer es fallen muss, Kinder sterben zu sehen anstelle von Alten, die ihr Leben gelebt haben.

»Dazu muss ich etwas ausholen.« Sorgsam streicht sie ihr Haar glatt, schaut zum Pool hinüber, der nun voller Wasser ist. Zwei Pflegerinnen bereiten ein ausgesprochen mageres, bewegungsunfähiges Mädchen für ein Bad vor.

»Familien, die ein Kind hier haben, haben in der Regel wenige echte, gute Freunde, vor allem, wenn das Kind schon länger krank ist. Für die Freunde geht das normale Leben weiter. Die Eltern aber sind in permanentem Ausnahmezustand und entwickeln notgedrungen eine andere Einstellung zum Leben. Ob Karl Lagerfeld eine neue Kollektion rausbringt, ist da eher nebensächlich. All das Leid, wenn man ein todkrankes Kind hat, lässt sich auf Dauer nicht so vermitteln, und viele der Freunde haben ein Problem, damit umzugehen. Irgendwann können sie es nicht mehr aushalten. Manche Kinder begleiten wir jahrelang, ebenso die Eltern. Den Freunden gehen irgendwann die Ressourcen aus. Das ist menschlich und verständlich. Wir Menschen sind so. Wenn ich was nicht höre, gibt es das nicht. Also hört man lieber weg. Die Folge ist, dass die Eltern vereinsamen. Bei uns im Hospiz ist genau das Gegenteil der Fall. Da sind wir. Mein Team und ich werden wichtige Bezugspersonen. Die Begegnungen hier sind etwas sehr Besonderes. Aber nicht nur mit uns entsteht Nähe. Besonders sind auch die Freundschaften zwischen den Eltern untereinander. Sie teilen dasselbe Schicksal und kennen die Leidensphasen der anderen. Alle sind auf demselben Level. Keiner ist allein.«

Merle Fells erklärt, im Hospiz werde alles dafür getan, Eltern und Kindern die schlimmsten Phasen erträglich zu machen und dafür zu sorgen, schöne Erinnerung aktiv zu gestalten. Die bunten Baumringe an der Wand, an der ich vorhin vorüberging, sind ein Beispiel dafür. Kinder und Eltern bemalen sie gemeinsam.

»Wir wollen einen Ort voller schöner und glücklicher Momente öffnen. Diese erst schaffen glückliche Erinnerungen über den Tod hinaus. Und die sind das Einzige, was den Eltern bleibt.«

Merle Fells deutet über die Rasenfläche hinweg auf einen stillen Winkel am Rande des Gartens. Bevor ich nachher gehe, soll ich mir unbedingt den Erinnerungsgarten mit dem Platz der Begegnung ansehen, wo von Eltern und Kindern persönlich gestaltete Teakholzsterne aufgestellt sind.

»Wir arbeiten an unserer Unbeschwertheit. Wenn beispielsweise morgens ein Kind stirbt, heißt das nicht, dass wir abends nicht feiern dürfen. Im Gegenteil, wir wollen hier alle Empfindungen zulassen. Doch obwohl wir fröhlich sind, so oft es geht, ist der Tod da in seiner Brutalität.« Für eine Sekunde hält sie inne und betrachtet die Sonnenreflexion auf der Tischplatte vor sich, wie sie die Maserung des Holzes nachzubilden scheint.

»Sterben an sich ist brutal. Aber hier im Hospiz habe ich es noch nie so erlebt. Es ist mehr ein sanftes Hinübergleiten«, sagt Merle Fells und sieht mich direkt an.

»Wir können den Tod hier gut steuern, und zwar in dem Sinne, wie wir die Umgebung gestalten, damit das Kind die Freiheit hat zu entscheiden, wann es aufhört zu atmen.«

Der Tod kann gesteuert werden? Das ist neu und verblüfft mich. Ich will wissen, wie das geht. Merle Fells lehnt sich im Stuhl zurück. Wurde vorher ihr Gesicht kurz von einer fernen Traurigkeit überzogen, wirkt sie jetzt gelöst. Das Wissen und die Erkenntnis, die sie durch Beobachtung bei ihren vielen Sterbebegleitungen erlangt hat, lässt sie offensichtlich entspannen.

»Der Moment des Sterbens ist eine Entscheidung«, sagt sie mit fester, überzeugter Stimme. Und mit einem Mal muss ich lächeln, ganz unwillkürlich. Dieser eine Satz verströmt augenblicklich eine derart unerwartete Beruhigung, dass ich nicht anders kann, als die Spezialistin mir gegenüber anzulächeln. Entscheidung hat etwas mit Kontrolle zu tun. Kontrolle in dem paradoxen Augenblick der letzten Kontrollabgabe.

Nachdem Merle Fells ihr Haar einmal von der rechten auf die linke Schulterseite gelegt hat, fährt sich fort.

»Ja, das Kind entscheidet frei, wann es der richtige Zeitpunkt ist zu sterben. Ich erlebe das immer wieder, zweimal sogar sehr eindrücklich, einmal bei einer vierzehnjährigen Leukämiekranken. Ihre Eltern waren nie gleichzeitig bei ihr, als es ihr schon sehr schlecht ging. Wir dachten alle, eigentlich müsste sie längst gestorben sein. Erst als beide Eltern da waren, entschloss sich das Mädchen zu sterben. Bei einem anderen Kind war es noch extremer. Es hielt sich am Leben, über Tagen und Wochen, bis die Mutter, die immer an seinem Bett saß, einmal über etwas Alltägliches lachte. In diesem unbefangenen Moment starb der Junge. Vorher hatte die Mutter immer gesagt, sie könne es nicht ertragen, ihn tot zu sehen oder ihn tot im Arm zu halten.«

Vom schwappenden Wasser im Pool reflektierte Sonnenstrahlen wandern über den Tisch. Dort drüben wird geplantscht und geprustet. Die Pflegerinnen spritzen mit Wasser, und ich höre eine heisere, seltsam röchelnde Jungenstimme rufen: »Attacke!«

»Mein Onkel starb erst, nachdem er sich von seinem besten Freund verabschiedet hatte. Sterbende brauchen das Gefühl, nicht für ihre Angehörigen kämpfen zu müssen. Erst wenn sie für sich alles sortiert haben, gehen sie. Das ist die Freiheit, die sie sich nehmen.«

Ein Gedanke schießt mir durch den Kopf. Als Jugendliche war ich sehr begeistert von einem Aphorismus, von dem ich trotz umfassender Recherche bisher nicht herausgefunden habe, von wem er stammt: ›*Den Zeitpunkt des eigenen Todes zu bestimmen, ist die einzige Freiheit, die der Mensch besitzt.*‹ So in etwa.

Als hätte Merle Fells meine Gedanken gelesen, sagt sie:

»Man kann sich auf den Tag X vorbereiten, und obwohl die Eltern, Verwandten und Freunde ganz genau wissen, dass das Kind sterben wird, stirbt die Hoffnung nicht. Bis zum Schluss nicht. Die Eltern blenden alles Schmerzhafte, jedes Leid aus. Bis zuletzt denken sie: Bitte stirb nicht. Wir kriegen alles wieder hin. Aber hör nicht auf zu atmen. Weil ...«, zum ersten Mal schluckt auch Merle Fells den Kloß in der Kehle hinunter und braucht einen Moment, um weitersprechen zu können, »... weil ich nicht leben will ohne mein Kind.«

Die Hoffnung, denke ich, hat neben ihrer Kraft und ihrer überbordenden Macht manchmal auch etwas so Zärtliches.

Schwer zu ertragen sei der Blick der Eltern, wenn ihr Kind tot ist. Merle Fells und ihr Team ermutigen sie dann, ihr Kind noch einmal im Arm zu halten und ausgiebig Abschied zu nehmen.

»Das ist wichtig«, betont sie. »Den Anblick eines Sterbenden und später eines Toten kann man durch das Teilen in der Gemeinschaft besser aushalten, weil man weiß, da ist jemand, mit dem ich bereden kann, was wir gemeinsam erlebt haben.«

Am Ende brauche es wenige Worte, um zueinander zu finden. Die Begegnungen seien in solchen Situationen von einer unglaublichen Vertrautheit.

Merle Fells' Gesicht ist ruhig. Ein leichter Ausdruck von Versonnenheit, vielleicht Schatten, überzieht es.

Fast gleichzeitig blicken wir zum Gummipool hinüber, wo die Pflegerinnen das bewegungsunfähige Kind sanft ins Becken heben und sich im Hintergrund eine Wasserschlacht anbahnt. Und mir wird bewusst, so freundlich und sonnig dieser Ort auch sein mag, hier wird gestorben. Auf den vielen Fotos an den Wänden des Hospizes, die ich mir angesehen habe, als ich auf Merle Fells wartete, lachen die abgelichteten Kinder, als gäbe es nur den Moment der Ungezwungenheit.

»Nichts anderes zählt als das Beisammensein. Finden Sie nicht?«

»Wir müssen bald mal ’ne echte Wasserschlacht machen«, ruft die heisere Jungenstimme.

Merle Fells ruft zurück. »Au ja!« Dann wendet sie sich wieder mir zu.

Bevor ich etwas erwidern kann, treffen mich Wassertropfen am Arm. Mit einer monstergroßen Wasserpistole rollt der Junge von eben auf Merle Fells zu.

»Wann?«, will er wissen.

»Nach dem Mittagessen vielleicht. Bis dahin kannst du ja schon mal üben.«

Von der anderen Seite des Gartens pirscht sich eine junge Pflegerin mit spitzbübischem Grinsen an. Sie hat ebenfalls eine Wasserpistole im Anschlag, schießt scharf und trifft den Rollstuhljungen. Blitzschnell zieht er den Kopf ein, gibt Gas und kurvt in einem Bogen um unseren Tisch herum. Während er eine Wassersalve auf die kreischende und davonrennende Pflegerin abschießt, meint er locker: »Ich geh mal wieder in die feindliche Zone.«

Spitzenreflexe, denke ich. Der Junge hat Übung und scheint gut in Form zu sein, vor allem wenn man bedenkt, dass er künstlich beatmet ist.

»Also das ist James«, sagt Merle Fells. »Mit dem haben wir hier immer mächtig Spaß.«

Nach ein paar Minuten Schweigen, derweil wir dem Treiben im Pool folgen, holt Merle Fells Luft.

»James ist schwerkrank. Trotzdem hat er sich verliebt.«

Verblüfft sehe ich sie an. Ihre Offenheit mit mir, einer völlig Fremden, über ein sehr intimes Thema zu sprechen, haut mich um.

»Na ja«, sie zwinkert, »so was kann man weder steuern noch entscheiden, selbst im Hospiz nicht. Verliebtsein passiert eben.«

Mit einem leichten Seufzer lehnt Merle Fells sich zurück und genießt die Sonne auf ihrem Gesicht.

»Die Pubertät macht auch vor einer lebensverkürzenden Erkrankung nicht Halt. James ist verliebt in die ältere Schwester eines unserer Kinder. Ich glaube, nachdem sie Telefonnummern ausgetauscht haben, haben sie endlos SMS geschrieben oder WhatsApp. Bei den Jungs in der Pubertät sind Mädchen das Hauptthema. Sie reden darüber mit dem Personal und mit mir. Wir sprechen da alle sehr offen drüber.«

Ich sehe dem Jungen im Rollstuhl hinterher, der mit seiner riesigen Wasserpistole bewaffnet die Pflegerin aufs Korn nimmt und sie in regelmäßigen Abständen beschießt – und von ihren Retourkutschen getroffen wird.

»Du entkommst mir nicht«, ruft er und schießt zum Nachdruck eine Ladung Wasser hinterher.

»Das werden wir ja sehen.« Lachend weicht die Pflegerin aus und schießt zurück.

Merle Fells sieht mich an. »Man denkt immer, dass im Kinder- und Jugendhospiz nur gestorben wird. Aber bei uns ist der Spaßfaktor ziemlich hoch.« Sie deutet auf das Gummibassin, in dem die Pflegerinnen das sehr kranke Mädchen sachte halten. Von vier Armen gestützt gleitet das Kind durchs Wasser. Auf seinem abwesenden Gesicht ist für mich als Laie kein Ausdruck des Missfallens oder der Freude zu erkennen. Die Pflegerinnen lächeln einander zu, eine löst ihren Arm und beträufelt vorsichtig Bauch, Brust und Wangen des Kindes. Als es überraschte Laute von sich gibt, ist auch mir klar, es freut sich.

»Wenn Sie mich fragen, wie man diese Arbeit aushält …? Indem man weiß, wofür man es tut. Wir geben den Kindern und auch ihren Eltern wertvolle Zeit. Das Wertvolle färbt ab. Außerdem machen wir gerne Quatsch.« Merle Fells wischt die Wassertropfen mit der Hand vom Tisch. »Demnächst werden wir eine Wasserrutsche aufbauen. Soll ich Ihnen das Haus zeigen?«, fragt sie plötzlich und steht auf.

Ein Blick auf meine Uhr zeigt, dass wir über zwei Stunden miteinander verbracht haben, dennoch zögere ich.

»Nachher gerne.« Ich weiß nicht recht, wie ich meinen Wunsch äußern soll. »Meinen Sie, ich könnte mich mit James unterhalten? Über die Liebe?«

Interessiert wandern ihre Augenbrauen in die Höhe, dann grinst sie.

»Klar. Ich werde ihn fragen und auch seine Mutter, ob es okay ist.«

Auf dem Heimweg drücke ich mir selbst die Daumen. Wie gerne würde ich mit einem Jungen reden, von dem ich vermute, dass das Gefühl der Liebe sich um das Wissen über den frühen Tod gelegt hat. Liebe ist stärker als der Tod, heißt es. Ich will unbedingt wissen, ob das nur eine romantische Vorstellung ist, oder ob da was dran ist.

James leidet an Nemaliner Myopathie, fortschreitendem Muskelschwund. Er ist vierzehn Jahre alt und sieht ziemlich gut aus, coole Frisur, aufmerksame, hellwache Augen, überraschend zarte Hände für einen Jungen. Vor zehn Jahren hat er erfahren, dass er, wenn es gut läuft, seine Volljährigkeit noch erreichen kann. Er kennt sich selbst nicht anders als mit dieser Erkrankung. Es ist ein schnelles und dennoch langsames Sterben. Er wird dauerhaft beatmet. Ein hellgrauer Schlauch steckt in seinem Hals und verbindet seine Luftröhre mit der Beatmungsmaschine, die wie ein großer Rucksack an seinem Rollstuhl angebracht ist.

Bevor wir dazu kommen, uns zu unterhalten, ertönt ein durchdringender Piepston, der in den Ohren wehtut. Während der Akku seines Beatmungsgerätes ausgetauscht wird und der saugende Luftstrom verklingt, betrachte ich die Sticker auf der stabilen Ablagefläche mit dem Bedienpult, die über James' Schoß angebracht ist. Mit dem Finger tippt er auf einen dunklen Aufkleber neben einem Joystick. Trotz zusammengekniffener Lippen und angehaltenem Atem ist sein Blick verschmitzt. Aufmunternd nickt er mir zu. Ich beuge mich vor und erkenne Darth Vader, etwas zerkratzt und abgenutzt, es ist nicht mehr das jüngste Klebebild. Dann setzt das strömende Saugen nach Luft wieder ein, das tatsächlich an die röchelnde Maskenatmung von Luke Skywalkers Vater erinnert. James bekommt wieder Luft.

Er entspannt sich.

»Ich bin Star-Wars-Fan. Und ich nehme immer alles mit Humor.«

Seine Stimme ist klar, doch ungewöhnlich hoch für einen Jungen. Bevor ich richtig dazu komme, mich vorzustellen und zu erklären, warum ich mit ihm über die Liebe sprechen möchte, werde ich umfassend über seine bevorzugte Filmserie informiert. James verliert keine Zeit. Neben Darth Vader gehören Luke und vor allem Obi Wan Kenobi zu seinen Lieblingsfiguren.

»Wegen der Action. Ich mag die Mischung aus Action und Science-Fiction«, sagt er und führt seinen Finger vom Darth-Vader-Sticker hinüber zu einem Totenschädel. Wieder beuge ich mich rüber, um mir das Bild genauer anzusehen. Es besteht aus einer silbernen Folie und ich erschrecke, als sich auf meinem Gesicht ein Totenkopf spiegelt, nein, richtiger: als sich mein Gesicht in dem Totenschädel spiegelt. Ich spreche James auf seinen ziemlich makaberen Humor an. Er zuckt die Schultern und verzieht die Lippen schalkhaft. Er findet seinen Aufkleber »einfach nur cool«. Angst vor dem Memento Mori hat er nicht.

»Ist ja nur ein Bild. Der da«, wieder tippt er ein paarmal auf den Spiegelschädel, »ist ja schon tot. Aber das da«, mit etwas Mühe und heftigerem Röcheln durch den Beatmungsschlauch streckt er seinen Körper nach vorne und deutet auf die abgerundete Kante der Ablage, »das ist richtig cool.«

Porsche GT 3 lese ich und muss gestehen, seinen Elektrorolli, wie James den Rollstuhl liebevoll nennt, als Porsche zu bezeichnen, hat etwas.

»Was gefällt dir an einem Porsche, Geschwindigkeit oder Design?«, erkundige ich mich und erinnere ihn daran, dass er mindestens fünfmal an der Tür zum Besucherzimmer vorbeigepest ist, als ich vorhin auf ihn gewartet habe. Ich habe ihn immer nur aus den Augenwinkeln wahrgenommen, so schnell war er vorüber.

»Beides«, sagte er und überlegt, »aber eigentlich schon die Schnelligkeit. Ich bin ja mehr so der Actiontyp.«

In Sachen Action kann ich mithalten, denke ich, und erzähle, dass ich mal einen Freund hatte, der bei Porsche in der Werbeabteilung gejobbt hat. Fast ein halbes Jahr lang konnten wir jedes Wochenende einen anderen Wagen ›probefahren‹.

»Der 911er ist natürlich der Porsche unter den Porsches«, versuche ich etwas lahm witzig zu sein, »aber mein Liebling war der 964er Turbo. Der kam in dem Jahr auf den Markt, als ich mein Abitur und meinen Führerschein machte. War schon irre, gleich ein solches Auto zu fahren.«

Vor Staunen bekommt James den Mund nicht wieder zu, dann holt er Darth-Vader-mäßig Luft, legt seine Hände ruhig ineinander und kontert.

»Interessant! Und ich habe mir meinen Traum erfüllt. Ich bin Lamborghini gefahren, also mitgefahren. Das war 2015. Wir sind mit 300 km/h über eine ganz normale Autobahn gefahren, also gerast. Das war in der Nähe von Frankfurt.«

Ich nicke anerkennend und auch ein bisschen neidisch, aber James ist noch nicht fertig.

»Ich bin in einem Feuerwehrwagen gefahren und in einem Polizeiauto. Einmal war ein Polizist hier, ich hab gefragt, ob ich mitfahren könnte. Er hat ja gesagt. War ganz einfach. Ich bin auch schon als Co-Pilot in einem Flugzeug geflogen. Das Beste von allem war Hubschrauber fliegen. Viel besser als Flugzeug. Du hast einen Fußboden aus Glas unter dir und siehst die Felder und Häuser. Im Fernsehen sieht man das ja immer, aber so in live, das war schon eher cool. Es war ein Erlebnis, das man wirklich haben muss im Leben.«

Nun steht mir der Mund offen angesichts der beachtlichen Liste an erfüllten Träumen. Wie viele Leute, einschließlich mir selbst, kenne ich, die sich derart viele Wünsche erfüllen konnten? Im Grunde, wenn ich so nachdenke, kaum einer.

Doch, einer. Er sitzt vor mir.

»Hast du noch mehr Wünsche?«

Mit sichtlich zufriedener Miene schüttelt James den Kopf. »Das weiß ich noch nicht.«

Und dann ist erstmal Schweigen. Wir sehen uns an, lächeln verkniffen und sehen wieder weg, etwas verlegen im Raum umher. Es ist der Empfangsraum des Kinder- und Jugendhospizes; hell, freundlich, liebevoll dekoriert mit Herzen, Kerzen und einem hölzernen Schild auf das der Spruch ›*Happiness is not a destination. It is a way of life*‹ geprägt ist.

James befühlt seinen Hals an der Stelle, wo er Schlauch eingeführt ist. Ich knibble an meiner Nagelhaut. Über die Liebe zu sprechen, ist generell nicht einfach, aber einen Jungen zu fragen, was er darüber denkt, noch dazu auf der Höhe seiner Pubertät und offensichtlich mit ›typischen Jungsthemen‹ befasst, war in der Theorie einfacher. Ich räuspere mich, klicke mit meinem Kuli. Erwartungsvoll sieht James mich an. Wie leicht wäre es jetzt, weiter über Autos und Filme zu plaudern oder ihn über seine Hobbys auszuquetschen.

Hilflos ziehe ich meinen ausgedruckten Fragenkatalog aus der Tasche. James reckt neugierig den Kopf und wirft einen Blick auf die erste Frage, die mir, jetzt und hier, schwarz auf weiß, vollkommen albern erscheint.

»Welches ist dein Lieblingsbuch?«, liest James laut vor.

Während er überlegt, versuche ich, mich nicht ganz so dämlich zu fühlen. Die Frage nach dem Lieblingsbuch klingt nach Grundschulalter, ebenso wie die Frage nach der Lieblingsfarbe oder dem Lieblingsessen. Erwachsene stellen sich derartige Fragen nicht mehr und der junge Mann im Rollstuhl ist ein angehender Erwachsener. James macht es mir einfach.

»Die Brüder Löwenherz.«

»Ernsthaft?«, hake ich nach.

Er nickt, und ich spare es mir, darauf hinzuweisen, dass Astrid Lindgrens Klassiker über das Sterben und den Tod das letzte Buch gewesen wäre, wenn ich hätte raten müssen. Ich hätte etwas Actionreicheres vermutet. So schnell greift man in die Schublade mit der Aufschrift ›Stereotyp‹.

Die Geschichte der beiden Brüder, die sich im Jenseits wiedertreffen, erinnert James an Früher, als er noch klein war und seine ältere Schwester ihm vorlas, an die Vertrautheit zwischen Geschwistern. Zudem half ihm die Geschichte der Brüder zu verstehen, dass seine eigene Lebensdauer extrem verkürzt ist. Als er krankheitsbedingt nicht mehr in der Lage war, seine Beine zu bewegen, bot ihm das Buch eine Art Erklärungsmodell für das, was noch auf ihn zukommen würde. Nangijala, der Jenseitsort, den die Autorin erfand und mit Liebe, Freundschaft und Abenteuer bevölkerte, trägt für ihn die Bedeutung »friedliche Freude«.

»Nangijala ist so ’ne Art Himmel. Da kannst du ein neues Leben haben und alle Leute wiedersehen, die du wiedersehen möchtest.«

Ob er sich den Tod wie Nangijala vorstelle? Nachdenklich wiegt James seinen Kopf hin und her.

»Nein. Den Tod kann ich mir nicht genau vorstellen. Ich kann mir nur ein schönes Bild davon machen.« Er macht eine Pause. »Also, man kann sagen, ich habe Respekt vor dem Tod, weil ich nicht weiß, wie's sein wird.« Geräuschvoll strömt Luft durch den Schlauch in seine Lungen. »Naja, bei mir ja etwas früher als normal. Dass meine Lebensdauer nicht so lang ist wie bei anderen, damit musste ich schon klarkommen, als ich noch sehr klein war. Klar war es erstmal ein Schock. Dann aber regte sich mein Wille, einfach der Kampfgeist. Ich hab's ja schon gesagt, ich bin mehr so der Actiontyp. Außerdem hat der letzte Arzt, der mich untersucht hat, gesagt, ich bin der Fitteste. Das stimmt! So wie ich mich fühle, ist meine Zeit noch nicht gekommen.« Dem lässt er eine nonchalante Geste mit der Hand folgen. »Ich werde noch vielen Leuten auf den Sack gehen … oder fahren. Laufen ist ja so 'ne Sache.« Wieder eine Geste, bei der er die Handfläche über den Tisch seines Rollstuhls gleiten lässt. »So schnell wird mich die Menschheit nicht los. Ich bin zwar neugierig auf den Tod, aber erstmal habe ich Lust aufs Leben. Sehr viel Lust.«

Gutes Stichwort, denke ich, vielleicht kann ich von der Lebenslust elegant zur Liebe überleiten. Ich muss gestehen, ich komme mir etwas komisch vor. Merle Fells' Worte flackern auf und machen mir Mut: ›So was kann man weder steuern noch entscheiden, selbst im Hospiz nicht. Verliebtsein passiert eben.‹ Am besten, man geht das direkt an. Doch auf meine Frage, ob er verliebt sei, schüttelt James entschieden den Kopf.

»Nein … ich war mal verliebt. Ist schon was länger her.«

Für einen Moment empfinde ich Enttäuschung, die sich jedoch rasch auflöst. Vielleicht macht es das alles viel einfacher, vielleicht kann er freier über die Liebe sprechen, wenn er aktuell nicht in Flammen steht. Und tatsächlich gerät er ins Erzählen. Er fände es interessant, einen Film mit behinderten Protagonisten zu sehen; zwei verliebte Rollstuhlfahrer. Sie würden ganz normale Dinge tun, die

Verliebte so tun: sich unterhalten, ins Kino gehen, in den Urlaub fahren, vielleicht nach Schottland, wo es grün und ländlich und schön ist.

»Rollifahrer wären mal was anderes. Durch sie könnte man die Liebe aus einem anderen Blickwinkel erleben. Die Liebe ist bei jedem unterschiedlich. Jeder empfindet sie eben anders. Die Liebe macht alles anders. Aber ich weiß grad nicht, wie ich das in Worte fassen soll. Ich finde keine dafür.«

Kurz denkt er nach, als wolle er das so nicht stehen lassen.

»Liebe ist auf jeden Fall etwas anderes als Glück, und sie ist viel stärker als Freude. Aber für die Liebe brauchst du Glück. Wenn du kein Glück hast, ist das auch scheiße. Du brauchst von allem was.«

Wieder hält James inne und überlegt, nickt dann. Mit dieser Antwort scheint er zufrieden. Er hat Worte gefunden. Einfache Worte. Schlichte Worte.

Ebenso beschreibt er seine Traumfrau, der er in absehbarer Zeit begegnen möchte, was nicht unmöglich ist, schließlich hat er sich schon einmal in ein Mädchen verliebt, das zu Besuch im Hospiz war.

»Aber zuerst einmal muss ich die Richtige finden. Sie sollte nett sein. Nett, hilfsbereit, schlau und offen. Ich mag braune Haare oder blonde Haare. Aber wenn sie auch mit roten Haaren hübsch aussieht ... es ist halt die Kombi. Das Gesamtpaket muss stimmen. Es ist wie beim Regenbogen. Eine Farbe alleine wirkt nur halb so schön. Erst alles zusammen wirkt richtig.«

Mit seiner Freundin, wünscht sich James, würde er gern in den Urlaub fahren.

»Nach Paris, die Stadt der Liebe. Also, die hat schon ihren Ruf weg.«

Er erzählt von Notre Dame und der besonderen Atmosphäre, der er sich nicht entziehen konnte, als er mit seiner Mutter und seinem Stiefvater per Wohnmobil vor ein paar Jahren dorthin gereist ist.

»Meinen Stiefvater habe ich ganz doll lieb«, betont er, »das ist auch Liebe.«

Mit ihm gemeinsam hat er den Eiffelturm besichtigt, ist mit dem Aufzug bis zur Spitze emporgefahren. Ich beobachte James' Augen, während er schwärmt. Wann immer es um Höhe und Geschwindigkeit geht, leuchten sie auf.

»Boa, hatte ich da oben Schiss«, gesteht er freimütig. »Wie beim Helikopter konnte man im Aufzug durch den gläsernen Boden sehen. Aber es war anders. Da war überall das Gestänge vom Eiffelturm, so nah. Das war schon beängstigend.« All diese Eindrücke möchte er später einmal seiner Freundin vermitteln.

»Ich bin ein Gewohnheitstier. Ich erlebe gern Sachen wieder, die mir gefallen haben. Am liebsten, wenn ich Spaß dabei hatte. Spaß haben zusammen mit Freunden ist das Wichtigste.« Plötzlich wirkt James ernst, und das Sprechen fällt ihm nicht mehr so leicht wie zu Beginn unseres Gesprächs. Verstohlen werfe ich einen Blick auf meine Armbanduhr. Ich löchere den armen Kerl nun seit über zwei Stunden.

»Das Leben ist nämlich ein Geschenk, das man nicht verschenken sollte. Jeder Mensch soll es leben. Also ich genieße mein Leben.«

Stille.

James' Worte sind vielleicht kein großes Geheimnis, geht es mir durch den Kopf – und doch, in ihrer Einfachheit sind sie womöglich das größte Geheimnis. Was mich gleichwohl am meisten überrascht, ist die Klarheit und Unabdingbarkeit, wie er sie ausspricht: den Blick direkt auf mich gerichtet, begleitet von den technisch erzeugten Geräuschen seiner Luftversorgung.

Ich zögere ein Weilchen, ob ich ebenfalls direkt fragen kann.

»Was würdest du am meisten vermissen, wenn du einmal stirbst?«

 Es kommt wie aus der Pistole geschossen: »Das Leben.

Man weiß ja nicht, ob man danach noch lebt …, nur in einer anderen Welt. Ich würde die Menschen vermissen und Musik …« Seine Finger verschränken sich ineinander. Entspannt lehnt er sich zurück. »… aber eigentlich das Leben.«

Für James besteht kein Zweifel: Der Tod ist nicht das Ende. Es geht weiter. Irgendwie. Und dieses Irgendwie bleibt spannend und ängstigt ihn nicht sonderlich. Ebenso wenig wie die Ungewissheit, wie es anschließend weitergeht.

»Wenn man lachen kann, hat man ein schönes Leben. Dreh dich mal um.« Mit dem Kinn weist er auf die Wand hinter mir, die tapeziert ist mit Fotos der Hospizkinder. Öffnet man die Tür zum Besucherzimmer, funkeln einem die Portraits und Schnappschüsse von Hospizfeiern entgegen. Schon vorhin, als ich in den Raum kam, um auf James zu warten, haben mich die Gesichter berührt. Allen Kindern ist deutlich anzusehen, dass sie krank sind. Rechts oben entdecke ich den strahlenden James, ein paar Jahre jünger, der Haarschnitt nicht so pfiffig wie heute.

»Siehst du«, fährt er fort, »wir sind alle am Lachen. Wir haben ein schönes Leben. Wir sind total gut aufgehoben hier. Bei uns im Hospiz ist so viel Leben drin. Klar gibt es Höhen und Tiefen. Ist normal. Aber ich bin glücklich und eigentlich nicht wütend. Naja, ich hab auch schon mal eine Wut, über Alltägliches oder wenn jemand blöd ist, aber nicht über meine Situation.« Er tätschelt die Armlehnen seines Rollstuhls. »Das klingt jetzt bestimmt komisch, aber ich bin glücklich, dass es so ist. Das hat mich geformt. Das macht mich aus. Ich habe die Krankheit angenommen. Ohne sie wäre ich nicht in meiner Schule und auch nicht im Hospiz und hätte nicht meine Freunde gefunden. Klar könnte ich es besser haben, aber es könnte auch schlimmer sein, oder?«

Ich weiß nicht, was ich erwidern soll. James lächelt mich an und nickt leicht, als wüsste er genau, was gerade in mir vorgeht.

»Ich hätte vier Jahre lang jetzt schon rumheulen können. Warum? Warum? Warum? Warum ich?« Das Sprechen fällt ihm nun schwerer. »Aber, sollte es mal soweit sein bei mir, kann ich hundertprozentig sagen, dass ich mein Leben genossen habe. Das ist der Sinn des Lebens.«

Mit routinierter Bewegung seines Fingers zieht er den Joystick am Bedienpult ein wenig zu sich heran, und sein Rolli setzt ein Stück zurück. »Und der Spaß!«

Es klingt wie ein Schlusspunkt.

Ich spüre James' Unruhe. Beinahe einen halben Tag sitzen wir zusammen und unterhalten uns. Für einen Jungen, der auf Geschwindigkeit steht und den ich bei meinem ersten Besuch am Gummipool nur in Action erlebt habe, scheint es mir eine ziemlich lange Ruhephase zu sein. Draußen scheint die Sonne. Vom Garten dringen ausgelassene Stimmen herüber. Ich hätte noch Fragen.

Und schweige besser. Da sitze ich einem Jungen gegenüber, dem Mut und Zuversicht aus dem Gesicht sprühen. Geplant war, ihn zu fragen, wie es sich lebt mit dem Wissen, dass er vermutlich nie Sex erleben wird, nie wie andere die körperliche Liebe erfahren wird, weil die Muskeln seines Körpers das nicht mitmachen. Da sitze ich und umklammere die Stuhllehne. Ich verkneife mir eine derart bescheuerte Frage. Wie kann ich mir anmaßen, einen jungen Menschen, der so klar und zielstrebig seine Zukunft vor sich sieht und Pläne für sein Erwachsenleben entwickelt, damit zu behelligen? James geht gern zur Schule, hat ein Faible für Mathe und Kunst und denkt darüber nach, einen Beruf zu ergreifen – und wartet auf die Liebe. Viele seiner Wunschträume hat er sich bisher erfüllt, allen voran, mit dreihundert Sachen in einem Traumwagen über die Autobahn zu rasen. Ich beschließe, es wird eine ungefragte Frage bleiben.

Nach dem Gespräch – kaum war James durch die Tür des Besucherraumes, gab er Gas und fegte den Flur runter – gehe ich durch den Erinnerungsgarten, wie Merle Fells es mir bei meinem ersten Besuch geraten hat. Vierzehn Sterne aus Teakholz wurden hier seit Bestehen des Hospizes niedergelegt. Teakholz verwittert nicht so schnell. Wieder sind es Sterne, die die Namen von Toten tragen. So war es schon im Ricam Hospiz in Berlin bei Fanny und ihrer Mutter.

Warum Sterne? Langsam lege ich den Kopf in den Nacken. Es ist später Nachmittag, der Himmel strahlt blau über mir, ein unglaubliches, stratosphärenhaftes Blau. Natürlich ist kein Stern sichtbar, wofür ich dankbar bin. Denn ich frage mich, werde ich je wieder in den klaren Nachthimmel blicken können, ohne daran zu denken, dass jeder Stern einen Namen trägt?

Von meiner Bank aus beobachte ich das Kind auf der Wiese. Es pflückt Blumen, hält im Arm einen Pusteblumenstrauß und ist emsig auf der Suche nach flauschig weichen Blüten. Als ihre Mutter, bepackt mit Einkaufstüten, ihr entgegenkommt und sie beim Namen ruft, stürmt das Mädchen unter vielen Mama-Mama-Rufen auf sie zu und bekommt vor lauter Begeisterung nicht mit, wie die Flauschbälle sich auflösen. Für einen Moment folgen ihr die Pusteblumenschirmchen wie ein Schweif, dann verweht sie der Wind. Überreichen kann sie nur noch einen Strauß nackter Stängel. Mir kommt in den Sinn, wäre dies das Ende des Lebens und ich müsste zu Protokoll geben, welch verpasste Gelegenheit ich bereute: mein Kind einmal zu wenig glücklich gemacht zu haben. Selbst wenn ich ihr heute das in all den Jahren herbeigesehnte Pferd schenkte, es wäre nicht das Glück; das große, überbordende Weltenglück von damals.

Es wäre aber ein kleines Glück.

5 MAI – ERINNERUNG

Vom unsterblichen Klang der Stimme und Madonna ohne Krone

Zu Judith Grümmer nahm ich Kontakt auf, nachdem ich sie im Radio gehört hatte. Ihre Stimme klang besonnen, aber heiter und klar wie Tau. Sie erzählte von ihrem Freiwilligen Sozialen Jahr in Bolivien. Auf dem Altiplano in den Anden fror sie wie ein Schneider, obwohl es Sommer war. Aus lauter Verzweiflung hockte sie sich mit ihren eiskalten Füßen in den letzten Abendsonnenflecken auf den Dorfplatz und begann, aus Alpakawolle Socken zu stricken. In Nullkommanichts passierte das, was sie sich gewünscht hatte: Indiofrauen nahmen zu ihr Kontakt auf – die engagierte Judith wurde gemieden, die strickende Judith war hochinteressant. Sockenstricken wurde ihr Sozialdietrich.

»Nicht, dass die Frauen nicht stricken könnten. Indígenas stellen mit zwei Stricknadeln hervorragende Handarbeiten her, aber Socken ohne Naht sind ihnen völlig unbekannt. Sie haben nicht einmal ein Wort für Stricknadelspiel. Natürlich wollten alle mit Zahnstochern, cinco palillos, wie sie die fünf Nadeln nannten, stricken lernen«, drang Judiths Stimme aus dem Radio.

Nach der Sendung setzte ich alles daran, sie kennenzulernen. Seither sind wir befreundet. Judith steckt voller Projekte: Sockenstricken in Bolivien ist nur eines davon.

Ein anderes ist, das Erbe ihres Vaters zu verwalten. Jürgen Hans Grümmer war Künstler. Bereits mit sechzehn war er der jüngste Meisterschüler an den Kölner Werkschulen und galt als junger Mann in den späten 1950ern in der Kunstszene als Geheimtipp. Heute kennt ihn kaum einer mehr. Dabei hat er unter anderem den denkmalgeschützten Kölner Opernbrunnen und das Wandmosaik *Europa auf dem Stier* im Kölner Rathaus gestaltet. Um sein Werk vor dem

Vergessen zu bewahren und im Sinne des Urheberrechtes zu schützen, ersinnt Judith immer wieder Kunstaktionen, beispielsweise handgefertigte Pralinenschokolade mit Abbildungen seiner Arbeiten, die im Rahmen einer Kunstausstellung des Imhoff-Schokoladenmuseums präsentiert wurden, um die Restaurierung des Kölner Opernbrunnens voranzutreiben. Oder sie trifft sich mit dem Bildhauer Ulrich Rückriem, um mit ihm über den Moment und die Ewigkeit in der Kunst zu sprechen. Daraus entsteht ein außergewöhnliches Radiofeature.

Oder sie engagiert sich in der Palliativmedizin. Ihr jüngstes Projekt und besondere Herzensangelegenheit, hofft sie, wird spätestens in zwanzig Jahren ein selbstverständlicher Teil der Sterbehilfe geworden sein. Anfangs begleitete sie als ehrenamtliche freie Mitarbeiterin das von der Deutschen Krebshilfe e.V. unterstützte Forschungsprojekt *Lebensansichten – Interviews mit Palliativpatienten*, das am Zentrum für Palliativmedizin der Universitätsklinik Köln angesiedelt war. Mittlerweile ist das Projekt viel umfangreicher und hat sich ausgeweitet. Seit kurzem können an der Universitätsklinik Bonn und dem Bonner Malteserkrankenhaus schwerstkranke junge Mütter und Väter ihre Lebensgeschichten für ihre kleinen Kinder erzählen. Dieses Forschungsprojekt nennt sich *Familienhörbücher*. Ziel ist es, den palliativmedizinischen Gedanken verstärkt in die Öffentlichkeit zu tragen, um die Themen Tod, Sterben und Trauer zu enttabuisieren, vor allem aber die Lebensgeschichten des Einzelnen als Vermächtnis für seine Angehörigen zu hinterlassen.

Judith ist zehn Jahre älter als ich, hat einen Männerhaushalt mit drei Söhnen und Ehemann. Sie ist waschechte Kölnerin, was man selten raushört. Als Radiojournalistin und Moderatorin spricht sie astreines Hochdeutsch. Für das Palliativprojekt hat sie sich vor ein paar Jahren sogar zur Sterbegleiterin fortbilden lassen. *Familienhörbücher* sind ganz besondere, persönliche Hörbücher, die Sterbende ihren Angehörigen vererben. Gerade hat Judith ein Interview mit einer jungen Palliativpatientin geführt, die ihrer neunjährigen Tochter ihre Lebensgeschichte erzählt und ihrem Kind Mut macht, ohne sie weiterzuleben.

»Es ist so eine schöne Arbeit«, sagt Judith, »gar nicht traurig. Es ist vitales, pralles Leben. Die Stimme der Mutter bleibt dem Kind nach dem Tod erhalten.«

Die Interviews, die sie führt, sind eine Hinterlassenschaft nach der Devise: *Alles, was Stimme hat, überlebt.*

Wir sind bei Judith zu Hause, sitzen im Esszimmer an dem runden Tisch. Die Thermoskanne ist fest verschlossen, trotzdem pfeift sie vor sich hin; ein heimeliges Hintergrundgeräusch.

»Palliativ kommt von ›Mantel‹«, erklärt Judith, »ein Mantel, den man schützend über einen Menschen legt. Dabei geht es nicht nur darum, jemanden vor Kälte oder Hitze zu schützen. Es geht um die psychologische Funktion. Ich gebe dir Geborgenheit. Praktisch gesehen ist es der Teil der Medizin, bei dem es nicht mehr um Heilung geht, sondern um lebensverlängernde und lindernde Maßnahmen, um Lebensqualität und um eine Krankheits- und Sterbebegleitung, die so sein soll, dass es bis zum Ende ein gutes Leben war, sofern das möglich ist. Für die Angehörigen, die ja ab dem Moment, wenn der Mensch gestorben ist, Hinterbliebene heißen, gehört dazu auch die Nachbearbeitung.«

»Der Mantel ist ein schöneres Bild als zum Beispiel eine Decke oder ein Leintuch«, sage ich. Wer einen Mantel überzieht oder übergezogen bekommt, wird sich auf den Weg machen zu gehen. Es wirkt aktiver, als zugedeckt dazuliegen.

»Ja. Hinter einem solchen Mantel stehen in der Palliativmedizin ganze Teams, die nicht nur aus Ärzten und Krankenschwestern bestehen. Während meiner Fortbildung haben wir einmal ein Fallbeispiel durchgearbeitet. Am Ende waren es vierundachtzig Personen aus unterschiedlichen Bereichen, die hinter einer Krankheitsgeschichte standen. Da werden Psychologen und Sozialarbeiter ebenso mitgerechnet wie Ehrenamtliche oder Schulden- und Steuerberater, wenn ein Patient beispielsweise seine Steuererklärung jahrelang nicht gemacht hat. Die Koordination all dieser Leute hat sich die Palliativbewegung zur Aufgabe gemacht.«

Durch ihr Projekt *Erinnerungshörbücher* ist Judith Teil dieser Bewegung. Ihre Funktion sieht sie darin, sterbende Menschen einfach erzählen zu lassen, was ihnen erzählenswert erscheint, um Spuren zu hinterlassen. Gegen das Vergessen. Dabei spielt der Zeitfaktor eine maßgebliche Rolle. Judith nimmt sich Zeit für die Patienten. Denn entgegen der landläufigen Annahme, in Palliativstationen von Krankenhäusern stürben die Leute rasch, ist eher das Gegenteil der Fall.

»Ich würde sogar die These bestätigen«, so Judith, »und die kommt nicht von mir, sondern von den Palliativärzten selbst, dass es viele gibt, die in ihren Händen länger leben als in der akut behandelnden Medizin. Sich auf einer Palliativstation zu befinden, heißt ja nicht, gleich zum Tode verurteilt sein oder ›wir können nichts mehr für Sie tun‹. Es geht jetzt um die erträgliche, möglichst selbstbestimmte Lebensverlängerung. Viele Patienten können, wenn sie nach einer akuten Notsituation mit Medikamenten eingestellt und wieder schmerzfrei sind, nach Hause entlassen und dort weiter begleitet werden.«

Neben der Palliativbewegung gibt es die Hospizbewegung. Beide gehen zwar Hand in Hand, müssen aber dennoch voneinander unterschieden werden. Hospize sind Sterbehäuser. Hier steht nicht die Lebensverlängerung im Zentrum. Hier geht es um Sterbevorbereitung.

Dass sie begann, sich in ihren journalistischen Arbeiten mit Tod und Sterben zu befassen, hatte biografische Ursachen.

Die erste, harte Konfrontation mit dem Tod geschah durch ihren Freund, der sich umbrachte. Judith war gerade achtzehn. Zwei Jahre waren sie ein Paar gewesen. Damals war für sie weniger der Tod als solcher präsent, sondern vielmehr die Frage nach dem Warum seines Selbstmords. Um für sich herauszufinden, ob jeder ein Recht hat, sich selbst zu töten, las sie Jean Amérys Buch *Hand an sich legen. Diskurs über den Freitod* und diskutierte mit Freunden darüber.

»Ich dachte damals, ja gut, das kann ein Ausweg sein, wenn das Leben nicht mehr erträglich ist. Aber ich glaube, das war eine Art spätpubertäre Reflexion.«

Der frühe Tod ihres Freundes weckte ihr Interesse an psychischen Erkrankungen wie Depression, Sucht und Abhängigkeit. Daher wendete sie sich nach ihrem Redaktionsvolontariat dem medizinjournalistischen Bereich zu. Von Anfang an führte sie Patienteninterviews und stellte die persönlichen Schicksale von erkrankten Menschen ins Zentrum ihrer Arbeit.

»Meine Redakteure beim Radio und ich selbst auch stellten schnell fest, dass man mich, obwohl ich noch sehr, sehr jung war, zu Patienten schicken konnte, die mir einfach von sich erzählten. Ich habe nie über meine eigenen Erfahrungen mit dem Tod sprechen müssen. Das brauchte ich auch gar nicht, die Menschen erzählten mir von sich aus.«

Ich betrachte Judith, ihre aufmerksamen Augen, die mich in den Blick nehmen, während wir miteinander sprechen. Ich lausche ihrer Stimme, die etwas sachte Melodisches hat und der man gerne zuhört. Mich wundert es nicht, dass die Menschen sich ihr öffnen. Judith gibt einem das Gefühl, hier bist du aufgehoben. Solange wir beide uns miteinander unterhalten, gibt es nichts anderes als diesen Moment.

Judith vermutet – wenngleich sie immer eine fröhliche, lebensbejahende, vitale, junge Frau war –, die Patienten hätten gespürt, dass ihnen jemand gegenübersitzt, der ein besonderes Ohr für sie hatte.

»Nicht, dass ich sie verstanden hätte! Natürlich kann eine Zweiundzwanzigjährige, die ich damals war, keine sterbenskranke Krebspatientin verstehen, aber irgendwie vertrauten sie mir.«

Im Rückblick habe durch diese Begegnungen der Tod für sie etwas von diesem Schrecken verloren, den Menschen, die ihn verdrängen, oftmals empfinden. Viele Menschen, weiß Judith aus ihrer langjährigen Berufserfahrung, wollen sich genauso wenig mit der eigenen Sterblichkeit oder der ihrer Liebsten beschäftigen, wie sie sich generell nicht damit befassen wollen, dass es den Tod überhaupt gibt. Es ist ein angstbesetztes Terrain, vermint, voller unkontrollierbarer Gefahren für die Seele.

»Natürlich habe ich auch Angst, völlig klar. Aber ich habe eben ganz früh gemerkt, dass man den Verlust überleben kann und dass das Leben schön ist, obwohl es den Tod gibt.« Sie denkt einen Moment nach. »Oder vielleicht sogar gerade weil es ihn gibt. Ich habe früh die Kostbarkeit des Lebens erfahren.«

»Hast du eine Idee«, frage ich, »welche Qualitäten du in dir hast, damit du den Verlust deines Freundes ertragen und ihm sogar etwas Positiv abgewinnen konntest?«

»Nachdem der Selbstmord passiert war, habe ich zuallererst diesen Schmerz herausgebrüllt. Ich bin dazugekommen, kurz nachdem er gefunden wurde, und ich weiß noch, wie die Rettungssanitäter mich nach Hause gebracht haben und ich das ganze Haus zusammengeschrien habe. Aus mir brachen urgewaltige Geräusche heraus, die mir später beim Gebären meiner Söhne wieder begegnet sind.« Sie hält inne, einen Mundwinkel fröhlich nach oben, den anderen nach unten gezogen. Ihr schiefes Lächeln lässt mich an das Leitmotiv denken, unter das sie ihre Arbeit gestellt hat. Der römische Schutzgott Janus mit seinen beiden in entgegengesetzte Richtungen blickenden Gesichter symbolisiert Anfang und Ende zugleich und steht für das Doppelseitige des Lebens:

Glück und Unglück. Vergangenheit und Zukunft. Schmerz und Freude.

»Als ich mich leergeschrien hatte und erschöpft war, habe ich mein Telefonbuch genommen und alle meine Freunde angerufen. Alle nacheinander. Der Jürgen ist tot! Kommt bitte! Ich kann mich noch erinnern, wie ich dann im Bett lag und die ganze Bude voller Leute war. Alle waren wahnsinnig entsetzt und traurig, aber schon da setzte etwas ein: das Wissen darum, dass wir leben!«

Es war Winter, als Judiths Freund starb. Es war kalt, und die Sonne schien. Judith berichtet, wie sie einen Tag später hinausging und ihren kondensierten Atem sah. Sie spürte ihr Blut, das pulsierte, und ihre eigene Wärme und wusste all das als ein Wunder zu schätzen. Bis heute ist sie davon überzeugt, der Nachhall des Todes eines geliebten Menschen hat sie trotz aller Härte nicht gebrochen, weil sie sofort alles herausgelassen hat und sich ein ums andere Mal jemanden suchte, mit dem sie darüber reden konnte.

»Immer, wenn ich gefragt wurde, warum siehst du so traurig aus oder warum bist du so dünn – ich hatte fürchterlich abgenommen –, habe ich sofort erzählt, der Jürgen ist tot.«

Ihre Direktheit im Umgang mit dem Verlust kam allerdings nicht bei allen an.

»Oft habe ich gemerkt, dass die anderen es nicht wissen wollten. Es gab eine Situation in der Schule mit den Lehrern, an die ich mich sehr deutlich erinnere. Zwei Tage nach dem Tod habe ich eine Englischarbeit geschrieben. Die habe ich natürlich verhauen.« Sie zuckt mit den Schultern, als müsste sie sich heute noch dafür entschuldigen. »Die Arbeit ist ganz normal bewertet worden. Da ist keiner auf die Idee gekommen zu sagen, das Mädchen braucht Hilfe. Die Hilfe habe ich mir selber gesucht, indem ich einfach weiter darüber geredet habe. Und indem ich so etwas wie Disziplin entdeckte.«

Judith beschreibt diese Art von Disziplin als etwas Befreiendes, weit entfernt von den Begriffen Zucht und Ordnung, die während ihrer Jugendzeit in den 1970ern verpönt waren.

»Disziplin wurde damals ja noch mit dem Dritten Reich in Verbindung gebracht. Das meine ich nicht. Doch nach Jürgens Tod habe ich gelernt, morgens aufzustehen und weiterzumachen, und nach vorne zu schauen ist eine sehr hilfreiche Strategie.«

Neben der selbstauferlegten Struktur und den Gesprächen, die Judith suchte, war es sicherlich auch ihre Akzeptanz der Tatsache, dass es das Schmerzliche gibt, dass es den Tod gibt, die Depression, die Todessehnsucht oder die Lust am Tod. Den Selbstmord ihres Freundes hat sie nicht verurteilt, wenngleich sie ihn bis heute nicht nachvollziehen kann.

»Wenn ich ihn verurteilt hätte, hätte ich ein Stück meiner Vergangenheit verurteilt. Ich habe den Menschen ja geliebt. Er war meine erste Liebe.«

Der Gedanke, sie hätte seinen Selbstmord verhindern können, kam ihr nie.

»Ich habe Glück gehabt, dass er nicht versucht hat, mich mitzunehmen. An verschiedenen Anzeichen ist mir das im Nachhinein bewusst geworden. Er hat sehr mit dem Tod geliebäugelt und hätte nicht nur sich mit Tabletten umbringen können, sondern auch mich.«

Eines der Vorzeichen war das Einritzen seines Todesdatums in die Schulbank. Das genaue Datum hat Judith verdrängt, um nicht immer mit diesem Tag leben zu müssen. Ebenfalls als Glück bezeichnet sie es, seine Leiche nicht als Erste gefunden zu haben. Der ungeplante, zufällige Besuch seines Vaters hat ihr diesen Anblick erspart. Auch die Polizei hat ihr abgeraten, ihn sich noch einmal anzuschauen. Ohne letzten Blick hat sie ihre Liebe an den Tod abgegeben.

»Das war ein großer Fehler, da es zur Folge hatte, dass er mich in meinen Träumen einforderte. Das hat solange gedauert, bis ich ihn im Traum davongejagt habe. Du hast dein Reich. Ich habe meins. Überschreite nicht die Grenze! Es war deine Entscheidung. Jetzt bleib auch da, wo du bist.«

Seine Präsenz in ihren Träumen führt sie darauf zurück, den Leichnam nicht mit eigenen Augen gesehen und sich verabschiedet zu haben, weshalb ihre Psyche unterbewusst davon ausgehen musste, er wäre womöglich doch nicht gestorben.

»Ganz losgeworden bin ich diesen Bruch in meiner Biografie nie. Es war eine der prägendsten Erfahrungen in meinem Leben und hat mich zu dem gemacht, was ich bin. Aber ich habe die Fähigkeit besessen, es positiv umzumünzen in meiner journalistischen Arbeit.«

»Weißt du, warum er sich umgebracht hat?«

»Ja.« Sie legt die Hände um ihre Teetasse. »Ich denke, er war depressiv oder traumatisiert. Es war ja auch nicht sein erster Selbstmordversuch. Er hatte keine Erinnerung daran, was vor seinem zwölften Lebensjahr passiert war. Aber damals war die Gesellschaft noch nicht so psychologisch bewandert, dass man das in irgendeiner Weise verstanden hätte. Seine Eltern haben hinterher zu mir gesagt, ich hätte ihm zwei Jahre Leben geschenkt.«

Ich sehe mich im Zimmer um. Es erzählt von Judiths Vergangenheit. Viele Möbel sind alt und gehörten schon ihren Eltern oder Großeltern. Erinnerungsstücke, wie die Gemälde ihres Vaters, hängen an den Wänden neben Bildern und Fotografien anderer, befreundeter Künstler. Überall im Raum verteilt stehen Plastiken und Designgegenstände, auf dem Fußboden, in Regalen, auf Tischen und dem Fenstersims. Besonders eindrucksvoll ist ein großer Mörser, den ihr Vater aus Basalt gehauen hat. Um Gewürze zu mahlen, muss man den linsenförmigen Stein in der Mulde drehen. Der Stein füllt die gesamte Handfläche aus. Das dunkelgraue, fast schwarze Vulkangestein war das bevorzugte Material ihres

Vaters für seine Kunstobjekte. Basalt ist unglaublich hart, schwer zu bearbeiten. Er verschleißt und verwittert kaum.

Kunst nimmt in Judiths Leben eine wichtige Rolle ein. Ich erinnere mich an einen Spaziergang mit ihr durch Köln. Wir bummelten durch die Straßen, sie zog mich in eine Kapelle. Sie wollte mir die Kirchenfenster zeigen, die sie ästhetisch für sehr gelungen hielt. Ich bin kein großer Freund moderner Kirchenbauten. St. Kolumba in Köln hat nach meinem Dafürhalten den Charme eines Parkhauses. Die Pforte ins Innere ist zu klein, zu unwesentlich, zu belanglos. Befindet man sich aber im Achteck um die *Madonna in den Trümmern*, entfaltet die Kapelle das, wofür Kapellen gemacht sind: Andacht.

Als Kölnerin kannte Judith natürlich die geschichtlichen Ereignisse und das Wunderhafte, das dieser Marienfigur im Zweiten Weltkrieg widerfuhr. Während das Kirchengebäude um sie herum kaputtgebombt wurde, überlebte sie. Nur ihre Marienkrone ging in den Kriegswirren oder Nachkriegswehen verloren und wurde bis heute nicht wiedergefunden. Welch ein Glück, dachte ich. Uns gegenüber befand sich eine Frau, keine Königin. Das schuf Nähe.

Aber die Madonna war nicht das, was Judith mir zeigen wollte. Sie führte mich in den Nebenraum zum Heilig-Geist-Fenster in der Südwand. Von Jan Thorn Prikker entworfen, ist es eines der ersten Zeugnisse moderner religiöser Glaskunst. Ich weiß noch, wie beeindruckt Judith war, weil die Taube entgegen der landläufigen Meinung, Tauben symbolisierten den Frieden, nicht sanft dargestellt ist, sondern mit stürmendem Flügelschlag über die Wasser des Chaos fliegt und Dynamik in den Raum bringt.

Das Westfenster von Georg Meistermann, das die Heilige Katharina von Siena zeigt, sollte das Gegenstück zur Namensgeberin der Kirche bilden. Judith mochte beide Fenster und fand, den beiden Glaskünstlern sei es gelungen, die alten, erhalten gebliebenen Teile der Kirche mit zeitgenössischer Gestaltung zu verbinden. Ich blieb eher verhalten. Mir gefiel eigentlich nur die fünfhundert Jahre alte Madonna, klassisch aus dem Stein gehauen, eine Figur zum Anfassen. Die Linie von Katharinas nachgebildetem Körper auf dem Glas war nicht einmal halb so anmutig wie die Figur der steinernen Kriegsüberlebenden.

»Ich habe mich immer gefragt, warum Luther die Heiligen abschaffen musste. Mit ihnen sind praktisch die einzigen Frauenfiguren aus der Kirche entfernt worden«, sagte ich zu Judith, nachdem wir uns alles angesehen hatten.

Die Kunst in ihrer Wohnung ist vorwiegend abstrakt, bis auf einige Plastiken, wie der bronzene Abdruck der Hände ihres Vaters, des Künstlers, abgenommen auf seinem Totenbett, und der bronzene Stier von Juan Bustillos. Vielleicht ist es Zufall, dass wir beide zum Fenster blicken, wo sie auf dem Sims liegen. Die Thermoskanne pfust vor sich hin. Mal empfinde ich das Geräusch als gemütlich, mal als nervig. Ich drehe den Deckel fester zu, was nur bedingt hilft. Judith schenkt Tee nach. Jetzt gibt die Kanne Ruhe.

Schon vor dem Tod ihres Freundes hatte Judith geplant, Journalistin zu werden. Sie schätzt die Freiheit des Berufes, sich die Inhalte für ihre Radiofeatures und Beiträge größtenteils aussuchen zu können.

»Ich habe natürlich wie wild zu Depression und Selbstmord recherchiert und mir die Themen journalistisch zu Eigen gemacht, weil sie mich beschäftigten und mich vor allem Patientengeschichten interessierten.«

Initialzündung war für sie das Buch *Leben mit dem Sterben* von Cicely Saunders, der Begründerin der modernen Palliativmedizin und Hospizbewegung, das sie für den Deutschlandfunk besprochen hat. Anschließend hat sie das Thema nicht mehr losgelassen. Dass Judith ihm bis heute treu geblieben ist, spiegelt sicherlich ein Stück weit den Schmerz und die Trauer um den früh verlorenen Freund.

»Auch die Reaktionen auf meinen Radiobeitrag über Cicely Saunders Buch waren spannend. Es folgten fürchterlich böse Briefe, denn man war damals in Deutschland noch nicht so weit wie in England. Sterbehäuser waren weitgehend unbekannt. Es gab Stimmen, die sagten: ›Wir haben die Euthanasie doch hinter uns. Jetzt nicht schon wieder.‹ Man hatte das völlig falsch verstanden.«

Judith erinnert sich an Proteste in den Nachbarschaften, wo die ersten Hospize eröffnet wurden. Man wollte sich den Tod nicht in die Straße holen. Seit der Zeit begleitet sie das Thema mit ihrer journalistischen Arbeit und berichtet darüber, wie sich aus einem Zweig der Medizin eine immer größer werdende Bürgerbewegung entwickelt.

»Wir müssen darüber nachdenken, wie wir mit unseren Kranken und Sterbenden umgehen. Dass wir niemanden in irgendwelchen Badezimmern von Krankenhäusern sterben lassen. Vorhang drum und möglichst nicht hingehen. Wir müssen den Tod wieder in die Mitte unserer Gesellschaft holen.«

Das geht Judiths Meinung nach auf zweierlei Wegen: gesellschaftlich und persönlich. Mit ihrem Engagement, die Familienhörbücher für Palliativpatienten als festen Bestandteil in der Sterbebegleitung zu implementieren und sich selbst als Gegenüber der Sterbenden zur Verfügung zu stellen, ist sie auf beiden unterwegs. Die Idee zu den Audiobiografien entstand gleichermaßen aus der Faszination für Lebensgeschichten und aus der Not heraus. Not, weil die Sendezeit im Radio für Judiths Portraits und Interviews begrenzt ist, die Geschichten der Personen jedoch nicht. Die bedurften mehr Raumes und Ausführlichkeit.

»Familienhörbücher habe ich ein paar Jahre lang gemacht und gemerkt, biografisches Erzählen tut den Leuten gut. Die nächste Überlegung war dann: Wer kann es gebrauchen? Von der Uniklinik Köln hat man mich angesprochen, ob ich das Projekt als Interviewerin ehrenamtlich begleiten wolle. Es ging um Lebensansichten von Sterbenden. Was ist wichtig im Leben? Auch da haben mir Menschen Sachen erzählt, von denen sie selbst sagten: ›Also, das habe ich noch niemandem erzählt. So, jetzt erzähle ich es Ihnen! Geben Sie mir die CD hinterher. Ich hinterlasse sie meinen Kindern, die werden es irgendwann hören.‹ Und so hatte ich den Einfall, all denen ein Angebot zu machen, die zum letzten Mal ihr Leben ausführlich erzählen möchten.« Judith trinkt einen Schluck Tee. Mittlerweile ist er abgekühlt und dampft nicht mehr.

»Aus meiner Erfahrung weiß ich, dass es manchmal leichter fällt, einem neutralen Dritten von sich zu erzählen, etwa der Fremden im Zug. Die Fremde bin ich. Wir lernen uns auf der Zugfahrt kennen, aber ich steige irgendwann wieder aus. Ich habe kein medizinisches Interesse, kein therapeutisches, ich gehöre nicht zur Familie, ich habe keinerlei Beziehung zu der Person. Gemeinsam aber teilen wir etwas Zeit und erarbeiten zusammen die Lebensgeschichte, die ich dann dramaturgisch gestalte und schön mache.«

»Was heißt schön machen?«

Judith lächelt. »Ich strukturiere und gliedere die einzelnen Episoden. Ich schneide die Aufnahme sauber und arbeite anschließend mit Musik, die den Patienten wichtig ist.«

Aus den aufgenommenen Originaltönen und den von den Erzählenden ausgewählten Lieblingsmusikstücken arrangiert sie ein individuelles, autobiografisches Hörbuch.

Judith mischt sich nicht ein. Judith hört zu, sortiert, ordnet. Im Unterschied zu einer Psychologin oder einem Psychologen werden von ihr keine Antworten erwartet. Sie ist lediglich der Trichter, der aufnimmt und am Ende eine CD oder ein Audiofile herstellt. Hierauf sind mit der Stimme des sterbenden Menschen alle Erinnerungen konserviert, die er preisgegeben und offenbart hat.

»Manchmal füge ich kleine Zitate ein. Vor kurzem interviewte ich eine junge, alleinerziehende Mutter, die mir die ersten Herztöne ihres Kindes auf ihrem Handy vorgespielt hat und das erste Lachen ihres Kindes und das erste Mal, als es ›Mama‹ sagte. Dazu erzählte sie, was in diesen Situationen los war. Das Kind war knapp fünf Jahre alt. In der Zwischenzeit ist die Mutter auch schon gestorben. Aber sie wollte ihre Lebensgeschichte für ihr Kind aufbewahren.«

Um ihrem eigenen Anspruch, vor allem aber um den Sterbenden gerecht zu werden, ist für Judith die Anbindung an ein Team einer Palliativstation extrem wichtig. Sie absolvierte eine Palliativbegleitungsausbildung, um trotz ihrer fünfunddreißigjährigen journalistischen Berufserfahrung im medizinischen Bereich – sie bezeichnet es als laienhaftes Grundwissen –mehr zu lernen. Anschließend fand sie eine Universität, um ihr Vorhaben wissenschaftlich begleiten zu lassen, und ist als Mitglied des Teams nun an dem Punkt, das Erarbeitete zu verbessern und zu optimieren.

»Es muss einfach geklärt werden, was ist wichtig für diese Form von Erinnerungsbüchern und Biografien, was ist nicht wichtig? Ich kann ein solches Projekt nicht alleine anbieten. Wenn es sich bewährt und wenn die ausgewerteten Ergebnisse zeigen, dass es ein sinnvolles therapiebegleitendes Angebot ist, müssen wir es für die Zukunft weiter auf- und ausbauen. Dann müssen wir Ausbildungskonzepte entwickeln. Dann müssen wir überlegen, wie kann man andere Journalisten ausbilden? Müssen es Journalisten sein? Oder können es auch andere Leute sein? Wer gehört ins Team? Und wer kann diese Arbeit mit mir zusammen leisten?«

Was die Patienten betrifft, die Judith interviewt, hat sie eine ganz klare Haltung: »Die Klinik sucht sie aus. Ich stelle mich nicht auf den Marktplatz oder gehe von Bett zu Bett und frage: ›Wollen Sie ein Hörbuch?‹ Das ist Sache der Klinik. Ich bin auch in diesem Punkt die neutrale Person.«

Bei der zentralen Frage, wem aus dem Kreis der Palliativpatienten sollen die Erinnerungshörbücher angeboten werden, überlegt Judith dennoch mit. Vorerst erscheint es sinnvoll, sich auf die Gruppe junger Mütter und Väter zu konzentrieren.

»Gerade diejenigen, die kleine Kinder haben, machen sich viele Gedanken darüber, was bleibt von mir? Was kann ich meinem Kind mit ins Leben geben? Wenn ich ihnen gegenübersitze, sind das immer Situationen, in denen der Tod greifbar ist. Was dabei herauskommt, sind aber keine traurigen Hörbücher. Beim Interview haben wir ganz viel Spaß. Es wird viel gelacht. Wenn wir zusammen auf das Leben des Patienten zurückblicken, sehen wir ja nicht das abgeerntete Feld. Wir sehen die volle Scheune.« Judith überlegt kurz.

»Auch wenn die Patienten beim Erzählen fröhlich sind, wissen sie, dass der Tod nicht mehr so wahnsinnig weit weg ist. Sie hoffen natürlich, dass es noch dauert. Trotzdem sind die Momente gut. Nicht nur gut, eben auch traurig, klar. Sie wissen ja, dass das Kind die CD oder Audiodatei wahrscheinlich erst hören wird, wenn sie schon gestorben sind. Die wenigsten haben die Chance, ihre Lebensgeschichte mit ihrem Kind zusammen anzuhören.«

Das ist bitter, denke ich, will das aber so nicht stehen lassen. Schließlich betont Judith gerade das Vergnügen am Erzählen und Erinnern.

»Ich sage das jetzt vielleicht etwas lax: Bloß weil man stirbt, heißt das nicht, dass man ein trauriges Leben gehabt hat.«

»Genau«, stimmt Judith mir zu. »Genau, genau, genau!«

Sie fügt noch ein paar ›Genau‹ hinzu. Wir lachen.

»Ich glaube auch nicht, dass das Leben traurig ist, weil der Mensch stirbt. Wir sterben alle. Das Leben darf keine Abwertung bekommen durch einen frühen Tod oder den Tod überhaupt. Das ist ganz wichtig. Das Leben soll schön sein und auch Spaß machen.«

Mit Judith Spaß zu haben, kenne ich. Vor einiger Zeit haben wir herausgefunden, dass wir dasselbe Hobby teilen: reiten. Als wir unsere Erlebnisse beim Ausreiten austauschten, habe ich mich so toll gefühlt wie mit elf oder zwölf; wie eines dieser pferdenärrischen Mädchen, das nichts anderes als Galoppieren im Kopf, Pferdehaare an den Klamotten und Mist an den Reitstiefeln hat. Allein meine Erinnerungen an mein Lieblingspferd Iltschi, ein schwarzes, völlig dreckiges Pony, das nicht im Entferntesten etwas mit seinem Namensvetter, Winnetous Rappen, zu tun hatte, füllen mehrere Tagebücher. Dabei durfte ich Iltschi gerade mal anderthalb Jahre reiten (und putzen). Deshalb frage ich mich, wie die komplette Lebensgeschichte eines Menschen in ein Hörbuch passt.

»Ich sage immer, ein Leben ist wie ein Palast mit vielen Zimmern. Darin gehen wir spazieren. Es gibt Zimmer, in die gehen wir rein. Es gibt Zimmer, da gucken wir nur rein. Es gibt aber auch Zimmer, die lassen wir zu.«

Es sind Ausschnitte, Sequenzen, Augenblicke, an die sich die Patienten erinnern. Da die Erinnerungsbücher in erster Linie für jemanden, meist ihre Kinder, gedacht sind, liegt der Fokus nicht auf der Gesamtheit des eigenen Lebens, sondern auf dem Speziellen, das man hinterlassen möchte.

»Oft ist es so, dass die Mütter nicht nur das Kind im Kind ansprechen. Sie sagen oft auch: ›Du wirst irgendwann heiraten. Vielleicht wirst du das Hörstück auch irgendwann deinen Kindern vorspielen.‹ Es ist so eine lange Zeitspanne, die sie in die Zukunft schauen, dass es fast normales Erzählen ist. So als würde eine Großmutter erzählen. Auch die weiß, dass sie irgendwann in dreißig, vierzig oder fünfzig Jahren, egal, wie alt sie wird, gestorben sein wird. Wie wir alle irgendwann gestorben sein werden. Jede Biografie endet mit dem Tod.«

Ich bewundere Judith. Allein, wie oft und völlig natürlich ihr die Worte Tod, tot, sterben und gestorben über die Lippen kommen. Seit über zwei Jahrzehnten befasst sie sich intensiv mit diesem nicht gerade erfrischenden Thema. Während sie spricht, erzählen ihre Hände, ihre Augen sind munter.

Daher erstaunt es mich, als sie sekundenlang schweigt und ihr dann ein Lachen entfährt, als ich weniger frage denn feststelle: »Du hast keine Angst vor dem Tod?!«

»Ja, hm, ist 'ne gute … hm, also, das frage ich mich oft. Ich würde natürlich spontan sagen: Nein, ich habe keine Angst vor dem Tod. Aber dann frage ich mich: Ist das nicht vermessen?« Sie blinzelt etwas verwirrt, sucht nach den richtigen Worten. »Vielleicht habe ich eher Angst vor dem Sterben«, sagt sie mit fester Stimme. Jetzt ist sie sich sicher. »Ja, ich habe Angst vor einer schlimmen Diagnose und vor dem: So, jetzt bist nicht du die, die zuhört und kannst klug schwätzen darüber. Jetzt musst du selbst beweisen, wie du damit umgehst. Andererseits habe ich viel, viel größere Angst vor dem Tod meiner Liebsten als vor meinem eigenen.«

Im Laufe ihrer Arbeit hat Judith erfahren, dass die Furcht, seine Familie und auch Freunde zu verlieren, tiefer sitzt und weiter reicht als die vor dem eigenen Ende. Besonders sterbende Mütter entwickeln eine immense Kraft, ihre Krankheit und ihr Leiden für das Wohl ihrer Kinder hintan zu stellen. Derzeit begleitet sie eine Frau, die erst nach der Krebsdiagnose schwanger wurde, obwohl das medizinisch eigentlich gar nicht möglich gewesen war.

»Sie erzählte mir, sie habe keine Stunde darüber nachgedacht, die Therapie fortzusetzen und das Kind abzutreiben. Für sie war es ganz klar: ›Ich kriege das Baby. Ich stille es. Und dann sehe ich weiter.‹« Immer wieder ist Judith beeindruckt, mit welcher Selbstverständlichkeit und Bedingungslosigkeit Mütter für das Leben ihres Kindes ihren eigenen Tod riskieren.

»Wenn man diesen Müttern gegenüber sitzt, spürt man ihre Stärke und die Kraft ihrer Überzeugung.«

Unter diesem Blickwinkel betrachtet Judith, die drei mittlerweile erwachsen gewordene Kinder geboren hat, ihren eigenen Tod.

»Natürlich werde ich hadern und meckern und schimpfen und das doof finden, sollte ich eine Diagnose erhalten, die mir ein sehr verkürztes Leben beschert, aber der Tod meiner Angehörigen ist für mich viel unvorstellbarer. Kennst du dieses chinesische Sprichwort? Sinngemäß sagt es: Was ist ein glücklicher Mensch? Zuerst sterben die Großeltern, dann die Eltern und dann erst man selbst. Das ist die richtige Reihenfolge. Kinder zu verlieren ist das Allerallerschlimmste.«

Über zwanzig Familien- und Erinnerungshörbücher hat Judith inzwischen aufgenommen und hergestellt. Mit deutlich mehr Menschen, ob im Hospiz, auf Palliativ- oder Kinderkrebsstationen, hat sie im Zuge ihrer journalistischen Tätigkeit über den Tod gesprochen. Einem roten Faden gleich zieht sich das Thema durch ihr berufliches Leben.

Mich interessiert, ob sich durch die intensiven Gespräche, die sie geführt hat, und der Tatsache, dass sie den Leuten sehr nahe gekommen ist, abgezeichnet hat, was am Ende des Lebens zählt. Was ist wichtig? Was bleibt? Was hofft man zu hinterlassen?

»Viele haben sich gefragt, ob sie nicht zu viel gearbeitet und zu wenig gelebt haben. Viel eindrücklicher ist aber, dass in der Situation des bevorstehenden Sterbens alle, ja, ich kann wirklich sagen alle, von den alleinerziehenden Müttern den abwesenden Vätern goldene Brücken gebaut haben. Da war keine Wut mehr, kein Hass. Wichtiger als die eigene Enttäuschung oder Traurigkeit über das Scheitern der Beziehung und die Trennung schien es diesen Frauen zu sein, ihren Kindern einen Weg zu ihrem Vater zu ebnen. Das ist vielleicht eine übertragbare Antwort auf die Frage, was grundsätzlich im Leben zählt: Gemeinschaft und Verzeihung.«

»Zeit. Gemeinschaft. Verzeihen«, wiederhole ich. »Was sind deine Top Drei?«

»Meine Top Drei?« Judith denkt einen Moment nach. »Familie und Freunde. Auch Verantwortung für Gesellschaft und Umwelt. Das sind natürlich große Worte. Ich finde es wichtig, so zu leben, dass man in der Stunde seines Todes sich selbst verzeihen kann, dass nichts offensteht. Das mag nicht vollständig gelingen, aber wenigstens sollte man den Weg dahin finden.«

Materielles, so Judith, werde am Ende sehr in Frage gestellt. Selten interessierten sich ihre Gesprächspartnerinnen und Gesprächspartner noch für Statussymbole oder finanzielle Werte. Wenn überhaupt, dann nur, um ihre Lieben gut versorgt zu wissen. Am Ende sei es für Judith jedes Mal erstaunlich, mit wie wenig die Menschen glücklich gemacht werden könnten. Oft seien es nur Kleinigkeiten, wofür sie dankbar seien.

»Dazu gehört vielleicht ein Stückweit Demut«, überlegt sie.

Unter diesem Aspekt würden viele der Patienten ihrer Krankheit auch eine Art Sinn abgewinnen. Nicht wenige Mütter erzählten ihr, welch positiven Effekt ihre Krankheit auf ihre Kinder habe. Als ein Beispiel berichtet sie von einer Frau, die lange mit ihrer Familie im Ausland lebte und wegen einer schweren Krankheit nach Deutschland zurückkam.

»Sie sagte: ›Durch meinen Krebs sind wir nach Hause gekommen. Durch meinen Krebs gehen meine Kinder auf deutsche Schulen und lernen meine Sprache und meine Kultur.‹ Sie hatten zwar alle vorher einen deutschen Pass, aber nun lebten sie in einem viel freieren Land als dort, wo sie zunächst aufwuchsen. Sie sah für ihre Kinder eine bessere Zukunft und wusste, dass sie ihren kulturellen Hintergrund verstehen würden. Den hätten sie sonst nie kennengelernt.«

In allen Gesprächen, die Judith führte, kämen die Patienten an einen ähnlichen Punkt: für sich einen Sinn zu erkennen oder gar zu entwerfen, um das Leiden und den baldigen Tod nicht als sinnlos zu bewerten. Judith sieht darin eine phantastische Lebensstrategie.

»Sie entwickeln ein Erklärungsmuster, das ihnen niemand vorgibt nach dem Motto: Du bist sterbenskrank und musst leiden, denn du oder deine Vorväter werden irgendwelche Sünden begangen haben, die du jetzt büßen musst. In unserer Kultur hat glücklicherweise jeder die Freiheit, seine eigene Strategie zu finden.«

Sich all den Schicksalen auszusetzen, stelle ich mir auf Dauer schwer vor. Mich würde es erschöpfen, mich mit den schmerzlichen Gefühlen und der anhaltenden Betrachtung der Endlichkeit zu beschäftigen. Seit nunmehr fünf Monaten befasse ich mich mit dem Tod und allem, was dazu gehört. Manchmal bin ich entsetzlich müde und mürbe vom Eintauchen in das düstere Thema. Allerdings weiß ich, wofür ich es tue. Ich will eine Antwort.

»Was gibt es dir?«, frage ich Judith.

Es folgt eine sehr lange Pause. Judith betrachtet die Holzmaserung des Tisches, streicht mit der Hand darüber.

»Erst mal finde ich es spannend zu erforschen und erforschen zu lassen, ob das Hörbuchprojekt einen Sinn ergibt. Unsere bisherigen Ergebnisse belegen, dass Erinnerungsarbeit den Menschen guttut. Das ist die professionelle Seite. Persönlich interessiere ich mich für Menschen und deren Geschichten. Für mich selbst empfinde ich bei den Gesprächen eine tiefe Dankbarkeit, weil ich wirklich gerne zuhöre und mich die Lebensentwürfe faszinieren. Natürlich sauge ich zwischendurch daraus Honig, indem ich in eigenen Krisensituationen an den einen oder anderen denke und mir dann ein Satz oder ein Zitat einfällt, das ich in meine eigenen Überlebensstrategie einbauen kann.«

Judith erinnert sich an ihre erste Patientin, eine junge Mutter, der nach dem Hören der CD bewusst wurde, wie treu sie von ihrer Familie und ihren Freunden durch den Sterbeprozess begleitet wird, und die die Erfahrung – ausgelöst durch eine Krankheit – nicht missen möchte: sehr geliebt zu werden.

»Für mich selbst hätte ich das so nicht formuliert, doch

ihre Sichtweise hat mich aufmerksam und sensibel gemacht. Ich denke oft an sie zurück.«

Neben ihrer Familie gebe ihr das Projekt *Familienhörbücher* viel Kraft und sei das Sinnvollste, was sie in ihrem Leben getan habe. Ihre bisherigen Berufsjahre betrachtet sie als Vorbereitung. Sie kann sich durchaus vorstellen, das Projekt, das derzeit überwiegend sterbende junge Mütter und Väter in Anspruch nehmen, auszuweiten auf Personen, die akut eine lebensbedrohende, medizinische Diagnose erhalten.

»Der Zeitpunkt der Diagnose ist so schockierend und hebt die Welt so sehr aus den Angeln, dass viele denken: Um Gottes willen, jetzt sind meine Kinder noch so klein. Werde ich es erleben, wie sie groß werden? Werden sie sich an meine Stimme erinnern können? An meinen Geruch? An mein Lachen? Auch an einem solchen Punkt könnte man diese Hörbücher anbieten. Dann wird es erzählt, man kann das Kapitel abschließen, die Sorge wegpacken und sich wieder dem Leben und Gesundwerden widmen.«

Schon als sie selbst Mutter wurde, schnappte sie sich ihr Mikrofon und begann, ihren Kindern etwas von sich zu erzählen. Ausschlaggebend dafür war der beängstigende Gedanke: Was wäre wenn? Wenn ihr etwas zustoßen würde? Wenn die drei Jungen ohne sie aufwachsen müssten?

»Das hypothetisch zu durchdenken, war in mir schon immer drin. Die Vorstellung, meine Söhne hätten nicht mal eine Idee von meiner Stimme, fand ich fürchterlich. Vielleicht ist das ja etwas egozentrisch, aber ich bin davon überzeugt, die mütterliche Stimme ist etwas elementar Wichtiges. Es ist das Erste, was Kinder hören: Verdauungsgeräusche, Atmungsgeräusche, der Herzschlag und die Stimme der Mutter. Das muss man bewahren.«

Wie viele Leute es wohl gibt, die einen alten Anrufbeantworter, ein altes Diktiergerät oder alte Kassetten aufbewahren, weil sie Stimme von Vater oder Mutter, der oder des Geliebten aufgezeichnet hat?

»Die Stimme ist der Spiegel der Seele. Ich halte die Stimme für etwas ganz Besonderes, nicht vergleichbar mit etwas Geschriebenem oder einem Foto.«

Es wundert sie überhaupt nicht, dass die Palliativpatienten bei der Aufnahme ihrer Hörbücher Geschichten und Märchen vorlesen, Gebete sprechen und Lieder singen und ihre Stimmen mit mehr verbinden, als mit den eigenen Lebenserinnerungen. Als ich sie frage, welcher für sie der schönste Moment beim Zuhören war, muss sie nicht lange überlegen.

»Ich muss wirklich sagen, bei allen Interviews, die ich bisher führte, gab es solche Momente. Ein Moment, beinahe hätte ich gesagt, ›heiliger Moment‹, aber heilig klingt so kirchlich, das meine ich nicht.« Sie hält kurz inne, um den treffenden Begriff zu finden. »Ein magischer Moment ist immer der, wenn die Mütter oder Väter nicht mehr mir erzählen, sondern mich nur noch als begleitendes Medium wahrnehmen und direkt zu ihren Kindern sprechen.«

Oftmals stellen sich diese magischen Situationen von selbst ein. Die Leute vergessen Judith und sind ganz bei sich selbst. Mitunter tastet sich Judith aber auch an das Gefühl des Augenblicks heran, indem sie ein Foto des Kindes oder der Kinder vorlegt oder sich ihren Gesprächspartnern so gegenübersetzt, dass der Blick auf die Kinderfotos an der Wand hinter ihr frei ist.

»Die berührendsten Momente, das machen wir immer zum Schluss, sind Vor- und Nachwort. Wir machen ja Hörbücher, also darf es auch einem Buch gleichen. Um sich zu orientieren gibt es Kapitel wie: Meine Kindheit. Mein erster Kuss. Meine große Liebe. Wie ihr geboren wurdet. Mein erster Kindergartenbesuch. Euer erster Kindergartenbesuch. Das Vorwort ist das härteste Kapitel, weil es erklärt, was die Kinder erwartet. Außerdem gibt es eine Art Gebrauchsanweisung, zum Beispiel: ›Es gibt Kapitel, die ihr jetzt verstehen werdet.‹ ›Es gibt Kapitel, die ihr erst versteht, wenn ihr selber Kinder habt.‹ ›Es gibt lustige, traurige oder schöne Kapitel.‹ Das Nachwort ist oft traurig, denn es enthält meist ein Dankeschön oder ein Schlusswort: ›Hey, ich habe euch stark gemacht. Ihr schafft das.‹ Wenn wir dann alles im Kasten haben, kommt immer ein großes Verschnaufen und auch der Wunsch: ›Vielleicht höre ich es mit meinen Kindern ja in zwanzig Jahren zusammen an.‹ Klar, die Hoffnung stirbt zuletzt.«

Die Hoffnung stirbt zuletzt! Wer hat das meiner Ansicht nach inflationär benutzte Sprichwort eigentlich erfunden? Soweit ich informiert bin: niemand. Lediglich Cicero, der wohl populärste Rhetoriker und Redner im alten Rom, meinte mit seinen *dum spiro spero* etwas Ähnliches: ›Solange ich atme, hoffe ich.‹

Das ist aber etwas anderes. Stirbt der Mensch, stirbt seine Welt mit ihm, sein Bewusstsein verlöscht. Bei ›Die Hoffnung stirbt zuletzt‹ wird das unsinnigerweise umgedreht. Erst stirbt der Mensch, anschließend die Hoffnung. Als existiere sie ohne ihn. Mir hat die Redewendung nie gefallen. Auch für Judith ist sie eine zwiespältige Sache. Sie empfindet den Spruch oftmals als »ein Drüberwegwischen«. Er vermittle den Beigeschmack, als nehme man den Patienten nicht ernst, der sehr genau spüre oder eine konkrete Ahnung habe, wann es ans Sterben ginge. Viele wären durchaus realistisch und hätten zuletzt keine Hoffnung mehr auf ein langes Weiterleben, wohl aber auf ein gutes Sterben. Ihrer Beobachtung nach konzentrierten viele Leute am Ende all ihre Hoffnung darauf.

Judith selbst setzt ihre Hoffnung bei jedem Hörbuch darauf, schneller zu sein als der Tod, es abzuschließen, bevor der Patient stirbt. Um die Gespräche aufzunehmen, plant sie meist sechs halbe oder drei ganze Tage in relativ kurzen Zeitabständen ein. Um die CD hinterher in Schnitt und Produktion fertigzustellen, was für sie sowohl psychisch als auch körperlich anstrengend ist, benötigt sie um die achtzig

Arbeitsstunden. Alles in allem beträgt der zeitliche Aufwand rund fünf Wochen. Ihr Anspruch ist es außerdem, dass die Patienten ihre Lebensgeschichte noch selbst anhören können, um gegebenenfalls etwas korrigieren zu können, was – bis auf das Austauschen eines Musikstückes – noch nie vorgekommen ist.

»Natürlich weiß ich, dass es eine gefährliche Sache ist, mich auf den Wettlauf mit dem Tod einzulassen. Denn ich kann ihn nicht gewinnen, nicht immer. Aber bisher ist es mir immer gelungen, und ich habe mich jedes Mal sehr darüber gefreut.«

Aus den Begegnungen tritt Judith heraus und findet zu sich selbst zurück, indem sie sich bemüht, die erzählten Leben zu vergessen. Das ist nicht einfach. Der sterbende Mensch und sie haben sich binnen kurzer Zeit intensiv kennengelernt.

»Ich muss einfach loslassen. Ein Journalist muss loslassen. Ich kann doch die Schicksale nicht mitschleppen durch mein Leben. Das geht einfach nicht. Trotzdem denke ich an sie und ihre Hinterbliebenen und schließe sie in meine Gebete ein. Außerdem habe ich etwas gelernt. Für Ärzte, die unbedingt heilen wollen, habe ich viel mehr Verständnis. Früher dachte ich, warum können die sich nicht eingestehen, dass sie mit ihrer Kunst hier nicht mehr weiterkommen? Warum muss man einen Patienten durch noch eine Therapie quälen, wenn er eigentlich ein Fall für die Palliativmedizin ist? Heute verstehe ich, das Heilen-wollen ist ein Motor für Ärzte. Sie geben dadurch Hoffnung. Meine Rolle ist eine ganz andere. Ich komme zu den Patienten und verschenke Sahnestückchen. Ich muss nicht den Frust aushalten, dass ich nicht heilen kann. Das ist eigentlich nur schön, denn ich kann ihnen etwas geben und hoffe, dass sie es auch so empfinden. Das ist eine unendlich dankbare Rolle, die ich mit sehr viel Demut annehme.«

Ich sehe Judith an. Dankbarkeit. Demut. Gnade.

Das sind Worte, die immer wieder bei unseren Treffen fallen. Oder aufsteigen. Fallende Worte klingt ziemlich brutal. Als stürzten sie haltlos ab.

Wir schauen aus dem Fenster ins Grün des Parks auf der anderen Straßenseite. Fast gleichzeitig stehen wir auf. Zeit für einen Spaziergang. Unter den Bäumen spricht Judith über ihren eigenen Tod. Der soll nicht vermeintlich gnädig sein, indem sie im Schlaf stirbt.

»Wenn ich sterben muss, möchte ich das vorher wissen. Ich möchte, dass meine Kinder um mein Bett stehen. Das will ich schon mitkriegen und mich verabschieden und Danke sagen.« Ein gnädiger Tod ist, wenn man nicht alleine sterben muss.

»Wann hast du das letzte Mal etwas zum ersten Mal gemacht?« Das letzte Mal, dass wir etwas zum ersten Mal tun werden, wird unser Tod sein. Indem ich das denke, wird mir klar, einem solch trostlosen Gedanken darf ich mich nicht kampflos überlassen. Man darf sich der Nacht und der Kälte und der Einsamkeit nicht ohne Schutz aussetzen. *Alles Leben ist Wille, und das Sterben und der Tod beruhen nur auf einem Mangel an Willenskraft*, behauptete der Philosoph Joseph Glanvill im 17. Jahrhundert. Tröstlich zu wissen, dass man, solange man denkt, immer auch das Gegenteil denken kann. In diesem Sinne könnte der Tod genauso gut das Erste sein, was wir tun werden.

Und dann ruft Judith an. Der Grund dafür ist grauenhaft. Vor ein paar Tagen erhielt ihr Mann eine Krebsdiagnose; eine rasend schnell wachsende, tödliche Krebsart. Binnen einer Woche wurde er Palliativpatient, die Prognose verheerend.

»Du kannst dir sicher vorstellen, dass ich irgendwann anfing zu denken: Das ist jetzt die Strafe. Ich soll mit meinem Projekt aufhören.« Ihre Stimme klingt nicht nach ihr.

»Strafe. Strafe und Schuld. So denkt man, wenn man mit einer katastrophalen Krankheit konfrontiert wird und katholisch geprägt wurde wie ich. Das sitzt tief drin. Ich werde aber nicht aufhören mit meinem Projekt. Im Gegenteil.« Ich höre sie schlucken.

»Es ist schrecklich. Es ist aber auch intensiv. Die Jungs sind super. Es ist gut zu erleben, was es heißt, eine intakte Familie zu sein.«

Ich wage nicht zu fragen, ob sie mit ihrem Mann an einem Erinnerungsbuch arbeitet, bitte sie stattdessen, mir zu erzählen, ob ihre Überlebensmethode wieder den Schmerz hinaus schreien ist.

Geschrien hat sie.

»Ihr redet bestimmt viel. Du und dein Mann«, sage ich.

Judith lacht. »Wir sind über dreißig Jahre verheiratet, da braucht man nicht mehr viel zu reden. Wir haben uns einfach nur geliebt. Einfach geliebt.«

6 JUNI – DICHTUNG

Die Einsamkeit des Märchenhelden oder von einer, die auszog, das Fürchten zu lernen

In einem Café kritzle ich ein paar Worte in mein Notizbuch. Die junge Kellnerin, blond, wasserfarbene Augen, sehr hell, sichtlich angeödet von ihrem Job, stößt beim Servieren mit der Hüfte gegen den Tisch. Was ich da schreibe. Kurz nachdenken. Was über den Tod, antworte ich. Was Trauriges? Auch. Sie hätte, erzählt sie mir, mal ein paar Liebesbriefe begraben, weil der Typ sie verarscht hätte mit ihrer besten Freundin. Ich schaue ihr ins Gesicht, flunkert sie mich an? Wir kennen uns nicht, sind uns nie begegnet, haben nie miteinander gesprochen. Und sie vertraut mir gleich so etwas an? Ein Klischee mit Lover und bester Freundin? Egal. Wenn die Geschichte gut ist, soll sie mich ruhig beflunkern. Ich werde neugierig. Wo begraben? Sie lacht. Sie habe nach Grabsteinen gesucht mit seinem Namen drauf. Kein Marvin. Kein einziger Stein. Sie hätte irgendwann die Lust verloren, ewig über den blöden Friedhof zu latschen. Sei ja auch egal, wo man Briefe begräbt, Hauptsache unter der Erde, sei so ein Voodooding gewesen für sie. Sie blinzelt viel beim Erzählen, mit unruhigen Augen. Klar schwindelt sie. Aber die Geschichte ist nicht schlecht und kitzelt einen detektivischen Nerv in mir. Ich fände es komisch, sage ich testweise, dass die Marvins von heute noch echte Liebesbriefe schreiben. Sie zwinkert wie verrückt. Ja, genau das hätte sie auch total komisch gefunden. Amüsiert mustere ich sie. Was hättest du gemacht, wenn er dir Liebes-SMSe oder Liebes-WhatsApps geschickt hätte? Hä? Sie scheint nicht zu verstehen, worauf ich hinauswill. Na, hättest du dein Handy auch verbuddelt? Nee, da könnte man ja alles löschen. Briefe kann man nicht löschen. Ja, das leuchtet ein, denke ich. Bleibt nur verbrennen oder vergraben. Auslöschen. Wirklich keine schlechte Geschichte.

Wir sitzen in seinem Wintergarten. Durch das Glas wirft ein Walnussbaum Blätterschatten an die Wand hinter Professor Dr. Heinz Rölleke. Ich besuche *den* Märchenprofessor Deutschlands. Den Mann, dessen Verdienst es ist, die Märchen aus der Naziecke geholt zu haben, wenn man das so salopp formulieren darf. Während der NS-Zeit hatten sie selbstverständlich auch die Märchen der Brüder Grimm als urdeutsches Volksgut für ihre Blut-und-Boden-Propaganda vereinnahmt. Heinz Rölleke befreite sie, indem er entdeckte, dass deutsche Märchen ihre Wurzeln vor allem im Französischen haben und die Sprachwissenschaftler und Volkskundler Jacob und Wilhelm Grimm sie nicht nur von alten Märchenerzählerinnen erfahren hatten, sondern hauptsächlich von jungen Mädchen hugenottischer Abstammung, in die sie sich zuweilen auch verliebten.

Für seine lebenslange Arbeit wurde Heinz Rölleke die Brüder-Grimm-Medaille der Akademie der Wissenschaften zu Göttingen verliehen. Das ist praktisch der ›Oscar‹ der Geisteswissenschaftler. Vor mir sitzt ein Mann von über achtzig Jahren und sprüht vor Vitalität und diesem handfesten Forscherdrang, gepaart mit verwegener Neugier, die ihn sein gesamtes Leben angetrieben haben. Seit ich ihn kenne, also seit meinem Studium in den 1990ern, hat er eine Vorliebe für schwarze Rollkragenpullis. Was meinen ›alten‹ Professor jedoch so besonders für mich macht, ist nicht nur seine unbändige Lust, Menschen Literatur und Bildung nahezubringen oder seine spürbare Menschenliebe und Integrität; es ist seine Stimme. Wenn es so etwas wie die klassische Märchenerzählerstimme gibt, dann ist es die von Heinz Rölleke. Zu lauschen, wenn er über Märchen fabuliert, ist wahres Vergnügen – selbst wenn er mir an diesem lichtdurchfluteten Ort vom Tod erzählt.

»Sie fragen nach dem Tod im Märchen oder, man muss die Frage wohl direkt schon differenzieren, wie steht das Märchen zum Tod? Denn groteskerweise stirbt ja keiner, zumindest nicht in Grimms Märchen. Das Märchen kennt an sich keine Grenze zwischen Diesseits und Jenseits. Die Märchenhelden geraten vorübergehend in Anderswelten, in einen christlich verstandenen Himmel, in die Hölle oder ins germanische Totenreich. Doch es gibt keinen Märchenhelden, der am Ende irreversibel tot wäre. Das kommt daher, weil sie Typen sind und keine Individualitäten. Typen können nicht sterben, die sind eins zu eins ersetzbar wie Ameisen. Stirbt eine, tritt die nächste an ihre Stelle. Da kann man nicht von einem Todesproblem reden. Für die Zurückbleibenden, für die Kommune, für das Leben als solches spielt der Tod so gesehen keine große Rolle. Sobald der Mensch sich aber individualisiert, denkt er: Ich bin einmalig. Ich bin eines Tages weg. Ich bin unersetzlich, völlig unersetzlich.«

»Oh, damit wäre das Thema Tod ja schon erledigt.« Meine Enttäuschung ist mir anzusehen.

Heinz Rölleke lächelt mir aufmunternd zu.

»Aber sie kennen den vorübergehenden Tod, also einen reversiblen Tod. Einfacher gesagt, die Märchenhelden, Heldinnen natürlich immer inkludiert, sterben sozusagen probehalber. Sie haben die Möglichkeit, den Tod zu *erleben*, zu *durchleben* und nachher *weiterzuleben*.«

»Klingt nach einem guten Konzept.« Bisher hatte ich kein sonderlich großes Faible für Prinzessinnen. Schon als Kind konnte ich goldenen Kleidern, goldenen Kugeln, langen Locken und all dem Prinzessinnenkram nicht viel abgewinnen. Lediglich die Fähigkeit, mit Tieren sprechen zu können, habe ich ihnen missgönnt. Heinz Röllekes These des Probesterbens wirft nun ein ganz anderes Bild auf sie.

Er nickt zustimmend. »Die Chance haben wir nicht. Wir sterben nur einmal, und das ist ja das Problem der Menschen.«

Wir seufzen synchron.

»Gibt es den Probetod in jedem Märchen?« Den neidischen Unterton in meiner Stimme kann ich nicht verhehlen.

»In den sogenannten Vollmärchen schon. Man muss dazu sagen: Unter Grimms zweihundertelf Märchen sind nur um vierzig echte Märchen. Die anderen Texte sind Schwänke, Sagen, Legenden, Witze oder Rätsel. Bei den Vollmärchen handelt es sich um eine Art Pubertätserzählungen, deren Mittelpunkt eine Reifeprüfung ist, ganz so wie es bei urtümlichen Völkern heute noch teilweise praktiziert wird. Im heimlichen Mittelpunkt dieser Prüfung steht immer die Auseinandersetzung mit dem Tod. Gelingt sie nicht, ist man nicht reif.«

»Hat jedes Märchen mit dem Tod zu tun?«

»Soweit es um eine Reifeprüfung geht, ja. Reife ohne Tod gibt es nicht im Märchen.«

Wie befremdlich zu hören, dass das Ende des Lebens den Beginn des Erwachsenseins und der Freiheit, selbst zu entscheiden, markiert.

»Warum braucht es überhaupt das Reifsein?« Ich merke, wie sich in mir eine leichte Rebellion ausbreitet. Muss man unbedingt reif werden? Braucht es wirklich ein schlimmes Erlebnis, bevor man voranschreiten darf oder, besser gesagt, kann? Bisher hat mir noch niemand plausibel erklären können, was der Nutzen davon sein soll. Meine Jugend war meine tollste Zeit. Meinetwegen hätte sie nicht aufhören müssen. Leider bin ich nicht gefragt worden. Ich war stark und voller Energie, war dauermotiviert und unablässig auf der Lauer, Abenteuer zu entdecken. Der Welt wäre nichts verloren gegangen in Sachen Lebensfreude, Arbeitskraft und Leistung, wenn ich einfach in diesem Zustand steckengeblieben wäre. Und ich denke, da bin ich nicht die Einzige, die so empfindet.

Heinz Rölleke lächelt milde. »Darauf antworte ich mal mit Shakespeare: ›*Ripeness is all.*‹ Reife bedeutet, den Tod ins

Leben einzubeziehen und ihn nicht als etwas Fremdes oder Endgültiges zu sehen. Am Ende schneidet er uns zwar vom Leben ab, doch wir hatten Gelegenheit, Frucht zu bringen.«

Hinter ihm tanzen die Blätterschatten. Ich drehe mich und schaue mir im Garten das Original an, das von Sonnenstrahlen besprenkelt wird. Vor ein paar Jahren habe ich Nüsse von diesem Baum geschenkt bekommen. In der Tüte lag ein Zettel mit dem Hinweis, ein Walnusskern sei das winzige Abbild eines Menschengehirns. Ich frage mich, ob es Früchte gibt, die der Seele ähneln, die eventuell leichter zu reifen lernt als der Verstand. Vor allem, wenn man daran glaubt, dass die Seele unsterblich ist. Jetzt Prinzessin sein und einen Wunsch frei haben … Nur, in was möchte ich einmal transformiert werden …? Keine Ahnung. Schwere Frage. Und welche Form hätten wohl Seelenfrüchte?

»Im Märchen spielen die Heldfiguren den reversiblen Gang durch den Tod einmal durch«, fährt Heinz Rölleke fort. »Dabei merken sie überhaupt nicht, dass sie tot sind. Je nach ihrem Reifegrad handeln sie instinktiv. Es geht nie um die ihnen zugeschriebenen Charaktereigenschaften, nicht darum, wie schlau, faul, fleißig oder schön sie sind. Es geht ausschließlich darum, wie reif sie sind und wie sie sich bewähren bei ihrer Prüfung.«

Als Heinz Rölleke Wasser in unsere Gläser nachgießt, mischen sich ein paar reflektierende Lichtfunken zwischen die Schatten.

»Interessant ist ja, Märchenfiguren sind immer zwischen zwölf und fünfzehn Jahre alt. Immer.« Während er spricht, schiebt er mir das funkelnde Wasser zu. »Sie altern auch nicht und ihr Reifeprozess hat keine zeitliche Entwicklung. In einem Augenblick wird der Urknall der Reife erzählt und als Ereignis in Bildern auseinandergezogen. Das Paradoxe daran ist, dass dieser Urknall immer im Totenreich stattfindet. Und die Abstrusität ist weiterhin, dass der Held sich hinterher nicht mehr daran erinnert.«

Winzigen Springbrunnen gleich prickelt in meinem Glas die Kohlesäure auf der Oberfläche. Es fällt mir schwer, mich von dem hübschen Anblick loszureißen und mich wieder ganz auf den Tod zu konzentrieren.

»Märchenhelden sind nämlich vergesslich. Das ist oberstes Gesetz. Sie bringen keine intellektuelle Erkenntnis aus dem Totenreich mit. Niemals. Auf ganz natürliche Weise erleben sie das eigene Sterben, als wäre es nichts Besonderes. Märchenhelden fangen immer wieder bei Null an, sie können nicht aus Erfahrung lernen. Das ist ihr Manko, aber auch ihre Chance.«

Mir kommt Marc Müller in den Sinn, den ich im Januar traf. Dieser Gesichtspunkt wirft ein vollkommen anderes Licht auf seinen Tod, an den er sich nicht erinnern kann. Bei nächster Gelegenheit muss ich ihm davon erzählen.

»Zu denken, bei Märchenhelden handele es sich um Kinder, ist also falsch. Denn für ein Kind mit fünf, sechs oder sieben, sind das keine Probleme. Vor allem ist es Unsinn, dass ein Kind am nächsten Tag heiratet. Dornröschen ist eine heranreifende Frau. Die schläft sich in ihre Reife hinein.«

»Die Pubertät verschlafen! Hätte ich das mal früher gewusst.«

Heinz Rölleke lacht, dann schüttelt er den Kopf.

»Leider ist sie die Einzige, der es so einfach gemacht wird. Das Grundmuster des Märchens sieht nämlich immer eine Prüfung vor.« Vergnügt reibt er sich die Hände. »Das spielen wir jetzt mal an *Frau Holle* durch: Das fälschlicherweise immer Goldmarie genannte Mädchen – so heißt sie nur bei Bechstein, das ist ein völlig anderes Märchen, bei den Grimms ist sie einfach nur das Mädchen – kann schon gut spinnen. Symbolisch kann sie mit ihrem Lebensfaden umgehen. Wenn eine Frau aus unteren Schichten früher heiraten wollte, war eine der Grundvoraussetzungen, dass sie spinnen konnte, sonst erfror die Familie im Winter. Ihre Finger und die Spule sind vom vielen Spinnen blutig. Tiefenpsychologen deuten die Spule natürlich als Phallussymbol. Das ist vielleicht etwas übertrieben, aber das Menstruationsblut kann man durchaus ins Spiel bringen. Ihre Reifezeit beginnt in diesem Moment. Jetzt kommt der plötzliche Knockdown. Sie muss der Spindel hinterher in den Brunnen springen. Das tut sie natürlich nicht freiwillig. Keiner verlässt freiwillig die Kindheit. Das ist ja anstrengend. Das Mädchen wird in eine neue Lebensform gezwungen. Beim Sprung verliert sie das Bewusstsein und wird in der Unterwelt, hier dem germanischen Totenreich, wach.«

Heinz Rölleke beugt sich vor. Seine Augen funkeln.

»Ist Ihnen schon mal aufgefallen: In diesen Anderswelten ist nie ein anderer Mensch!« Ich zucke mit den Schultern. Er wartet keine Antwort ab. »Den christlichen Himmel stellen wir uns doch immer bevölkert vor mit ein paar frommen Menschen, unseren Vorfahren oder toten Zeitgenossen. Im Märchen ist da aber nie einer. Nie. Der Märchenheld ist immer ganz allein.«

Irgendwas in meiner Brust zieht sich zusammen. Unwillkommen wollen meine Gedanken wieder abschweifen. Ich zwinge mich zuzuhören.

»Jetzt kommen die Prüfungen auf das Mädchen zu, ohne dass sie sich dessen bewusst ist. Das Brot schreit. Ohne Weiteres zieht sie es heraus, als ob nichts wäre. Vom Apfelbaum schüttelt sie souverän die reifen Äpfel ab und verwahrt sie, wie sich das gehört. Sie kann also mit dem praktischen Leben, Vorratshaltung, Ernährung der Familie umgehen. Das ist die erste Stufe ihrer Prüfung. Bei der zweiten geht es symbolisch um die eigentliche Reife, die der Persönlichkeit. Der Apfel ist ein erster Hinweis. Botanisch gesehen ist er als Frucht reif für den Tod. Durch ordentliche Verwahrung kann er den Winter ›überleben‹ und sein Leben weiterleben für die Menschen, die ihn essen. Auch diese Stufe beherrscht das Mädchen. Jetzt kommt das Entscheidende, das Dritte. Im Märchen ist das Dritte immer das Wichtigste. Das Mädchen trifft auf Frau Holle. Die weist sie in ihren eigenen Haushalt ein, wobei das Wichtigste das Bettenschütteln ist.«

Ich erfahre, dass Frau Holle sowohl für die Hölle steht als auch für ›Helm‹ und alles, was mit dem Verhüllen zu tun hat. Im germanischen Volksglauben gilt sie als Bewahrerin der Verstorbenen, als Totengöttin und Totenrichterin, ebenso als die große Mutter. Daher ist das Bild des Bettenschüttelns mythisch aufgeladen. Physikalisch gesehen fällt der Schnee in der Natur von oben. Sinnbildlich fällt er vom Himmel herab. Im Märchen *Frau Holle* kommt er paradoxerweise aus der Unterwelt heraufgewirbelt.

»Schon bei den alten Griechen stammte der Schnee aus dem Totenreich. Da denkt keiner drüber nach«, Heinz Rölleke ist in seinem Element.

»Wenn Sie mir das so erklären, ist es ziemlich offensichtlich. Warum, meinen Sie, denkt keiner darüber nach?«

»Weil es bei den Grimms als biedermeierliche Idyllenszene mit Butzenscheiben und karierter Bettdecke und Tralala überspielt wurde. Dabei erzählt dieses hochmythologische Bild vom Tod.«

»Ist eigentlich ein schönes Bild«, überlege ich. Der Tod muss ja nicht immer dunkel sein. Die Schatten vom Laub an der Wand kommen mir auch nicht mehr so dunkel vor. Ist eine Frage, worauf man sich konzentriert. Die Ränder der Schatten sind nicht schwarz umrissen, das Dunkel franst ins Helle hinein. Eine Zeitlang betrachten wir die veränderlichen Lichtverhältnisse.

»Kommen wir zum nächsten Symbol: das Bett. Es steht natürlich für das Ehebett. Von Frau Holle«, er legt eine Kunstpause ein, »wohlgemerkt, der Totenrichterin, muss das Mädchen lernen, wie Kinder gezeugt werden. Es ist der Höhepunkt der Prüfung.«

»Die sie anstandslos besteht.«

»Das tut sie. Wochenlang schüttelt sie die Kissen zur höchsten Zufriedenheit von Frau Holle. Es könnte immer so weitergehen. Aber dann sagt das Mädchen: ›*Ich hab den Jammer nach Hause kriegt.*‹ Es gefällt der Frau Holle, dass sie Heimweh hat. Sie ist nun reif geworden. Sie wird entlassen. Nie bleibt ein Held im Jenseits, sie kommen alle immer zurück. Das Mädchen kriegt ihre Goldladung und das heißt symbolisch: Du bist innerlich total in Ordnung.«

Er genehmigt sich einen Schluck Mineralwasser.

»Leider bricht ihr Handlungsstrang hier ab. Eigentlich müsste sie ihren Prinzen kriegen, was immer die Vollendung für Mädchen ist. Den können wir uns ohne Weiteres dazudenken, zumal der Hahn – kein Huhn, keine Henne, da kann man auch das Gras wachsen hören – als Prinzersatz dient. Ein männliches Wesen attestiert: Ja, du bist perfekt. ›*Kikeriki unsere goldene Jungfrau ist wieder hie.*‹ Sie hat ihren Tod überstanden und ist reif zur Heirat.«

»Bei ihrer Stiefschwester scheint demnach ein Schicksal als alte Jungfer vorprogrammiert«, überlege ich. »Sie ist bei allen Prüfungen durchgefallen, obwohl sie eine genaue Gebrauchsanweisung erhalten hat.«

Zustimmend nickt Heinz Rölleke. »Darum kräht der Hahn ›*unsere schmutzige Jungfrau ist wieder hie*‹. Die Stiefschwester will natürlich bleiben, was sie von Anfang an ist. Sie will sozusagen ewig leben. So eine kann man in der Gesellschaft nicht gebrauchen. Das Märchen sagt also: Wenn du durch die Prüfung lernst, was sterben heißt, dann hast du dein eigenes Sterben anerkannt. Ziel des Lebens ist es, den eigenen Tod ins Leben zu integrieren.«

Wir werden vom Klingeln des Telefons unterbrochen. Der Anruf ist kurz. Mit einem Ausdruck der Verwunderung legt Heinz Rölleke den Hörer beiseite. »Wenn das kein Zufall ist. Da unterhalten wir uns über den Tod«, er tippt aufs Telefon neben sich, »und da klingelt er an. C'est la vie!« Seine Nachbarin, zuständig fürs Blumengießen und die Post, wenn er auf Vortragsreisen ist, teilte ihm mit, ein Verwandter sei gestorben, daher könne sie nicht vorbeischauen, wenn er ab übermorgen unterwegs sein wird. Meine Verblüffung über derartige Synchronizitäten, die nichts mit selektiver Wahrnehmung zu tun haben, sondern tatsächlich wie aus heiterem Himmel geschehen, hält sich mittlerweile in Grenzen. Seit ich mein Jahr mit dem Tod verbringe und bereits ein halbes Jahr hinter mir habe, hat sich ein gewisser Gewöhnungseffekt eingestellt.

»Der Weg zur Reife ist so verschieden, wie die Menschen verschieden sind«, nimmt Heinz Rölleke den Faden wieder auf. »Für mindestens ein Dutzend Märchentypen wird ein differenzierter Weg angeboten. Und für jeden Menschentypen ist das Passende dabei. Nehmen wir *Frau Holle*: Hier wird die Aktive gefordert. Die Faule dient nur als kontrastierende Bestätigung und ist daher sekundär. Das fleißige Mädchen soll auf einer tieferen Ebene den Sinn der Sache erkennen, den Kreislauf der Natur: leben und arbeiten, Kinder zeugen, sterben. Der Gegenpol ist die Superpassive. Das ist Dornröschen. Die macht überhaupt nichts außer neugierig sein an ihrem fünfzehnten Geburtstag. Ganz alleine streift die einsame Figur durchs Schloss, findet die Spindel, sticht sich, fällt in einen Schlaf. Nach hundert Jahren ist sie plötzlich reif. Das ist ein Märchen für den Typ, der sich in der Pubertät zurückzieht und genau wie alle anderen die Welt nicht mehr versteht, weil alles anders geworden ist. Dieser Typ wird meistens aus der Isolation herausgeholt durch das erste Liebesverhältnis. Mit dem Kuss des Prinzen ist auf einmal neues Leben da.«

Die unterschiedlichsten Erinnerungen gehen mir durch den Kopf. Ganz eindeutig war ich früher neugierig, bin es noch immer, allerdings war ich nicht superpassiv, dummerweise aber auch nicht aktiv. Ich war so ein Zwischending. Während ich dem Professor zuhöre und nichts forcieren möchte, hoffe ich, dass er, rein zufällig, den für mich passenden Märchentyp interpretiert. Ihn danach zu fragen, käme mir etwas albern vor. Als hätte er meine Gedanken gelesen, fragt Heinz Rölleke, ob mich der Reifeprozess von Schneewittchen interessiert.

»Bei Schneewittchen ist es ganz kompliziert mit der Reife. Sie braucht nämlich mehr als eine Prüfung.«

Oh je, denke ich, das klingt nach Arbeit. Ich glaube, ich möchte nicht der Schneewittchentyp sein.

»Nachdem sie alleine eine Weile im Wald herumirrt, kommt sie wo hin?« Prüfend schaut er mich an.

»Ins Zwergenhaus«, sage ich schnell, und er nickt.

»Die Zwerge sind Totengeister oder Totendämonen. Sie benehmen sich ähnlich wie Frau Holle. Nachdem Schneewittchen die ihr gestellten sieben Aufgaben zu ihrer höchsten Zufriedenheit erledigt hat, leben sie glücklich mit ihr. Den Zwergen nach könnte es sicher ewig so weitergehen. Doch kein Märchenheld darf im Jenseits bleiben. Es braucht also etwas von außen, das den Zustand ändert.«

»Die Stiefmutter.«

Wieder nickt er. »Richtig. Trotz der Warnung der Zwerge, lass niemanden ins Haus, öffnet sie ihrer Stiefmutter. Als Hexe ist sie die dämonische Gegenkraft zu den Zwergen. Sie erwischt das Mädchen bei ihrer Eitelkeit, ihrer Neugier und ihrer Genusssucht. Dreimal verletzt Schneewittchen das Gebot der Totendämonen eklatant, obwohl sie jedes Mal die Chance hätte, nein zu sagen. Aber Märchenfiguren können nicht denken. Schneewittchen kann zwar hauswirtschaften, versagt aber bei der wahren Prüfung. Sie lässt sich verführen, versagt und stirbt.«

Schneewittchen bin ich schon mal nicht. Mir fällt ein Stein von Herzen, denn dieses Märchen mochte ich noch nie leiden. Dieses um Hilfe jammernde Schneewittchen, so folgsam und lieb und doof. Erkennt nicht mal die eigene Stiefmutter. Trotz Verkleidung und Schminke habe ich jedes Mal erkannt, wer den Weihnachtsmann im Kindergarten gespielt hat. Stimme und Geruch verraten das.

Da war der Kreide fressende Wolf bei den sieben Geißlein schon cleverer.

»Jetzt wird's hochinteressant«, Heinz Rölleke hebt den Finger. »Die Zwerge als Totenrichter wissen nun nicht, was sie machen sollen.«

»Vielleicht, weil Schneewittchen nur halbreif ist.«

Er runzelt die Stirn. »Könnte man sagen. Deshalb können die Zwerge auch keine Entscheidung treffen, obwohl sie anstünde. Sie legen sie daher in einen Glassarg, einen isolierten Raum, denn ihre Zeit im Totenreich ist endgültig vorbei. Ich sage immer: Die schriftliche Prüfung besteht Schneewittchen mit Eins, und damit ist sie heiratsfähig, ab ins Leben. Beim Mündlichen rasselt sie durch, Sechs, setzen, hat keinen Zweck. Im Glassarg bekommt sie die dritte Chance, die Dornröschenprüfung: schlafen, geduldig schlafen, bis der Prinz kommt.«

»Sagten Sie nicht, Märchenfiguren sind immer allein und begegnen nie einem anderen Menschen im Jenseits? Wieso darf der Prinz ins Totenreich? Und braucht nicht mal Prüfungen zu bestehen. Das scheint mir ziemlich ungerecht.«

Bevor er antwortet, streicht er eine Falte im Tischtuch glatt. »Wenn Sie den Text aufmerksam lesen, sehen Sie, dass der Sarg genau auf der Grenze zwischen Diesseits und Jenseits steht. Der Prinz reitet von der Lebensseite heran.«

Nachdenklich hält er inne und schaut mir über die Schulter. Hinter mir im Garten steht der Walnussbaum. Während er das Original betrachtet, sehe ich den Schatten. Und dann wird mir plötzlich bewusst, dass wir uns im Wintergarten befinden – ein isolierter Raum aus Glas. Wir reden eine Weile nicht, sitzen ruhig da. Bevor Heinz Rölleke weiterspricht, steht er auf und öffnet die Tür zum Garten, um frische Luft hereinzulassen.

»Was mir nun sehr am Herzen liegt, ist das Alleinsein im Jenseits. Es erinnert mich immer an Rilkes Malte Lauritz Brigge: ›*Im Meer der Stadt sind alle Menschen ununterscheid-*

bar.‹ Gemeint ist: Jeder ist wie der andere. Alle Dinge laufen gleich ab. Die Bedingungen sind gleich. Nur das Sterben nicht. Geburt geht nur zu zweit. Im Sterben ist jeder einzeln. Der Tod ist der *›je meinige‹*, hat Heidegger das mal formuliert. Also, ich kann mich in fast allen Dingen ersetzen lassen, aber nicht im Sterben. Da muss der Mensch wirklich ganz alleine durch. Man kann sich helfen lassen, aber es kann einem keiner abnehmen. Du musst ganz alleine gehen. Für Märchenhelden ist die Todeserfahrung auch die *›je meinige‹*. Jede Figur hat ihren eigenen Himmel, ihre eigene Hölle, ihr eignes Totenreich. Meins! Jede erlebt es individuell mit eigenen Augen.«

Inzwischen ist es später Vormittag. Es ist wärmer geworden. Wir haben den Ort gewechselt und spazieren durch den Garten. Ich erzähle, dass mich als Kind *Der Gevatter Tod* sehr beeindruckt hat. Ich besaß eine Schallplatte. Was auf der A-Seite war, erinnere ich nicht mehr, weil ich nur die B-Seite gehört habe. Immer wieder *Der Gevatter Tod*. Darin kamen weder Zauberer noch Feen, Nixen oder sonstige märchenhaften Wesen vor. Ich mochte, dass es so realistisch war. Der Tod persönlich war der Patenonkel des Helden, was ich gar nicht begreifen konnte. Der Vater hatte die freie Wahl zwischen Gott und Tod als Paten für seinen Sohn. Was für ein Vater!? Meiner Meinung nach entschied er sich eindeutig für den Falschen. Obwohl sich auch in diesem Märchen vornehmlich alles ums Reifwerden dreht, habe ich den Eindruck, da steckt noch was Anderes dahinter. Offensichtlich hatte ich bereits als Kind nicht nur eine gewisse Affinität zum Tod, sondern spürte wohl gleichzeitig etwas, das darüber hinauswies oder in tieferen Schichten verborgen lag. Etwas, das ich nicht fassen konnte und bis heute nicht kann und das mich auf die Suche schickt.

»Um den *Gevatter Tod* zu verstehen, braucht es etwas Vorwissen«, sagt der Professor und zupft im Vorbeigehen ein trockenes Blatt von der Hecke. »Historisch oder entwicklungsgeschichtlich gesehen war der Tod bis ins 14./15. Jahrhundert für die Menschen etwas Allgemeines. Stichwort Ameise. Stirbt der Bauer, steht der Sohn schon parat, um den Hof zu übernehmen. Die Ernte wird in derselben Stunde eingeholt. Das war über Generationen hinfort so. Dann kommt die Renaissance und mit ihr der Kampf gegen den Tod.«

Das überrascht mich wirklich. »Ich kann gar nicht glauben, dass die Menschen in all den Jahrtausenden davor nicht gegen den Tod angekämpft haben.«

»Doch, doch. Erst in der Frührenaissance hat man sich als Individuum entdeckt. Davor begriffen sich die Leute als Typen, als Bauer, Mönch und so weiter, allesamt ersetzlich. Gott und der Himmel standen im Mittelpunkt ihres Weltbildes. Aber nun sagt der Mensch: Ich bin individuell. Individuum est ineffabile. Der Mensch ist unwiederholbar. Wenn das so ist, haben sich die Philosophen und Ärzte gedacht, müssen wir gegen den Tod angehen. Es ist unverantwortlich, dass ich oder du einfach weg sind. Also legen sich die Ärzte ins Zeug, entwickeln neue Behandlungsmethoden und garantieren sozusagen, naja, ewiges Leben vielleicht nicht, aber da wollen sie hin.«

Der Held in *Der Gevatter Tod* ist Arzt. Auch er will seine Patienten nicht sterben lassen. Nachdem nun sein Vater sich für den, nach meinem Dafürhalten, falschen Patenonkel entschieden hat, macht der Tod mit dem Arzt einen Deal: Wenn ich am Kopf des Kranken stehe, ist er geliefert, wenn ich am Fußende stehe, kannst du ihn heilen. Als der Arzt zum König gerufen wird, steht der Tod dummerweise am Kopfende. Kurzerhand dreht der Arzt das Bett um. Er bekämpft also den Tod mit einem Trick. Doch der Tod steht zu seinem Wort und verschont den König. Beim zweiten Toten allerdings, als der Arzt wieder trickst, ist er selber dran. Am Ende nimmt der Tod ihn mit ins Jenseits, wo er ihm die Lebenskerzen der Menschen zeigt.

»Seine eigene Kerze ist bis auf einen Rest heruntergebrannt. Ein unvergessenes Bild …« Heinz Rölleke hält inne und schaut zum Haus hinüber. Inzwischen ist der Schatten vom Baum über das Dach des Wintergartens gewandert. Mit einer einladenden Armbewegung weist er uns den Weg zurück. Langsam gehen wir nebeneinander her über den Rasen.

»Im Grunde«, fährt er mit sonorer Stimme fort, «ist das kein echtes Märchen, denn der Held wird nicht reif und ist am Ende tot, irreversibel. Und wir wissen ja, echte Märchenhelden sterben nicht. Obwohl der Arzt an tausend Sterbebetten gerufen wird, lernt er nicht, den Tod als Teil des Lebens anzuerkennen. In diesem Text wird den Ärzten vorgeworfen, dass sie trotz ihres Wissens, ob ein Kranker sterben muss oder nicht, weiter rumexperimentieren. Sehen Sie: Bei der alten Medizinausbildung im 11. und 12. Jahrhundert in Süditalien, vor allem in Salerno, wo es die ersten Fakultäten gab, lernten die angehenden Ärzte zu allererst nicht, wie man Menschen heilt.

»Nein?«, frage ich verblüfft.

»Nein. Viel wichtiger war es, die ›signa mortis‹, die Zeichen eines baldigen Todes, zu erkennen. Früher wurden die Ärzte ja nicht wegen jeder Bagatelle ans Bett gerufen, aber wenn, war es meistens sehr ernst. Der Arzt musste diagnostizieren können, ob der Betreffende durchkommen würde oder nicht. Das verlangten die Leute auch von ihm. Der Sterbende verlangte es von ihm. Er wollte wirklich wissen, wie viel Zeit ihm blieb. Letztlich entschied der Arzt: Junge, bei dir ist keine Heilung mehr möglich, bereite dich auf deinen Tod vor, mach dein Testament. Anschließend konzentrierte er sich auf Patienten, denen er noch helfen konnte, und vergeudete seine Kunst nicht. Das war weise, sehr, sehr weise. Soweit man nachlesen kann, sind die Leute damals ganz sanftmütig ins Sterbehospital gezogen. Es sei denn, sie wollten zu Hause sterben. Im Sterbehospital, gewöhnlich befand es sich vor der Stadtmauer, lebten sie unter lauter Sterbenden. An den Wänden hingen Heiligen- oder Meditationsbilder, aus denen sie ihren Trost ziehen konnten. Der Priester war ständig da. Es fanden Gottesdienste statt. Der Arzt kam nur, um Schmerzen zu lindern.«

Ich überlege, ob eine mittelalterliche Einstellung zum Leben und zum Tod zu mehr Zufriedenheit und Leichtigkeit beitragen könnte.

Heinz Rölleke sieht das differenziert. »Der Tod war für das Mittelalter der Sinn des Lebens. Ganz ähnlich wie im Märchen, man wurde reif für den Tod. Reif sein hieß damals, ein christliches Leben geführt zu haben, damit man in dem Moment, wenn der Sensenmann dasteht, gewappnet ist und in den Himmel fahren kann. Deshalb war das Schlimmste ein unvorhergesehener Tod. Sobald sie merkten, es geht ans Sterben, wollten sich die Leute in ihren letzten Tagen auf dieses entscheidende Ereignis des Lebens gut vorbereiten«, plötzlich lacht er auf, »ja, paradoxerweise ist es ein Lebensereignis. Damals haben sie sich mit dem Tod besser abgefunden und in meinen Augen vernünftigere Konsequenzen gezogen als es die meisten heute tun.«

»Kennen Sie ein Beispiel, wie man sinnvoll und konsequent mit dem Sterben umgehen kann?«

»Nicht aus der Zeit des Mittelalters.« Er lässt seinen Blick schweifen und geht dann bedächtig die wenigen Stufen zum Wintergarten hinauf. Wir nehmen dieselben Plätze ein wie vorher. Er schenkt Wasser nach und bleibt mit den Augen an den Kohlesäureperlen, die im Glas aufsteigen, hängen.

»Ja«, sagt er und klatscht in die Hände. »Theodor Storm fällt mir dazu ein. Das ist eine schöne Geschichte. Nach langem Zögern ließ sich Storm untersuchen. Er hatte hochgradig Krebs. Vor der Untersuchung hatte ihn der Arzt gefragt, ob er die Wahrheit wissen wolle. Natürlich, sagte Storm, ich bin ein Mann, ich kann mit den Dingen umgehen. Als er dann aber sein Todesurteil hörte, hatte er sofort einen totalen Zusammenbruch. Ein Nihilist, wie er im Buche stand, der Storm. Nun hatte er keinen Halt mehr im Leben. Sein Sohn, der ebenfalls Arzt war, hat daraufhin an seinem Totenbett ein Scheinkonsilium einberufen. Fünf, sechs Ärzte untersuchten den alten Storm erneut. Was taten sie wohl?«

Fragend schaut er mich an. Ich hebe die Schultern.

»Keine Ahnung. Sie verabreichten ihm Medizin? Drogen? Was Berauschendes, damit er es nicht so schwer nimmt?«

Der Professor funkelt mit den Augen. »Viel besser! Sie behaupteten, sie hätten sich wohl vertan, es wäre nicht so dramatisch. Er hätte noch einige Jahre zu leben.« Begeistert klatscht Heinz Rölleke noch einmal in die Hände. »Da lebte Freund Storm wieder auf und schrieb seinen Schimmelreiter.«

»Man hat ihn beschwindelt?«

»Beschwindeln ist *die* Medizin für Atheisten. Ich meine das nicht despektierlich und ohne Aversionen. Offenbar kann man typischen Atheisten nur so helfen.«

»Würden Sie beschwindelt werden wol ...?«

Er wartet nicht das Ende meiner Frage ab. »Ich will gar nichts. Ich will in diesen Dingen keine Auskunft haben. Was habe ich denn davon? Da denke ich mal ganz egoistisch. Mit einer Krebsdiagnose wäre ich wahrscheinlich auch etwas daneben. Ich kann so was sehr schlecht ab. Vor ein paar Jahren hatte ich mal Verdacht auf Krebs. Bis das Ergebnis kam, dauerte es. Diese sieben Tage der Ungewissheit will ich nicht noch einmal erleben. Es war grauenhaft. Ich möchte jetzt, wo ich über achtzig bin, auf kein Urteil mehr warten müssen, wenn eine entnommene Gewebsprobe eingeschickt würde. Wenn es so sein soll, soll man mir in Gottes Namen Schmerzmittel geben und eine humane Sterbebegleitung. Das würde ich mir als einziges wünschen. Ich würde nicht mehr dagegen angehen.«

»Was ich bisher von Ihnen gelernt habe, dürfte eine interessante Auskunft geben über Ihr eigenes Verhältnis zur Reife.

Verraten Sie mir, welches Ihr Lieblingsmärchen ist?« In dem Moment, wo ich spreche, merke ich, dass es vielleicht eine zu persönliche Frage ist, doch ich kann nicht anders. Seine offene Art lädt mich ein.

»Aber nicht, dass Sie das gegen mich verwenden«, sagt er humorvoll und lüpft eine Augenbraue. »*Rumpelstilzchen*.«

»Aha«, sage ich etwas altklug, »das stirbt aber, das Rumpelstilzchen. Sie mögen Märchen, in denen die Bösen bestraft werden.«

»Das ist nebensächlich. Ich mag es wegen der Hauptfigur. Das ist die Müllerstocher und spätere Königin. Die ist auch so gut wie tot, denn der König droht vor der ersten Prüfung damit, ihr den Kopf abzuhauen, wenn sie das Stroh nicht zu Gold spinnen kann. Das muss man ernst nehmen. Ganz klassisch ist auch die Müllerin völlig isoliert in der Kammer, die eine Art Jenseitsbereich symbolisiert, wo sie mit einem jenseitigen Dämon, dem Rumpelstilzchen, in Verbindung kommt. Die Müllerin ist völlig apathisch. Während der Totendämon ihre Aufgaben erfüllt, bleibt sie extrem passiv. Stattdessen weint sie nur. Im Grunde bedeutet das, dass sie ihre Prüfung nicht bestanden hat.«

Der Professor schaut mich an. »Das Weinen ist allerdings instinktiv richtig. Wenn Märchenfiguren keinen Ausweg wissen, setzen sie sich immer hin und weinen. Ist Ihnen schon mal aufgefallen, dass sie dabei immer sitzen?«

Ich muss gestehen, obwohl ich mir einbilde, eine aufmerksame Märchenleserin zu sein, habe ich mir noch nie Gedanken über die Körperhaltung von Märchenpersonal gemacht. Heinz Rölleke erklärt mir, dass Figuren im Märchen nie im Stehen weinen. Sie nehmen immer die Säuglingshaltung ein. Verirrt sich eine im Wald, lehnt sie sich nie an einen Baumstamm zum Weinen, nein, sie setzt sich hilflos auf einen Baumstumpf. Verliert sie ihre goldene Kugel, sinkt sie zum Weinen auf den Brunnenrand. Und dann kommt immer einer vorbei, der Hilfe anbietet. Immer. Ein Guter, ein Böser, ein Mensch, ein sprechendes Tier, völlig egal, Hauptsache es kommt einer, genau wie bei hilflosen, brüllenden Säuglingen Mutter oder Vater herbeieilen. Weinen ist immer zweckgebunden und hat einen Effekt. Im Märchen sagt keiner ›Heul' doch!‹. Im Märchen eilen sie dir zu Hilfe. Da wünscht man sich doch ein bisschen mehr Märchen im Leben.

»Unter den Märchentypen nimmt die Müllerin eine Sonderstellung ein«, holt mich der Professor aus meinen Wunschgedanken zurück. »Sie ist zwar anfangs inaktiv wie Dornröschen, doch anstatt sich völlig aus dem Leben zu schlafen, weint sie immerhin. Im zweiten Teil wird sie aktiv. Zuerst versucht sie, die Namen vom Rumpelstilzchen zu erraten, und dann kommt der entscheidende Satz *›da schickte sie Boten aus‹*. Das ist ihre Aktivität, mehr verlangt das Märchen nicht, und schwupps, wird ihr geholfen, denn jetzt ist sie reif.«

»Deswegen mögen Sie es so sehr? Weil ein einmaliges richtiges Handeln sogleich positive Konsequenzen hat?«

Er wiegt den Kopf. »Auch. Sehen Sie, in diesem Märchen stimmt alles so schön. Wenn die Müllerin in ihrem Schneckenhaus geblieben wäre, hätte sie ihr Kind nicht behalten dürfen. Sie hatte natürlich längt vergessen, dass sie dem Dämon ihr Versprechen gegeben hatte. Sonst hätte sie ihr Kind nach der Geburt doch sofort versteckt oder wäre verreist, um es zu schützen. Doch sie ist völlig perplex, als der Kerl plötzlich wieder vor ihr steht. Aber nun beginnt sie erstmals aus eigener Kraft, seinen Namen zu erraten. Danach erst hat sie die geniale Idee, wohlgemerkt als Königin, sie könnte sich Hilfe holen. Dieser Typ benötigt Hilfe von außen, um zu seiner Reife zu gelangen. Die meisten anderen Figuren bewerkstelligen es alleine.«

Für einen Moment scheint es, als schweiften seine Gedanken ab, als er über meine Schulter hinweg seinen Blick durch den Garten wandern lässt. Irgendwo in der Hecke, das habe ich vorhin bei unserem kleinen Spaziergang entdeckt, hängt ein Vogelhäuschen. Vielleicht sollte ich wieder anfangen, mehr Märchen zu lesen. Nicht, weil ich mich in meine Kindheit zurücksehne, wo ich mich aufgehoben und sicher fühlte, wenn mir jemand eine Geschichte vorlas, vielmehr weil Märchen hintergründige Ratschläge erteilen könnten. Ich weiß nicht mehr, wer es gesagt hat, mit einem Mal steigt dieser Satz wie eine Blase in mir auf: Was man am meisten braucht, lehnt man am stärksten ab. Sich helfen lassen muss man nicht nur lernen, sondern auch zulassen können, denke ich. Sicher wäre es etwas überkandidelt, den Märchen eine derart magische Wirkung zukommen zu lassen, dass sie uns Antworten geben könnten, was uns womöglich fehlen könnte. Aber schaden würde es nicht, das alte Buch aus dem Regal zu nehmen und den Staub wegzupusten.

»Ich mag Rumpelstilzchen aber auch, weil ich wissenschaftlich so viel über den Text herausgekriegt habe, was keiner vor mir erforscht hat.« Heinz Rölleke lehnt sich zurück und legt die Arme entspannt auf die Stuhllehnen. »Das Märchen beginnt mit ›*Es war einmal ein Müller, der war arm, aber er hatte eine schöne Tochter.*‹ Das ist ein Bombensatz für einen ersten Satz in der Literatur. Müller waren nämlich eigentlich Verbrecher und reich. Dann die folgsame, nicht aufmüpfige Tochter. In wenigen Sätzen wird ein ganzes Gesellschaftsbild beschrieben. Interessant ist auch die Frage, wie man einen Dämon loswird. Da spielt die gesamte Dämonologie mit hinein: die Raffinesse des Dialogs zwischen Königin und Rumpelstilzchen. Ihre Emanzipation. Dass man ihn durch Nennung seines Namens beherrscht. Dass Dämonen keine eigenen Kinder bekommen können, keine gesunden jedenfalls, nur Missgeburten, früher nannte man sie Teufelskinder. Dass man sein Schicksal selbst in die Hand nehmen soll. In diesem Märchen steckt ein unglaublicher Themenreichtum. Ist doch toll, was für eine ganze Welt in nur zweieinviertel Seiten steckt.«

Wenn ich es nicht besser wüsste, würde ich jetzt behaupten, die Schatten würden rauschen. Wir unterhalten uns seit mehreren Stunden. Der Schatten des Baumes ist zur Ecke im Wintergarten gewandert und hat sich um den Kaminofen gelegt. Der Rest Asche darin ist weiß. Heinz Rölleke sieht mich erwartungsvoll an. Er scheint keine Müdigkeit zu spüren. Als ich ihn frage, ob er überhaupt noch Lust hat, mir weitere Fragen zu beantworten, fragt er seinerseits, ob das mein Ernst sei. Er könne stundenlang über Märchen erzählen. Und tritt auch sofort den Beweis an.

»Ein Gegenstück zu all den Figuren, die ich bisher genannt habe, ist übrigens in Nummer 4: *Von einem der auszog, das Fürchten zu lernen*. Hier geht es um einen Jungen, der instinktiv spürt, dass ihm etwas fehlt, dass er noch nicht reif ist. Dornröschen, Schneewittchen und das Mädchen bei Frau Holle wissen das ja gar nicht. Wenn man Text Nummer 4 genau betrachtet, so burlesk und schwankhaft und rabiat er ist, läuft alles auf Experimente, bewusste Hinwendungen und Begegnungen mit dem Tod hinaus. Der Junge wünscht sich *›Ach, wenn mir's nur gruselte.‹* Das heißt: Er sucht den Tod. Ohne natürlich zu wissen, was das ist. Völlig ahnungslos und unerschrocken geht er über den Friedhof, trifft auf Geister, kommt nach Haus zurück und behauptet, da war doch nichts. Den Küster, der sich als Totengespenst verkleidet, stößt er die Treppe hinunter. Die Erhängten schneidet er vom Galgen, weil er meint, sie würden da oben frieren. Er merkt gar nicht, dass sie tot sind. Seine drei Nächte im Schloss haben alle mit dem Tod zu tun: Totengeister, Totenkatzen, Totengespenster. Anstatt darauf einzugehen und sich zu fürchten, legt er sich ins Bett und schläft, als sei nichts gewesen.«

»Ziemlich heftiger Bursche.«

»Kann man so sagen«, zwinkert der Professor. »Frappierend ist, als der König wissen will, ob ihm sein Leben gefalle, so als Schlossbesitzer mit seiner Angetrauten, und sich nach der Hochzeitsnacht mit der schönen Prinzessin erkundigt. Der Junge tut das lapidar ab. Er ist viel zu beschäftigt damit, immer noch nicht zu wissen, was Fürchten ist. Pausenlos ist er dem Tod begegnet und hat ihn aber nicht *erlebt*. Im Gegenteil, er schlägt alles tot, was ihm in den Weg kommt.«

»Ist es nicht sehr ungewöhnlich für einen Märchenhelden, dass er den Tod bringt?«

»Könnte man so sagen, ja. Weil er nicht weiß, was Sterben wirklich ist, bleibt er unreif. Darum ist die Ehefrau auch mit Recht höchst unzufrieden mit diesem Mann und jammert es ihrer Magd vor. Die beiden inszenieren einen absurden Weiberspaß. Der Junge bekommt eiskalt Wasser über den Balg. Nun meint er, er hätte es kapiert.«

»Hat er aber nicht. Er ekelt sich nur vor dem Wasser und den Fischen darin.«

»Ja. Er hat ein körperliches Erlebnis, prickelnde Haut, Gänsehaut, aber kein innerliches Erlebnis angesichts des Todes. Er weiß bis zuletzt gar nichts und ist ein gescheiterter Held.« Heinz Rölleke überlegt einen Moment. »Und das ist doch sehr interessant, wie bei den Grimms ein Versuch scheitert. Jetzt gucken wir mal die Urfassung von 1550 an, die steht bei Giovanni Francesco Straparola, praktisch dem ersten Märchensammler Europas. Da heißt der Kerl Flamminio Veraldo. Er verlässt seine Heimat Ostia und zieht in die Welt, um den Tod zu suchen.«

»Macht er das bewusst? Der Junge bei den Grimms ging ja instinktiv los.«

»Nein, Flamminio ist das genaue Gegenteil. Er ist neugierig, er will wissen, was Sterben und Tod sind. Doch er weiß nicht, wo er den Tod suchen soll. Trotzdem macht er sich auf dem Weg und trifft ein altes Mütterchen. Als er ihr erzählt, er suche den Tod, sagt sie, na, das kannst du haben. Sie schneidet ihm den Kopf ab und setzt ihn ihm verkehrt herum wieder auf. Weil ihn das verwirrt, schneidet sie den Kopf wieder ab und setzt ihn richtig herum drauf. So, sagt sie, jetzt weißt du, was der Tod ist. Ich bin nämlich das Leben. Nach diesem Erlebnis will Flamminio nichts mehr vom Tod wissen. Beseelt läuft er davon. Jetzt will er nur noch leben. Leben, leben, leben!«

Wir lächeln einander zu. Und diesmal bin ich es, die Wasser nachschenkt und die Kohlesäure tanzen lässt.

»Ob das Kopfabschneiden eine Prüfung ist, ist allerdings nicht klar«, sinniert Heinz Rölleke. »Bei Straparola wird es sehr schwankhaft erzählt. Doch die Struktur ist dieselbe wie im Märchen: Er erkennt den Tod, indem er dem Leben begegnet ›*das ihn die Angst kennen lehrt und den Tod kosten lässt*‹. Fürchten gehört zum Reifwerden. Ein Mensch, der nicht weiß, was Furcht ist, bleibt dumm. Nietzsche hat gesagt: ›*Der Grad der Furchtsamkeit ist ein Gradmesser der Intelligenz.*‹ Das ist ein bisschen übertrieben. Doch der Reife weiß sein Leben zu führen, der Dumme nicht zur Gänze.«

Es gibt Augenblicke im Leben, da fragt man sich: Was mache ich eigentlich hier? Genauso gut könnte ich woanders sein. Dieser Augenblick zwischen unruhigen Schatten und dem Wissen, dass hinter mir ein Baum vom Wind bewegt wird, und einem freundlichen Blick von Heinz Rölleke, dessen Hände locker ineinander verschränkt auf dem weißen Tischtuch ruhen, ist das Gegenteil. Ich bin genau richtig hier. Meine Angst vor dem Tod ist nicht sinnlos. Ich vergeude keine Zeit, wenn ich mich fürchte. Ich bin auf der Suche. Betrüblicherweise habe ich noch nicht gefunden, wonach ich suche. In mir schlummert noch etwas Angst. Sie ist nicht mehr so aufdringlich wie am Anfang, aber sie ist spürbar. Wäre ich tatsächlich eine Prinzessin, würden harte Prüfungen auf mich warten, zumindest eine. Und ich bin mir vollkommen sicher, das wäre kein simpler Dornröschenschlaf.

In der Dramaturgie gibt es eine einfache Regel: Je stärker der Antagonist, desto stärker wird der Held am Ende der Geschichte sein. Ist es ein äußerer Feind, ist die Sache recht einfach. Der Held gibt ihm eins auf die Mütze und gewinnt den Kampf. Wendet man das auf die Realität an, was für unglaublich starke Helden wir sein müssten! Mitunter ist der Held allerdings sein eigener, ärgster Feind und muss die antagonistischen Kräfte in seinem Inneren bezwingen, um dann zu obsiegen. Wenn man bedenkt, dass sich die Jahrhunderte alten Märchen, die wir seit unserer Kindheit kennen und die vor uns schon in Fleisch und Blut aller Generationen übergegangen sind, sich praktisch körperlich in uns eingeschrieben haben, habe ich die allerbesten Chancen, bald reif fürs Leben zu werden. Ich erwidere das Lächeln meines Gegenübers. Ja, hier bin ich richtig – und auf gar keinem so schlechten Weg. Mein Idyllenherz, mein idyllensüchtiges Herz möchte das so gern glauben.

»Es gibt tausend Schattierungen, wovor man sich fürchten kann«, führt Heinz Rölleke weiter aus, »Märchen, insbesondere Nummer 4, spielen das sehr differenziert seit uralten Zeiten durch. Aber wenn man ganz tief bohrt, ist das Letzte, die letzte Furcht, immer die vor dem Tod.«

Ich hole etwas Luft. Bisher haben wir über Literatur gesprochen. Von Anfang an aber interessierte mich die persönliche Haltung des Professors zum Tod. Wenn ich ihn jetzt nicht frage, wird der Moment verstreichen.

»Sie haben mir ein schönes Stichwort gegeben. Fürchten Sie sich vor dem Tod?«

Auch er holt Luft.

»Manchmal schon. Nicht immer, manchmal schon.« Erneut verliert sich sein Blick hinter mir, womöglich war die Frage zu privat.

»Und was tröstet Sie?«

»Wenn wir alle ehrlich sind, kommen wir alle letztlich nicht mit der Antwort zurecht. Eine Antwort, die für jeden tröstlich wäre, gibt es vielleicht nur für Kinder oder kindliche Gemüter. Nur sagen alle großen Geister seit Erfindung der Intelligenz, so einfach ist das nicht. Mir ist Schiller in diesem

Zusammenhang immer wichtig. In *Die Jungfrau von Orleans* stirbt Talbot in der Schlacht und bedauert, so enden zu müssen, er, der ruhmreiche Feldherr. Dann fasst er sich plötzlich im Sterben und sagt sinngemäß: Ich gebe jetzt der Natur und der Schöpfung die Atome zurück. Meine Einzelheiten lösen sich auf, ›*die sich zu Schmerz und Lust in mir gefügt*‹. Das ist teils rein materialistisch gedacht, teils hoch philosophisch. Talbot meint: In mir haben sich die Atome zu einem Talbot zusammengefügt, und jetzt, im Tode, wer bin ich denn, dass ich mich daran klammere?«

Er hält inne. In Ruhe trinkt er einen Schluck Wasser.

»Also, wenn Sie mich so direkt fragen, ob ich mich fürchte … ja. Es ist das Abschiednehmen vom Gewohnten, das ich fürchte. In den letzten Jahren, vor allem, wenn man die Fünfundsiebzig überschritten hat, denkt man ja doch an den Tod, nolens volens. Zunehmend hänge ich an meinen Büchern und Aufsätzen. Obwohl ich in der Periode davor lange dachte, im Grunde ist es sinnlos, ob ich dies Buch nun lese oder das und da noch 'ne Notiz reinschreibe oder da einen Aufsatz verfasse, den eh keiner liest. Das war meine resignative Stufe. Ich habe trotzdem weitergemacht und bereue es nicht. Und heute entdecke ich in einem Text etwas, das kümmert vielleicht keinen anderen Menschen, aber ich habe es rausgekriegt. Das ist der Sinn der Interpretation: Rauszukriegen, was der liebe Mensch vor zweihundert Jahren eigentlich gemeint hat. Das tröstet mich ungemein. In solchen Augenblicken habe ich eine Idee, ganz instinktiv, von Nahkontinuum, das ewig Strömende. Es fließt so fort und fort … Das ist mir ein Trost. Man ist ein Glied in einer Kette, in meinem Fall sogar in einer sehr schönen, der Literatur, Philosophie und Geisteswissenschaft. Das ist doch wunderbar. Meine Kette einmal zu verlassen, war mir erst ein schlimmes Bild, muss ich schon sagen. All die vielen Tausend Notizen und Zettel in meinen Büchern, die nun angesichts meines Alters nie mehr fruchtbar werden.«

Er öffnet seine Arme, die bisher ruhig auf dem Tisch lagen. »Mein Gott, man müsse noch hundert Jahre leben, um das alles aufzuarbeiten. Und was bleibt, ist der Tod.«

Wieder rauschen die Schatten.

»Das ist die eine Seite.« Ruhig blickt er mich an. »Auf der anderen Seite habe ich das Gefühl, das ist nicht intellektuell, es ist das reine Gefühl, dass alles einen Sinn ergibt und ich in einem Kontinuum stehe. Wie ich das beweisen soll, weiß ich nicht. Das wäre ja auch zu einfach.«

»Wie stellen Sie sich dieses Kontinuum vor?«

»Kraft und Geisteskraft geht nicht verloren«, sagt er mit sonorer Stimme. »Ich bin da ganz vereint mit Goethe, den ich zeitlebens bewundert habe, seiner Dichtung, seines unbedingten Schaffensdrangs und seiner Schaffenskraft wegen, aber auch aufgrund seiner vorbildlichen Pflichterfüllung. Sinngemäß schreibt er: Es ist meine verdammte Pflicht, etwas zu tun. Wenn ich bis zu meinem letzten Tag tätig bin, ist die Natur verpflichtet, mir einen Anschlussvertrag zu geben.«

Und dann höre ich von Heinz Rölleke den wunderbaren Satz: »Die Natur leistet sich keinen Luxus.« Sie verschwende nicht die Energie, die sie einmal in etwas investiert hat. Wir bleiben Energie. In seinem über achtzigjährigen Gesicht ist zu lesen, mit welcher Überzeugung er dem Dichterfürsten Glauben schenkt! *»Mich läßt der Gedanke an den Tod in völliger Ruhe, denn ich habe die feste Überzeugung, daß unser Geist ein Wesen ist von ganz unzerstörbarer Natur: es ist ein fortwirkendes von Ewigkeit zu Ewigkeit. Es ist der Sonne ähnlich, die bloß unseren irdischen Augen unterzugehen scheint, die aber eigentlich nie untergeht, sondern unaufhörlich fortleuchtet.«* Laut Goethe ist der Moment des Todes jener Moment, *»wo die Seele die regenerierende Zentralkraft entlässt, aber nur, um neue Verhältnisse wieder einzugehen, weil sie von Natur unvergänglich ist.«* Für eine wie mich ist das eine wunderbare Vorstellung. Zu gerne wüsste ich, in welche Verhältnisse meine Energiepartikel nach dem Tod eingehen, womit sie sich verbinden und was Neues aus ihnen und also mir entsteht. Vor allem hoffe ich wirklich inbrünstig, dass mein Bewusstsein erhalten bleibt und ich alles mitbekomme.

»Wenn man sich so lange und intensiv mit dem Tod beschäftigt hat wie Sie, braucht man ein Gegengewicht.« Heinz Rölleke nickt. »Wie genießt man in seiner Nähe?«

»Neben leckerem Essen und Trinken, der Musik und der Liebe, meinen Sie?« Vergnügt dreht er sein Wasserglas zwischen den Fingern hin und her. »Wie es in der Bibel heißt, sammelt euch Schätze im Himmel, da verrosten sie nicht. Diesen Spruch kann man auch ins Leben transponieren. Dementsprechend versuche ich, die Ernte meines Lebens einzufahren und sammle geistige Schätze. Ich sage jetzt mal ganz frech, ich bin froh, wie viel ich weiß. Ich habe alles erreicht, was ich wollte und konnte. Wenn ich wüsste, ich müsste in drei Wochen sterben, also, ich würde weiterlesen.«

Durch die Scheibe des Wintergartens schauen wir in sein Haus hinein. Er hat es selbst gebaut. Sämtliche Wände sind tapeziert mit Regalen voller Bücher vom Boden bis zur Decke, selbst im Korridor, ganz so, wie man es klassischerweise bei einem Geisteswissenschaftler erwartet. In den Behaglichkeit ausstrahlenden Räumen, zwischen all den geschriebenen Worten, würde es mir nicht schwer fallen, mich beheimatet zu fühlen, und ich meine, erahnen zu können, wovon er spricht, und das inspiriert.

Dann schaut er mich direkt an und kommt auf Goethe zurück: »Vollkommener Genuss entsteht erst beim Amalgamieren.« Für die Erklärung nimmt er etwas Anlauf und senkt die Stimme. »Es bedeutet, durchlässig werden in einem Moment und sich innerlich etwas anzuverwandeln und damit wahrlich zu verschmelzen.«

Amalgamieren ist neu für mich. »Wie geht das?«, will ich wissen. »Kann man das lernen?«

Der Professor schüttelt den Kopf. »Das kann man nicht herstellen. Es widerfährt einem. Es ist Gnade.«

Gespannt lausche ich, wie er einen Verschmelzungsmoment seines Lebens schildert: als er in Rom zum ersten Mal ein Bild von Caravaggio betrachtete.

»Es durchzuckte mich bis in die Zehenspitzen und ging mir durch und durch. Wie die Madonna ihr Jesuskind hält, ihren Fuß auf den Schlangenkopf stellt und er seinen kleinen Fuß auf ihren, seine Mimik, unglaublich, der gesamte Eindruck, wie es gemalt ist … ich kann es nicht beschreiben.«

Seine Hand legt sich auf seine Brust, es ist eine unwillkürliche Bewegung des Armes. Längere Zeit sagen wir nichts. Sein Blick schweift umher, bleibt an meinem Mitbringsel hängen, zwei Röschen, eins weiß, eins rosablühend. Schneeweißchen und Rosenrot habe ich gesagt, als ich sie aus dem Floristenpapier wickelte und auf den Tisch stellte. Märchenrosen für einen Märchenprofessor hielt ich für eine pfiffige Geschenkidee. Und er hat gesagt: »Man bekommt ja immer mal Blumen von Leuten geschenkt, aber die von Frau Fink, die halten.« Hinter der Glaswand des Wintergartens, im Gras, wo der Schatten vom Walnussbaum endet, wachsen gelbe Blumen. Mein Mitbringsel vom letzten Besuch. Ihren Namen habe ich vergessen.

Auf dem Nachhauseweg überlege ich, ob es mir gelingen würde, die außergewöhnlichen Momente, die amalgamierenden Momente meines Lebens, zu wiederholen. Diese Momente sind flüchtig. Vielleicht, wenn ich noch einmal in das Meeresglühen, das ich einmal erlebt habe, hineinwate und bis zu den Schultern eintauche und wieder spüre, wie alles in mir fluoresziert und ich davon überzeugt bin, ich und alles, was ich bin, vermischt sich mit dem Wasser.

7 JULI – KUNST

Don't be bürgerlich und das Manifest von Energie

Ich weiß nicht mehr, wer es gesagt hat. Ich war zwölf oder dreizehn. Wir hatten Erdkundeunterricht. Der Lehrer verteilte eine dieser Matrizenkopien, an denen man schnüffelte, bis einem schummerig wurde. Spiritusgeruch füllte das Klassenzimmer. Auf dem Blatt Papier befanden sich Zahlen und Diagramme. Im Jahre 2000, prognostizierte er, würde die Welt von sechs Milliarden Menschen bevölkert sein. Eine unfassbare Zahl, damals. Jemand in den hinteren Reihen, einer der Sitzengebliebenen, lachte und wurde aufgerufen. Was es zu lachen gäbe? Nix. Doch, doch, er solle ungezwungen sprechen. Nix. Nur, dann wäre das hier, es folgte eine große Geste über unsere Köpfe hinweg, alles nur Tanzen auf der Titanic.

Was der Lehrer erwiderte, habe ich verpasst. Ich bin beim letzten Satz hängengeblieben. So peinlich es auch ist, es zu gestehen, aber damals hatte ich noch nie etwas von der Titanic gehört, und ich kann mich nicht damit rausreden, dass ich in einem Dorf hinterm Wald aufgewachsen bin, die nächste Kreisstadt über dreißig Kilometer entfernt lag.

Zu der Zeit begann eine Freundin von mir, Ballettunterricht in einem schicken Studio zu nehmen, wo alle Mädchen pastellfarbene Trikots trugen. Ich tanzte gern, sehr gern. Ich war auch nicht ungelenkig. Ein paarmal habe ich sie vom Ballettstudio abgeholt, habe auf der Holzbank gegenüber dem raumeinnehmenden Spiegel gesessen und gewartet, bis sie ihre Übungen absolviert hatte. Ich liebte die intensive Arbeitsatmosphäre. All die Muskeln und Sehnen in Anspannung, der Ausdruck von Kraft, Anmut und Poesie, zu der ein Körper befähigt werden konnte, wenn man ihn Stück für Stück über die nächste Grenze hinwegspannte.

Bis heute kann ich mir selbst nicht erklären, warum ich nicht selbst tanzen gelernt habe. Im Nachhinein kann ich nur vermuten: Ich wollte nicht tanzen, weil ich nicht auf der Titanic sein wollte. Denn obwohl ich erst viel später erfuhr, was sich bei der Jungfernfahrt auf dem Atlantik zugetragen hatte, ahnte ich schon im Erdkundeunterricht, dass mit dem Tanz auf der Titanic etwas nicht stimmte; aus dem Rückblick betrachtet etwas Unfrohes damit verbunden war.

Im Kino läuft ein Dokumentarfilm über Martin Schläpfer. Die erste Szene eröffnet mit einem Blick auf seine nackten Waden. Er steigt einen Bergpass hinauf. Oben auf dem grasbewachsenen Plateau stellt er sich an die Kante und schaut übers Tal. Es ist ein weiter Blick. Vor ihm Himmel und Horizont. Hinter ihm eine Hütte, der Fels und der Wald. Ich bin gefesselt von den Bildern. Etwas später im Film befinden wir uns in seinem Haus in Düsseldorf. Er steht am Herd und brutzelt Steaks. An einer Wand steht das Wort ›Tod‹. Interessant, denke ich, in der deutschen Sprache ist die Geburt weiblich, das Leben sächlich und der Tod männlich. Einen Tag später schreibe ich Martin Schläpfer, bitte um ein Gespräch und erläutere mein Vorhaben.

Auf dem Fabrikhof nebenan zeigt die Werksuhr eine Minute vor zwölf. Sie ist stehen geblieben. Ich achte auf Uhren. Zeit spielt eine Rolle. Vorausgesetzt, niemand hat an der Uhr gedreht, ist eins vor zwölf ein Zufall. Wir Menschen, unablässig auf der Suche nach Erklärung und Bedeutung und konditioniert durch Uhrendarstellungen in der Kunst und sonstwo, erkennen darin einen Fingerzeig. Natürlich übertreibe ich. Nicht alle Menschen sind so. Ich bin es. Ich wende mich nach links und betrete das neue, sehr moderne Beton-und-Glas-Gebäude des *Ballett am Rhein* neben der alten Fabrik und der hängengebliebenen Zeit. Am Ende eines langen, schmalen Flurs winkt mir ein Mann zu und ruft entschuldigend, er bräuchte noch ein paar Minuten. Kein Problem, ich bin ohnehin viel zu früh da. Wenig später begrüßt mich Martin Schläpfer, Tänzer, Ballettdirektor und Chefchoreograf der Düsseldorfer Ballettcompany, in seinem Büro.

»Ich habe mich gefragt, was ist das für eine, die sich mit mir über den Tod unterhalten will?« Der Mann spricht mit Schweizer Akzent, was bei mir als Schwäbin Heimatgefühle weckt. Sein Händedruck ist warm. Er führt mich zu einem Stuhl, der mit dem Rücken zum Fenster steht. Zuvorkommend schließt er das Rollo, um mein Gesicht vor der seitlich einfallenden Sonne zu schützen.

»So blendet es nicht mehr.« Er nimmt mir gegenüber Platz. Auf dem Tischchen zwischen uns stehen frische Blumen.

»Ich war schon neugierig auf Sie. Mit dem Thema wird man ja nicht alle Tage konfrontiert. Wie kommen Sie auf mich?«

Ich erzähle, dass mich ein winziges Detail aus dem Film *Feuer bewahren – nicht Asche anbeten* fasziniert hat: seine Wohnzimmerwand. Im Gegensatz zu all den anderen mit bunter Farbe gepinselten Sprüchen und Zitaten an den Wänden seines Hauses steht da der Tod, schwarz mit verwackelter Schrift.

Er nickt. »Wir Menschen brauchen wahrscheinlich die andere Seite, das Fine, um überhaupt bewusst durchs Leben zu gehen.« Ansonsten hätte er großen Spaß daran gehabt, sein Haus nach Lust und Laune zu gestalten, Farbe zu verschmieren an den Wänden, auf der Tischplatte, auf dem Fußboden. Für ihn als Künstler besteht eine unbedingte Verflechtung zwischen Leben und Kunst. Tanz ist seine Methode, dem Leben die Kunst zu entreißen oder umgekehrt, der Kunst das Leben. Das eine ist ohne das andere weder denkbar noch möglich.

Und schon sind wir ohne Vorgeplänkel und Umschweife im Gespräch darüber, was es heißt, als Tänzer mit einem so vergänglichen Instrument wie dem Körper Kunst zu schaffen.

»Wenn ich schon ein Kapitel über den Tod und die Kunst schreibe, dann soll es jene Kunstform sein, die aus meiner Sicht die größtmögliche Lebensbejahung ausdrückt. Das ist für mich der Tanz. Er versprüht die meiste Vitalität.« Während ich spreche, nickt Martin Schläpfer ein paarmal unbestimmt, hebt den Kopf und sucht mit den Augen die Zimmerdecke ab, blinzelt und verliert sich an einer Stelle hinter mir. Bis er antwortet, vergehen mehrere Minuten.

»Tanz ist das Manifest von Energie im Moment. Ich weiß nicht immer, ob es die Bejahung von Leben ist oder die Verneinung. Das ist eigentlich sekundär. Unter den darstellenden Künsten ist der Tanz etwas sehr Flüchtiges. Er ist deshalb auch so heilbringend und wohltuend in einer Gesellschaft, die alles messen will. Man tanzt, und im nächsten Moment ist nichts mehr da. Wie der Zuschauer hat auch der Tänzer hinterher nichts mehr. Und auch der Choreograf hat kein Bild mehr, das er an die Wand hängen kann. Es bleibt nur noch die Erinnerung an die Vorstellung. Es sei denn, man ist berührt oder verwandelt oder wütend oder was auch immer. Doch mehr als Gefühle hat man nicht.« Er wendet sich mir zu. Seine Arme liegen entspannt auf den Stuhllehnen.

Der flüchtige Tanz und seine kurzlebige Schönheit. Etwas, was wir greifen und festhalten wollen über die Zeit hinweg. Entfaltet der Tanz seinen Zauber, weil er vergänglich ist wie Schnee oder ein Regenbogen oder der Geschmack von Käsekuchen? Ich schätze, da ist noch etwas anderes. Wie bei den meisten Dingen taugen einfache Erklärungen wenig, um Faszination oder tiefe Verbundenheit zu ergründen.

Warum wir das Tanzen auch lieben, erlebe ich etwas später, als ich es der Ballerina ein paar Meter von mir entfernt nachtue und heimlich hinter der Sitzreihe vor mir meinen Fuß bis in die Zehen hinein strecke. Automatisch richtet sich mein Rücken auf. Ich hebe den Brustkorb. Ich dehne mich, weite mich. Wie leicht atmen fällt. Bei der kleinsten Bewegung reagiert mein gesamter Körper, nur ist mir die meiste Zeit über kaum bewusst, wodurch Energie entsteht.

Seit einer halben Stunde beobachte ich die rund vierzig Tänzerinnen und Tänzer, die sich durch die Panoramaspiegelwand des Probensaals verdoppeln. Unter ihnen ist ihr »Chef«, wie sich Martin Schläpfer selbst nennt. Er weist die Übenden an, klassische Ballettpositionen einzunehmen, achtet mit wachem Blick darauf, dass die Bewegungen exakt ausgeführt werden. Keine Schlampigkeit, kein Nachlassen in der Körperspannung entgeht ihm. Das Kennzeichen des wirklichen Künstlers sei die Hingabe, sagte er vorhin im Büro zu mir. Hingabe sei alles im Tanz. Tanzen könne alles sein.

»Schauen Sie, Hingabe, sich an etwas hingeben, sich etwas hingeben, hat ja nicht nur direkt mit Liebe zu tun von Mensch zu Mensch, sondern kann ja auch sublimiert sein. Jemand kann sich seinem Glauben hingeben, ein Künstler einer Sache. Und so ist Hingabe natürlich nicht nur ein Thema des Glaubens oder des Religiösen, sondern auch Thema des Künstlers. Dann ist es aber auch der Gedanke, dass der Tanz – und die Tanzschaffenden, die ja in der Regel unglaublich viel opfern, nicht im masochistischen Sinne opfern, aber doch wenig Bezahlung haben und eine harte Ausbildung und eine kurze Karriere – eine Nähe bringt zum Göttlichen, zum Spirituellen. Sie haben vorhin die Lebensenergie angesprochen oder die Freude. Tanz ist für mich ganz klar ein Stück weit immer auch Gebet, etwas Religiöses. Schlicht deswegen, weil der Tänzer sich einer Sache hingibt. Wir haben hier zum Beispiel beim Ballett am Rhein fast zwanzig Nationalitäten vertreten, und das funktioniert, weil sich alle einer Sache hingeben.«

Jeder kann tanzen. Wenige sind Künstler. Martin Schläpfer ist einer. Mit bedingungsloser Ausschließlichkeit hat er sich dieser Kunstform verschrieben; sich an den Tanz verschenkt; sich ihm vielleicht sogar ausgeliefert. Er gilt als Ballett-Ikone. Sein radikaler Umgang mit dem Körper, den er ebenfalls von jedem Einzelnen seiner Companymitglieder einfordert, beweist, dass es ein extremer Beruf ist. Nicht nur, weil man als Tänzerin oder Tänzer seinen Körper knechtet und ihm Höchstleistungen abverlangt, sondern vor allem auch, weil man in sich und mit seinem Körper allein ist; immer auf sich selbst zurückgeworfen.

Ich sitze in der zweiten Reihe auf der schmalen Zuschauertribüne des Ballettsaals und bin ein Fremdkörper in all der Umtriebigkeit. Bis auf Martin Schläpfer spricht kaum jemand. Ich sitze still da, ich will nicht stören. Allein mein Beobachterposten verändert etwas im Gefüge. Alles bewegt sich im Saal. Ich bin statisch. Selbst wenn ich beide Füße streckte und mich von inneren Bewegungen durchfließen ließe, ausgelöst durch kleine Anspannungen meiner Muskeln.

Doch ich bin nicht die einzig Statische. Die Gesichtszüge mancher Tänzerinnen und Tänzer sind derart angespannt, dass sie eingefroren wirken. In manche hat sich etwas Wissendes eingraben. Ich bedauere es, ihre Gedanken nicht lesen zu können. Hinter jedem konzentrierten Ausdruck liegt eine verborgene Welt, die sich jemandem, der seinen Körper nicht auf dieselbe Weise beherrscht, vermutlich niemals erschließt. Schade, denn diese Welt erscheint mir geheimnisvoll.

Im Hintergrund schnipst Martin Schläpfer mit dem Finger und flüstert dem Pianisten etwas zu, der daraufhin den Rhythmus der Musik ändert. Martin Schläpfer ist der Älteste im Saal und derjenige mit der größten Wucht, der stärksten Präsenz, aber auch mit einer gewissen Brüchigkeit. Von Zeit zu Zeit senkt sich sein Kopf, und während er aufmerksam durch die Reihen der Übenden geht, krümmt sich sein Körper in sich ein. So schreitet er die Zwischenräume ab, berührt hier einen Arm, dort eine Schulter, Rücken, Rippenbögen. Mitunter tanzt er die Bewegung vor, dann ist er hoch aufgerichtet.

Es ist eine internationale Truppe. Achtundvierzig Solotänzer aus vierzig verschiedenen Nationen, die er zu einem Ballett formiert hat. Seine Anweisungen gibt er auf Englisch. Immer wieder mischt er deutsche oder vereinzelt französische Begriffe darunter.

»A-one, a-two, a-three, a-four, a-five, a-six, a-seven. Stay! Please, coordinate! Stay in line. If you don't stand, don't lift. Exchange. Attitude up! Stay! Gut. Gut. Again, habt Spaß. Chest, open it. Contract yourself. Stay! Chassé. Arabesque. Ihr müsst frischer werden. Open yourself. Tiefer. It's a lovely movement. Stay! Let's do a nice shift. Promenade. Very beautiful. Weiter so. And then be soft. And then stay!«

Immer wieder: Stay! Stay. Er spricht leise und beschwörend. Wie er so umhergeht, häufig gebückt und mit ausgebreiteten Armen, hat er etwas von einem Falken. Als er zwischen seinen Kommandos »The question is, what is art? I don't know« einflicht, wirft er mir ein schnelles Lächeln zu, das ich so interpretiere: Ich soll durch die Praxis verstehen lernen.

Mein Problem ist, ich kann nicht tanzen. Nicht nach festgelegten Tanzregeln. Vorgegebene Schrittfolgen veranlassen meinen Körper dazu, es automatisch anders zu machen. Entweder bewege ich mich gegenläufig zum Rhythmus, oder ich versuche, im Paartanz die Führung zu übernehmen. Selbst wenn ich mir vornehme, den Bewegungen der Choreografie zu folgen, kommt mein Bewusstsein meinem eigensinnigen Körper nicht hinterher. Er ist schneller und macht, was er will. Sobald jemand mir eine Tanzfigur beibringen will, schaltet irgendetwas in mir auf stur, als spräche mein Körper eine andere Sprache und suchte einen anderen Ausdruck, vielleicht weil Musik mehr ist als Rhythmus und Takt. Dabei würde ich zu gerne lernen, wie das geht: Walzer, links herum oder den Kick-Ball-Chance oder sechs Pirouetten hintereinander, ohne dass mir schon bei der zweiten schwindelig wird. Oder diese perfekte Arabesque der Tänzerin im gelben Trikot vor mir. Obwohl sie ein Wolltuch um die Hüfte geschlungen hat, erkennt man das Vibrieren ihrer Muskeln. Ein kleines Flirren, sichtbare Energie. Sollte Tanz eine eigene, erlernbare Sprache sein, dann wird mein Körper nie über Kauderwelsch hinauskommen.

Vorhin in seinem Büro, als Martin Schläpfer von der Flüchtigkeit des Tanzes sprach, wollte ich wissen, ob er den Tanz mit dem Leben vergleichen würde.

»Sie sagten, wenn das Tanzen vorbei ist ...«, fange ich an.

Er führt den Satz weiter. »... ist nichts mehr, ja. Es existiert kein Wort, das man nachlesen oder verarbeiten kann. Allerdings gibt es schon ein kinetisches Verarbeiten, das durch den Tanz entsteht, und auch ein emotionales und geistiges. Trotzdem hat man viel weniger Stützen, den Tanz zu verstehen, als wenn man das Wort hätte. Worte können sofort helfen, die Dinge zu platzieren. Natürlich hat ein Wort verschiedene Bedeutungen. Beim Tanz befindet sich die Bedeutung aber noch mehr in den Grauzonen. Der Tanz ist wahnsinnig nah am Leben, ja. Aber durch die Metapher, dass er flüchtig ist und man hinterher nichts mehr in der Hand hat, ist er genauso nah am Tod. Deshalb ist er für mich so faszinierend und auch irritierend. You have nothing.«

Was hinterlässt ein Künstler? Was bleibt? Ihm? Uns?

Muss eigentlich etwas bleiben? Genügt nicht vielmehr der Augenblick des Erlebens? Der Augenblick des Tuns und das Wissen darum, etwas getan zu haben ... zu leben, da zu sein. Gefühle erzeugt und in seinen Körper eingeschrieben zu haben, die zeitweise durch die Erinnerung daran wieder aufflackern können.

»Obwohl nichts bleibt, tanzen Sie!?«, frage ich und bin gespannt, worauf sich seine Faszination gründet.

»Ich kann es nur in mehreren Teilen beantworten, als Tänzer und als Choreograf. Als Tänzer war für mich das Tanzen immer eine ›revelation‹. Ob es mir so gefallen hat, weil ich es unbedingt wollte, oder ob es mir so gefallen hat, weil es ein Weg aus dem bürgerlichen Elternhaus war, kann ich nicht ganz genau sagen. Oft ist ja psychisch bedingt, warum man für etwas entflammt. Ich war fünfzehneinhalb, als ich zum Ballett kam. Für mich war es sicher ein Schlüssel und ein Weg auszubrechen, fort von meinen Eltern mit ihren Vorstellungen, welchen Beruf ich ergreifen sollte. Auf der anderen Seite war ich hochbegabt. Tanzen ist etwas Großartiges für mich gewesen. Choreografieren oder unterrichten ist wieder eine ganz andere Sache, und Chefsein ist philosophisch 'ne Katastrophe.« Er lacht mit schiefgelegtem Kopf.

»Wenn man Chef ist, muss man einen gewissen Druck und eine gewisse Linie vorgeben, damit alles zusammenkommt. Das finde ich total uninteressant und sehr zwiespältig. Beim Choreografieren ist man nicht so mit sich selber, seinem Zentrum und den Hauptfragen des Menschseins und des Lebens beschäftigt wie beim Tanzen.«

Im Grunde frage ich mich eigentlich immer, was mich mit anderen Menschen verbindet, vor allem aber, was mich von ihnen unterscheidet. Bei Künstlern bin davon überzeugt, ihr besonderer Blick auf die Welt bietet mir eine Erkenntnis, die ich ohne sie nicht erlangen würde. Jedes Kunstwerk sollte für sich stehen, für sich sprechen. Aber die Gelegenheit, mich mit einem Macher zu unterhalten, ist beglückend.

»Was sind die Hauptfragen?«

Wieder lässt sich Martin Schläpfer Zeit mit seiner Antwort. Versonnen schaut er durch die Lamellenschlitze.

»Ich weiß nicht, ob meine Fragen für jeden Menschen gelten. Als choreografierender Künstler ist es natürlich vielschichtig. Schlussendlich ist die Hauptfrage im Leben immer die gleiche: Weswegen? Ergibt es Sinn? Man kann die Frage jetzt natürlich umgestalten und hinlenken auf die Kunst, aber zuletzt ist es das ›why‹?«

Ich muss lächeln. So viel unterscheidet uns wohl alle nicht voneinander. Dieses Warum ist dieselbe Frage, die mich umtreibt und die mich veranlasst hat, etwas über den Tod, vor allem über meine Angst vor ihm, herauszufinden. Das ›why‹ treibt uns sicherlich alle.

»Haben Sie eine Antwort?«

»Ja, inzwischen glaube ich schon.« Er erwidert mein Lächeln und lehnt sich zurück, streckt die Beine weit von sich. Beneidenswert, wie entspannt ein Mensch sein kann. Vielleicht sollte ich doch tanzen und mich in Bewegungsmuster einfügen lernen.

»Ich beschäftige mich nicht so stark mit Antworten. Dass man überhaupt eine Antwort kriegt, bezweifle ich nämlich. Wichtig sind die Fragestellungen. Jeder muss für sich selbst entscheiden, was für ihn sinngebend oder erfüllend oder richtig ist. Für mich zählt zum Beispiel nicht die Frage: Gibt es ein Danach?«

»Sie meinen, was bleibt … nach dem Tanz?«

»Nach dem Tod«, sagt er leichthin. »Das ist doch unser Thema. Für mich als Schläpfer ist die Frage wichtiger: Wie gehe ich durchs Leben? Was verteidige ich? Wie intensiv lebe ich? Nicht nur beim Genuss oder beruflich, sondern auch mit einer gewissen Ethik. Ich spreche jetzt mal von meinen Grundeinstellungen. Für mich persönlich sind es primär ökologische Dinge. Ich finde es fatal, wie wir mit dem Planeten umgehen und wie wenig darüber gesprochen wird. Wir heucheln uns so drum rum und reden von starker Wirtschaft und sozialem Engagement. Aber als Grundessenz ist zu nennen: Für uns Menschen ist es wichtig, gesund zu sein. Das ist das Wichtigste. Und es ist überhaupt nicht familienfreundlich, wenn der Planet verreckt.«

Um seine Gesundheit und die der Erde zu erhalten, hat er sich für einen ethisch gangbaren Weg entschieden. Er besitzt kein Auto, ernährt sich ausschließlich von Produkten aus Bioanbau und Fair Trading.

»Das ist für mich eine modernere Form, an Gott zu glauben, religiös zu sein. Religion an und für sich beziehungsweise die radikalen Tendenzen in den Religionen ...« Er hält inne und winkt ab. »Inzwischen ist alles so konservativ, und ich frage mich, haben wir denn gar nichts mitgenommen von den 68ern? Wir leben in einer zutiefst konservativen Zeit. Im Hinblick auf das Tänzersein ist für mich dann auch eine Frage, wie man im Leben steht. In der Kunst ist es wichtig, dass man das Bürgerliche schlichtweg ablehnt. Du kannst bürgerlich leben, aber don't be bürgerlich in der Kunst.«

Ich sehe ihn an. Wie sind wir jetzt von der Flüchtigkeit des Tanzes über die Hauptfragen des Menschseins zum Weltwohl der Gesellschaft und zu Gott gekommen? Und ich frage ihn, ob es etwas gibt, eine Art Lebensmotto, das aus seiner Sicht alle Einzelteile miteinander verbindet? Vielleicht Gustav Mahlers Zitat *Feuer bewahren, nicht Asche anbeten*. Immerhin dient es nicht nur prominent als Filmtitel, sondern zieht sich generell, sprachlich wie visuell, durch die Dokumentation und verknüpft die unterschiedlichen thematischen Facetten seines Lebens.

»Bezogen auf das Künstlersein hat mir der Satz immer sehr imponiert. Mir kreidet man ja immer an, ich wäre nicht klassisch genug, weil ich manchmal sehr aggressiv versuche, die formatierten Opernstrukturen zu sprengen. Ich rede jetzt von einer ganz bestimmten Schicht Publikum, die überhaupt gar nichts von Tanz versteht. Alles, was sie beim Handlungsballett versteht, ist die Handlung, aber nicht der Tanz. Bei Mahlers Satz geht es darum, in der Kunst zeitgenössisch zu sein, nach vorn zu springen oder zu suchen, eine Leine auszuwerfen und nicht daran festzuhalten, was war und was dem Publikum gefällt. Es geht natürlich schon um Kommunikation. Ich möchte keine Kunst machen, die nur abgewiesen wird. Aber es ist natürlich auch eine Anmaßung der Zuschauer, die ein Ticket kaufen und dabei meinen, sie müssten unterhalten werden oder es müsste ihnen gefallen. So geht kein Künstler mit seinem Werk um. Nicht rückwärts beten. Nicht Museum. Mahlers Satz ist mehr ein Kraftsatz, ein Kick für den Künstler, als ein Lebensmotto.«

»Haben Sie denn ein Lebensmotto? Etwas, was all die Themen miteinander in Einklang bringt?«

Leise sagt er: »Och.«

»Och?«

»Och! Wissen Sie, I'm happy when I'm not too … wenn ich nicht zu schwermütig, nicht zu schwer im Herzen bin, bin ich schon ganz froh. Schwermütig bin ich schon seit einer Weile nicht mehr. Ich habe nicht mehr diese blöden Sehnsüchte nach Partnerschaft. Ich befinde mich innerlich im Moment an einem Ort, den ich so noch nie hatte und den ich wahnsinnig genieße. Wer weiß, wie lange das andauern wird? Aber immer dieses Nach-außen-Sehnen oder dieses Ich-bin-allein-und-alle-anderen-haben-einen-Partner-und-langsam-werde-ich-alt …« Er seufzt, fährt sich mit der Hand durch die Haare.

»Das Idealisieren der Partnerschaft versus das Alleinsein ist völlig weggefallen. Es tönt jetzt lapidar, aber das hatte ich noch nie wirklich. Das ist neu im meinem Leben. Ich stehe eigentlich jeden Morgen recht zufrieden auf. Also, ein Motto habe ich auf keinen Fall. Außer natürlich, gut zu arbeiten. Hier in den Studios, vor den Tänzern, will ich gut sein. Aber nicht nur gut gut, sondern lebendig und nicht stillstehend. Das ist schon mein Anspruch.«

Er sitzt zurückgelehnt, lässt die Arme baumeln. Ich sitze vorne an der Stuhlkante und fühle mich etwas atemlos angesichts seiner Offenheit. Sich mit Martin Schläpfer zu unterhalten, ist ein bisschen, wie sich Musik anzuhören, die man noch nie gehört hat, deren Takt man nicht kennt und deren Text und Melodie einem unbekannt sind. Und obwohl auch die Harmonie fremdartig klingt, ist sie einnehmend und bezwingend.

»Ich vermute, mit dem Tod an der Wohnzimmerwand haben Sie versucht, Ihre Schwermut zu benennen und Sie sich vor Augen zu führen. Ist das Tanzen etwas, was man ihr entgegensetzen kann, weil man sich, wie Sie sagen, lebendig fühlt und alles andere vergisst?«

Erst nickt er, dann schüttelt er den Kopf.

»Ich würde es mal so sagen. Es ist für jeden natürlich anders, aber als ich begann zu tanzen, war es so. Wenn man mal loslässt und sich reinbegibt in den Tanz ist es absolut erlösend und harmonisierend oder zusammenführend und gleichzeitig auch spannungsbefreit. Es ist nicht immer nur der Kopf, der so überdimensioniert dahinklopft. Es ist mehr ein Eingefäß. Als ich Berufstänzer wurde und mir des Anspruchs und meines Körpers bewusst wurde, seiner Möglichkeiten, aber auch seiner Schwächen, physisch wie mental wie emotional, war das Tanzen nicht mehr da, um sich wohlzufühlen, sondern um einen Kunstanspruch zu erfüllen und Kunst zu werden. Wenn du acht Stunden mit dir selber und auch mit anderen im Wettbewerb bist ...« Er hält inne, hält den Kopf still, nur seine Augen suchen wieder den Raum ab.

»Es ist nicht für jeden Berufstänzer so. Es war so bei mir. Ich wollte halt unbedingt nach oben. Schlussendlich ist es beim Bühnentanz sicher nicht das Hauptziel, sich wohlzufühlen. Es gibt zu viele Wohlfühl- und therapeutische Ansätze im Kunsttanz. Das ist meine Meinung.«

Von Wohlfühlprogramm kann im Ballettsaal keine Rede sein. Nach einer Dreiviertelstunde, die Luft in dem riesigen Raum ist mittlerweile mehr als schweißgesättigt, räumen die Übenden die mobilen Ballettstangen mit den schweren Gewichten und Rollen zur Seite und positionieren sich im hinteren Teil gegenüber der Spiegelwand. Über die Diagonale werden Schrittkombinationen und Sprünge geübt. Jeweils zu zweit oder dritt nebeneinander durchqueren die Tänzer den Raum in Spagatsprüngen und Drehungen. Die Begriffe, die Martin Schläpfer ihnen zuruft, lauten Chassé, Cabriole, Grand Jeté. Nicht nur durch die zunehmende Lautstärke der Anweisungen überträgt sich seine eigene Spannung auf die Tanzenden; er presst seine Begeisterung in sie, was die ohnehin konzentrierte Atmosphäre im Saal verstärkt. Feuer bewahren? Feuer entfachen, wie mir scheint. Ich verspüre große Lust aufzuspringen und mich unter die Tänzer zu mischen, so energetisch wirkt seine Kraftübertragung. Die Tanzenden spüren es ebenso. Wie sie sich, jeder in seiner eigenen Selbstvergessenheit und doch im Verbund, der vorbestimmten Bewegung hingeben, macht den Augenblick durchlässig für ein Verschmelzen. Alles stimmt für diesen Moment. Alles fließt und gleitet durch den Saal. Die Atemzüge werden lauter, die Bewegungen kraftvoller, die Musik schwungvoller.

Martin Schläpfer trinkt einen Schluck aus der Wasserflasche, wendet sich um und schaut aus dem bodentiefen Fenster zwischen Spiegelwand und Klavier. Ein paar ruhige Momente ist er in sich selbst versunken, während seine Company nicht nachlässt. Ein dunkelhaariger Tänzer im olivgrünen Shirt ragt heraus. Die Leichtigkeit, mit der er höher springt als die anderen, ist unglaublich.

Ein guter Lehrer zeigt dir nicht, was du falsch machst. Er lehrt dich, was du verbessern kannst. Es ist eine Nuance in der Art und Weise, wie man unterrichtet. Martin Schläpfer, jetzt wieder auf Position, ist streng, wenn er Korrekturhilfen gibt. Seine Anforderungen sind enorm. Dabei wirkt er immer zugetan und unterstützend. So wie er selbst als Tänzer das Maximale gibt, fordert er es gleichermaßen von seinen Leuten ein.

Längst fühle ich mich nicht mehr statisch, obwohl ich mich keinen Zentimeter von meinem Sitzplatz bewegt habe. Ich bin eine Zuschauerin, die das Gefühl hat, Teil von etwas zu sein. Und das ist schön, sehr sogar.

Über die Jahre hinweg hat Martin Schläpfer verschiedene Requiems choreografiert, unter anderem das *Deutsche Requiem* von Johannes Brahms, Pergolesis *Stabat Mater*, *Vespers – Ganznächtliche Vigil op. 37* von Rachmaninow und die *Petite Messe Solennelle* von Gioachino Rossini – alles Totenmessen.

Als ich ihn frage, auf welche Weise er sich bei dieser Arbeit mit dem Tod auseinandergesetzt hat, spricht er von seiner Faszination für die Angst, das Tabu und auch für die Vergebung, die im Angesicht des Todes – ob im Leben oder in der Kunst – für ihn eine tragende Rolle spiele.

»Ich hatte schon als Junge ein Faible für geistliche Musik. Ich komme aus einem Elternhaus, das sehr gespalten war. Meine Mutter war bis zu ihrem Tod religiös. Sie war Protestantin und sehr gläubig. Mein Vater war ein vollkommener Atheist. Er ist auch so gestorben. Er wollte auf keinen Fall einen Priester im Spital. Es gab immer Streit am Sonntag, weil Vater sich geweigert hat, in die Kirche zu gehen. Sie war nur zwei Häuser weiter von unserem Haus. Es war eine andere Zeit in der Ostschweiz damals. Das ist natürlich an mir nicht vorbeigegangen. Meine zwei Brüder sind Schulmediziner, einer Herzchirurg, einer Psychiater. Tendenziell sind sie sicherlich eher atheistisch, und ich denke, auch im Reinen damit. Ich bin durch das Künstlertum in einer Zwischenlage, weil man ja in der Kunst versucht, über sich und das eigene Ich hinauszusteigen.«

Beinahe verschmitzt schaut er mich an. Ich bin neugierig, wie er den Tod bei seiner Antwort wieder ins Spiel bringen wird. Während unseres Gesprächs geben sich die Themen nacheinander die Hand, was ich ziemlich aufregend finde – dieses Umkreisen.

»Aber wenn ich ehrlich bin«, fährt er fort, »wird man ab und zu auch getragen. Zum Beispiel in einer guten Vorstellung oder einer guten Probe, von Dingen, die man jetzt nicht genau benennen oder analysieren oder punktieren kann. Man kann es vielleicht Gott nennen. Ich bin da auch vorsichtig, aber man kann! Für mich ist es auch interessant, ein Requiem zu choreografieren und einfach zu sagen, ich erlaube mir, dazu zu tanzen. Jetzt ist es natürlich so, dass das *Deutsche Requiem* von Brahms etwas ganz anderes ist als die *Petite Messe Solennelle* von Rossini mit seiner Italianità. Brahms selber war nicht sonderlich religiös. Er hat die biblischen Texte umgestaltet, insofern ist es eigentlich eine kleine Revolution und dann darauf zu tanzen, ist es auch.«

In meiner Fixierung auf den Tod habe ich völlig aus den Augen verloren, dass ein Requiem in erster Linie ein religiöses Musikstück ist. Dabei ist das mehr als offensichtlich, und ich freue mich einmal mehr darüber, mich mit jemandem zu unterhalten, der die Welt mehrdimensional und facettenreicher betrachtet als ich. Im Grunde ja der Sinn der Sache, die ich hier mache. Warum vergisst man die einfachsten Dinge immer …?

»Was glauben Sie, wären wir ohne den Tod? Wenn wir nicht sterben würden?«

Er wirkt heiter und gut gelaunt. An einer Stelle im Film, erinnere ich mich, sagte er, er wolle sich nicht immer ins »Verquälte« hineinbegeben. Heiter über den Tod nachzudenken, scheint eine gute Möglichkeit zu sein. Über die Antwort muss er nicht lange nachdenken.

»Ich habe da ein Fragezeichen. Aber ich glaube, wenn wir nicht sterblich wären, wäre nichts schön. Ohne den Tod würden wir nichts erleben an Intensität, nichts an Passion. Wir würden durchs Leben driften. Wenn Sie zweihundert Jahre Leben kriegten, ist das natürlich was anderes, aber nicht, wenn wir ewig leben würden. Da wäre nichts.«

»Woher haben Sie die Gewissheit, dass das ewige Leben wertlos wäre?«

Ich bin provokant, denn genau das treibt mich um. Woher wissen wir Dinge oder glauben, sie zu wissen? Gerade über den Tod, aus dem niemand zurückgekehrt ist.

»Ich weiß es nicht«, sagt er ruhig. »Ich würde jetzt mal sagen, man kann etwas nicht wertschätzen, wenn man es einfach hat und immer hat. Ich glaube, dann wird es zur Last. Man merkt erst, welchen Wert etwas hat, wenn man dessen verlustig geht.«

Ich bohre weiter. »Das finde ich einen interessanten Gedanken, denn wir Menschen wissen ja gar nicht, wie es ist, wenn wir etwas immer haben.«

»Ich kann das natürlich nur hypothetisch beantworten. Aber ich gebe Ihnen ein Beispiel: Wenn man sich entscheidet, das Engagement einer Tänzerin nicht zu verlängern, bäumen sich Kräfte auf. Plötzlich verteidigt sie diesen Beruf wie noch nie. Teilweise blüht sie auf. Vorher war sie eher weichgespült. Nur wenn man sagt, hier ist es zu Ende, kommt so eine Kraft, und darum geht es.«

Gegen Ende der Ballettstunde tut mir vom langen Sitzen auf dem unbequemen Platz allmählich der Hintern weh. Ich spüre einen Bewegungsdrang. Die Tanzenden sind nach wie vor mit vollem Einsatz dabei, springen die Diagonale entlang, an deren Ende Martin Schläpfer steht und Kommandos gibt. Wenn sie über die Seite zurückgehen, um sich wieder hinten anzustellen, kommen sie wie bei einer Parade an mir vorbei. Dass ich Teil von etwas bin, wenn auch nur für diese eine Probenstunde, ist daran zu merken, dass ich nun von ihnen wahrgenommen werde. Die meisten grüßen mich mit einem kurzen Nicken, einige winken, einige lächeln. Soweit ich es überblicken kann, lässt bei keinem die Konzentration nach. Ich bin schon nach vierzig Minuten Jogging fix und alle. Es ist natürlich alles eine Sache des Trainings, trotzdem finde ich es verblüffend, wie man über eine Stunde hinweg diese enorme Kraft halten kann. Im Film, erinnere ich mich, erzählte eine Tänzerin, Martin Schläpfer habe ihr den Rat gegeben, viele Muskeln aufzubauen, damit ihr Körper mehr Freiheit habe. Bis zu einem gewissen Grad und eine gewisse

Zeit lang, kann ich mir vorstellen, geht das sicherlich. Und dann wird man älter.

»Finden Sie es schwierig, älter zu werden?« Es könnte etwas heikel sein, einen Tänzer, völlig angewiesen auf das Funktionieren seines Instruments, damit zu konfrontieren. Doch er nimmt es ebenso gelassen und überlegt auf wie alle Fragen zuvor.

»Ja. Ich finde, älter werden ist ein schwieriger Prozess, weil er natürlich mit dem Tod zusammenhängt. Man wird sich bewusst, dass man abbaut. In der Regel gibt es zwei Schemata: Entweder wirst du bewusster, wenn du älter wirst, oder du verdrängst. Es gibt diese zwei Möglichkeiten. Es ist eine Wesenssache, wie man damit umgeht, und eine Frage des Nachdenkens darüber, wer man werden will. Es ist auch eine wertvolle Lebensphase, in die man anders einsteigt oder ein anderer ist als zwischen dreißig und fünfzig. Was ist einem was wert? Geboren bin ich am 12., ja, am 12. Dezember 1959«, er lacht, »also bin ich ein alter Sack, wenn wir schon dabei sind.«

»Oh, dann lügt das Internet«, sage ich überrascht, »genauer gesagt Wikipedia, denn dort steht, Sie seien am 26. Dezember geboren. Ich hab Sie gegoogelt.«

Verwundert sieht er mich an. »Steht das dort? Ja, das stimmt. Das ist richtig. Habe ich 12. gesagt?«

»Ja.«

»Es ist der 26. Komisch, wieso habe ich nur den 12. genannt?!« Kopfschüttelnd amüsiert er sich weiter.

»Vielleicht wollten Sie ein paar Tage älter sein?«

Das lässt er unkommentiert.

»Sehen Sie, ich bin jetzt achtundfünfzig und muss akzeptieren, dass ich sterben werde. Aber ich denke, man kann gut älter werden. Ich rede jetzt nicht von den Krankheiten, die reinhauen. Das ist wieder was anderes. Aber ich glaube, wir sind komisch gepolt, weil wir immer denken, nur ein gesundes Leben ist Leben. Auch krank kannst du leben und Lebensqualität haben. Es gibt ja viele Beispiele von Menschen in ganz miserablen Situationen. Immer ist es der einzelne Mensch, die einzelne Psyche: Was für ein Glück hat sie? Welche Stärke hat sie? Kann sie damit umgehen? Ich bin in einer Generation aufgewachsen, als es in den 80er Jahren scharenweise Menschen durch HIV weggewischt hat, viele Tänzerkollegen, auch Liebhaber von mir. Ich hatte das Glück, da nicht reinzurutschen. Aber es ist ein Glück!«

Als eine Art Glück bezeichnet er auch seine persönlichen Erlebnisse mit dem Tod. Seine Eltern, die er begleitet hat, sind beide an unheilbaren Krankheiten gestorben, Bronchialkarzinom und Amyotrophe Lateralsklerose. Durch die Berührung mit dem Tod erlebte Martin Schläpfer, wie die Menschen in seinem Umfeld sich veränderten. Der Tod mache die Menschen gnädig.

»Meine beiden Brüder sind ja Schulmediziner, aber als Mama starb, hat Rudolf doch das Fenster aufgemacht. Ich fragte ihn, was machst du da? Damit die Seele raus kann, hat er gesagt. Das hat mich in gewisser Weise berührt. Diese Transformation meiner Mutter während des Sterbens und dann, eine Stunde später, ist sie schon käsig … schwer, hm …« Er seufzt und holt Luft, »… das ist tief beeindruckend. Ich bemühe mich, darüberzustehen, weil ich es komisch finde, dass der Tod für uns so ein großes Problem ist. Wenn Sie jetzt einen ganz lieben Menschen haben und mit ihm in einer Beziehung leben, und er stürzt übermorgen mit dem Flugzeug ab, ist das eine Katastrophe. Aber ich glaube, es ist falsch zu glauben, dass das Leben so und so lange dauert. Die Uhrzeiten der Leben sind verschieden. Ich glaube, man muss aufpassen, dass man nicht immer meint, nur ein achtzigjähriges Leben sei ein gutes Leben gewesen.«

»Haben Sie Angst vor dem Tod?«

»Hm … vor meinem? Oder vor dem eines anderen?«

»Das ist 'ne gute Frage«, sage ich überrascht. Die meisten Leute gehen von sich aus, würden über ihre eigenen Ängste, ihren eigenen Tod sprechen. Martin Schläpfer, so wie ich ihn bisher erlebte, geht nicht den geraden Weg. Don't be bürgerlich. Don't be konventionell. Das Credo eines Künstlers.

»Wir können ruhig mit Ihrem anfangen«, schlage ich vor.

»Vor meinem eigenen Tod habe ich kaum Angst. Obwohl ich das jetzt sage, will ich nicht behaupten, dass es mir leichtfällt.«

»Warum?« Im ersten Moment mag es naiv klingen. Das ist es nicht. Ich bin davon überzeugt, all die Warums, die man als Kind pausenlos abfeuert und sich – warum auch immer – mit jedem Jahr des Älterwerdens selbst versagt hat, zielen auf die Erforschung essentieller Grundwahrheiten ab; auf plumpe Weise womöglich, doch sie treffen, sofern man sich ernsthaft ihrer Beantwortung zuwendet, ins Herz der Dinge. Warum scheint die Sonne? Warum muss ich früh schlafen gehen? Warum muss ich Strumpfhosen anziehen? Warum ist Opa gestorben? Warum lebe ich? Martin Schläpfers schöne Steilvorlage vorhin, die Hauptfrage des Lebens sei das ›why‹, macht es einfach, vermeintliche Kinderfragen zu stellen.

Er setzt sich auf, legt die Hände ineinander, massiert sie. Nichts mehr erinnert an die entspannte Haltung von eben. Sein Körper ist hellwach.

»Ich bin halt jemand, der hinguckt. Ich glaube, das ist etwas vom Schwierigsten und mit viel Arbeit verbunden, so genau hinzuschauen, also psychisch hinzuschauen. Ich habe keine Angst vor dem Abgrund, und ich versuche, es mir wegzuerziehen, dass wir so einen Schiss haben davor. Allerdings hatte ich auch schon Wut, weil man sterben muss. Es ist auch nichts Leichtes.« Er legt eine Pause ein.

»Sehen Sie, ich habe viel gelitten in meinem Leben. Ich war lange suizidal. Ich bin ein hochemotionaler Mensch. Inzwischen bin ich viel gefestigter. Aber ich kann mir vorstellen, dass man sich umbringt aus Liebeskummer. Absolut. Ich finde den Suizid auch nicht tragisch. Er ist das Recht eines jeden Menschen, so er keinen Ausweg findet.«

Abrupt steht er auf. Durch die Schlitze der Rollolamellen fällt Sonnenlicht. Als er zu seinem Schreibtisch hinübergeht, ist er gestreift. Eine Weile sucht er zwischen Unterlagen, Bildbänden und Büchern nach etwas.

»Ich bin jemand, ich muss viel denken, ich muss sehr viel lesen, ich habe das Bedürfnis, mich auf diese Weise zu stimulieren. Es gibt großartige Literatur. Ich lese immer durcheinander. Im Moment lese ich Knausgård, *Die Brüder Karamasov*, ein wissenschaftliches Buch von einem Israeli über die Menschheitsgeschichte, Seethaler, den ich sehr mag und dann *Die Philosophie der Freiheit* von Steiner. Aber das ist für mich sehr schwierig. Meistens bin ich abends zu müde, darum kämpfe ich damit. Im Moment habe ich ein Bilderbuchfaible.« Er deutet auf einen aufgeschlagenen Band mit farbigen Zeichnungen.

»Aber das wollte ich Ihnen nicht zeigen. Gerade ist mir Viktor Frankl in den Sinn gekommen. Er hat das KZ Auschwitz überlebt und eine Psychiatrieschule in Amerika aufgebaut. Frankls Positivismus irritiert mich. Wie er das KZ verkraftet hat, irritiert mich. Kennen Sie sein Hauptwerk?«

»Nein.«

»*Man's Search for Ultimate Meaning* ist der englische Titel.«

»›Man's search for meaning‹ passt ziemlich gut zu unserem Thema«, sage ich.

Er hört auf zu suchen und sieht mich an.

»Der Tod. Ich finde ihn auch nicht toll. Allerdings ist es doch absurd, dass wir alle vor etwas Angst haben, was wir doch müssen. Sterben. Es führt kein Weg dran vorbei. Das Älterwerden ist ein klares, permanentes, langsames Rotieren, eigentlich eine Spirale hin zum Abbau. Ich wundere mich immer, dass wir so Mühe haben mit dem Tod. Ganz kalt gesprochen, finde ich es interessant, diese Mühe der Menschen mit dem Tod. Ich glaube, man sollte durch die Lebensphasen gehen und bewusst erleben, wie man sich verändert, und letztlich das Sterben irgendwie umarmen.«

Der Ballettsaal leert sich. Martin Schläpfer ist Punkt zehn Uhr als Letzter gekommen. Punkt elf verlässt er als Erster den Raum. Der Pianist winkt mir zu und geht über die Tribüne hinaus. Trotz des unbequemen Sitzplatzes warte ich, bis die anderen gegangen sind und ich die Letzte bin, die, die nichts getan hat, die, die sich nicht angestrengt hat, die, die genießen durfte.

Die, die jetzt den sich verdoppelnden Raum durch den großen Spiegel betrachtet und sich freut.

Martin Schläpfer ist verschwitzt. Von der Anstrengung haben sich unter die Augen Schatten gelegt. Ich klopfe an den Türrahmen seines offen stehenden Büros, er bittet mich herein. Aus dem Schrank nimmt er ein weißes T-Shirt und zieht es über. Den ganzen Tag habe ich ihn als grauen Falken erlebt, jetzt lehnt er sich gegen die Tür, und das Weiß strahlt auf sein Gesicht ab. Er fragt mich, wie es mir gefallen habe. Viel zu angefüllt von all den Eindrücken, bringe ich nur »super« und »Danke« heraus. Als wir uns zum Abschied die Hände geben, vergesse ich beinahe, die Frage zu stellen, die mich neben all denen zum Tod am meisten interessiert: Was ist für ihn ein erfülltes Leben?

»Wahrscheinlich, wenn man dort ankommt, wo man das Schlechte oder Ungute, das man im Leben gemacht und erfahren hat, nicht mehr verdrängt, sondern anschaut und ein Stück weit verzeiht. Weicher gegen andere und sich selber zu werden. Mit weicher meine ich, was man ethisch für richtig hält. Ethisch ist für mich persönlich nichts, was mir ein Gott vorschreibt. Es ist aber sicherlich etwas, das ich aus christlichen Werten herleite, zumindest, weil sie mich auch modulieren und ich dazu stehe. Ich habe nicht das Glück wie mein Vater oder wie meine Brüder, mich klar für die atheistische Linie zu entscheiden. Ich wünschte es mir. Ich hänge vielmehr dazwischen. Es kann auch mal sein, wenn es mir hundsmiserabel geht, dass ich bete, aber nicht im eigentlichen Sinne. Ich glaube, du kannst beten, indem du wirklich ganz wach bist, in dem, wie du arbeitest, wie du mit Menschen umgehst.«

Leicht drückt er meine Hand, bevor er sie loslässt. »Auch bewusst hart umgehst. Ich mein damit einfach nur ein Bewusstsein, ein Gespür und eine Sensibilität für das Schwächere.«

Auf dem Nachhauseweg fällt mir ein, was ich vergessen habe Martin Schläpfer zu fragen. So ist es meistens: Hinterher blitzen die besten Gedanken auf.

Wir tanzen auf der Titanic. Kann schon sein. Immerhin, wir tanzen.

AUGUST – URLAUB

8

Von Friedhofsmenschen und einem Goldfischglas im Mausoleum

Wann ist das eigentlich passiert? Wann habe ich angefangen, das Zitat aus der romantischen Komödie *Harry und Sally* umzudeuten? Während Sally Albright heult: »*Und nicht mehr lange, dann bin ich vierzig … irgendwann … genau so ist es, die Vierzig lauert auf mich in einer dunklen Sackgasse*«, bin ich kurz davor zu jammern: »Die Fünfzig, die Sechzig, die Siebzig, Achtzig, Hundertzwanzig … und so weiter lauert auf mich in einer dunklen Ecke« – oder, um es auf den Punkt zu bringen: Der Tod lauert auf mich. Auf uns alle. Mich. Sie. Dich. Uns. Ausnahmslos. Wir werden belauert.

Unumstößlich. Das ist der Lauf der Dinge, zwangsläufig, gesetzmäßig, das Normalste von der Welt. Warum fällt es mir aber so schwer, normal mit dieser Unabänderlichkeit umzugehen? Kann es überhaupt eine Normalität im Umgang mit dem Tod geben? Bin ich je normal, also ungezwungen, mit ihm umgegangen? Eindeutig ja. Als ich ein Kind war, waren weder Angst noch Faszination überbordend. Ich war leicht. Irgendwann, zu einem nicht mehr genau bestimmbaren Zeitpunkt, ist mir diese Leichtigkeit abhandengekommen, und jetzt ist es, wie es ist: Mein Herz vibriert zwischen zwei Schlägen, zwischen zwei Rhythmen, zwei völlig konträren Polen.

Ich brauche Urlaub.

Katholisch getauft, bin ich neben dem einzigen Friedhof eines 500-Seelen-Dorfes im protestantischen Schwabenland aufgewachsen. Der Friedhof war mir Spiel- und Abenteuerplatz, verbotenerweise. Meine Freunde und ich versteckten uns hinter Grabsteinen oder veranstalteten auf Grabplatten Schneckenwettrennen. Im Sommer benutzten wir den blau getünchten Brunnen für Wasserschlachten und als Swimmingpool. Wir setzen uns auf den Rand und ließen die Beine ins Wasser baumeln. Aus den welken Blumengebinden an der Sammelstelle für Pflanzenabfälle banden wir Kränze. Vor der kleinen Kapelle spielten wir Braut und Bräutigam. Leider wurde nicht ganz so häufig um meine Hand angehalten, wie ich mir das mit meinem ausrangierten Gardinenstoff als Schleier gewünscht hätte. Später spielten wir ›sterben und begraben sein‹. Die angemoderten Kranzblumen streuten wir über unsere ›Leichen‹. Manchmal rochen die Blumen ein bisschen komisch. Tot war, wer die Augen schloss. Doch der Friedhof barg keinerlei Schrecken. Jederzeit konnten wir unsere Augen wieder öffnen. An den Tod selbst, wer oder was er ist, haben wir keinen Gedanken verschwendet. Sterben war ein Spiel.

Was für mich als Kind normal war, wirkt makaber und pietätlos, zumindest bizarr, wenn ich darüber nachdenke. Das geht wohl nicht nur mir so. In einem Zeitungsbericht lese ich, dass wir in der westlichen Welt Tod und Sterben längst aus unserem Alltag, insbesondere vom wirklichen Leben separiert und die Beschäftigung mit ihm auf das Nötigste beschränkt haben. In deutschen Städten sieht man auf vielen Friedhöfen inzwischen bis zu fünfzig Prozent anonyme Gräber. Namenlose Tote liegen dort begraben. Der Trend ist steigend. Vor fünf Jahren waren noch drei von zehn Bestattungen anonym, heute sind es sieben. Mittlerweile verfügen annähernd sechzig Prozent der Menschen, dass sie oder ihre verstorbenen Angehörigen auf diese Weise bestattet werden. Diese Gräber wirken wie kleine grüne Rasenstücke, ausgelegt zu Verkaufszwecken. Als vor ein paar Wochen der Vater einer Bekannten in einem anonymisierten Rasengrab beigesetzt wurde, hatte ich die unwillkommene Vorstellung, gleich tritt ein Fertigrasenverkäufer hinter einer Konifere hervor und präsentiert seine Auslegware: Hier hätten wir das Modell ›Englischer Rasen‹, da den ›Robusten Allzweckrasen‹, dort den ›Einheitsrasen‹ und da drüben den ›Schattenrasen‹. Um anonymisierte Rasengräber braucht man sich nicht zu kümmern, sie benötigen allenfalls ein Mindestmaß an Pflege. Um zu demonstrieren, wie praktisch es ist, flitzt mein imaginierter Verkäufer zum nahe stehenden Rasenmäher, besteigt den kleinen Traktor und fährt über die Grünflächen. Ich schämte mich für meine abstrusen Gedanken und tröstete mich damit, dass ich Teil der westlichen Welt bin, die den Tod und alles, was daran gemahnt, auf Abstand hält. Mein Verkäufer war eine Übersprungshandlung, um weder die eigene Trauer noch die Verzweiflung meiner Bekannten an mich heranzulassen. Ein Stück Fertigrasen wirkt nicht wie ein Grab. Hier ist niemand beerdigt, erzählt es. Hier sprießt es, grün wie die Hoffnung.

Doch mit dem Urlaub ist es so eine Sache. Sobald ich entspanne, dehnt sich unwillkürlich meine Wahrnehmung, und Ideen strömen auf mich ein. Bereits beim Anflug auf Kairo kann ich es kaum erwarten, welche Eindrücke mich unter dem puderigen Dunst, der wie eine tiefliegende Wolke über der Stadt schwebt, erwarten. Von oben wirkt sie wie ein Sandkasten mit winzigen Häuschen und sehr geraden Straßen, über die ein Wind hinwegweht, der Ecken und Kanten abgeschmirgelt hat. Unzählige Farbnuancen zwischen Gelb, Beige, Goldbraun, Ocker fließen ineinander. Es ist meine erste Reise in den Orient. Ich werde die Wüste sehen, ein Sehnsuchtsort. In der letzten halben Stunde bin ich darüber hinweg geflogen und wurde verzaubert von den Farben und Formen. Und der Weite. Wie kann etwas so Baumloses so faszinierend sein? Am Saum der Wüste, dort, wo sie in die Stadt übergeht, scheint sie nur ihre Gestalt zu verändern.

In Kairo muss man Glück haben und das richtige Taxi erwischen. Glück bedeutet in diesem Fall ein weißer PKW mit Taxameter und kunstledernen, meist roten Sitzbezügen. Ich sitze im Modell ›Klassik‹, eine schwarz-weiße Karre, die ein bisschen so tut, als sei sie die Miniaturausgabe eines Straßenkreuzers aus den 50er-Jahren. Zumindest gilt das für einige Teile. Die Karosserie ist beunruhigend rostgesprenkelt. Innen verfügt es über mit Kunstfell bezogene Sitze. Darin tummeln sich gerne mal Flöhe. Kunstfell ist der letzte Schrei in den Kairoer Taxis. Djalil, mein ägyptischer Reiseführer, verhandelt mit dem Fahrer über den Preis und dreht sich dann zu mir um.

»Er will uns nicht fahren. Schön blöd von ihm.«

Wir steigen wieder aus, worüber ich ehrlich gestanden froh bin. Beim Anblick des ›klassischen Modells‹ würde nicht nur jeden TÜV-Prüfer der plötzliche Herzstillstand ereilen, sondern auch jede noch so gestählte Reinigungskraft. Hupend gibt der Fahrer Gas und lässt uns in einer kleinen Abgaswolke mitten in der Altstadt stehen. Egal wie sehr die Autos in Kairo Schrotthaufen gleichen, eines funktioniert immer: die Hupe. Während Djalil sich tollkühn durch den Verkehr schlängelt, der sich in der Straße El Gomhoria vor dem Hotel Victoria staut, lausche ich dem vielstimmigen Hupkonzert. Mit geschlossenen Augen würde ich Kairo erkennen. Für den hiesigen Autofahrer ist die Hupe das wichtigste Zubehör. Jede hat ihre individuelle Stimme. Die Art, wie gehupt wird, erinnert an eine eigene Sprache. Unablässig wird im Stakkato gequäkt, kurz aufgemotzt, getrötet, gehupt, gehupt, gehupt. Das ist auch nötig, weil sich keiner an die Verkehrsregeln hält. Gibt es in Kairo überhaupt Verkehrsregeln? Ich habe Angst um Djalil, der auf der Mittellinie stehend auf zwei Fingern pfeift, um uns ein Taxi heranzuwinken. Kurz darauf sitzen wir in einem nach Wunderbaum duftenden, strahlend weißen Wagen, der uns aus der Altstadt rauskutschiert Richtung Mokattamberge und uns in die etwas penetrante Geruchsrichtung Orange einhüllt.

»Der hier hat keine Angst.« Djalil lächelt aufmunternd.

 »Wovor? Vor einem Autounfall?«

Djalil blinzelt mir zu. Er weiß, ich versuche witzig zu sein, denn es geht um eine ganz andere Furcht. Die Furcht der Ägypter vor Friedhöfen.

»Wenn man *davor* Angst hätte, bräuchte man morgens gar nicht aufzustehen.«

Und ich wollte Urlaub machen. Stattdessen bin ich unterwegs nach Al-Qarafa, dem größten bewohnten Friedhof der Welt. Die Stadt der Toten.

Laut Weltgesundheitsorganisation sterben jährlich über siebentausend Menschen auf Kairos Straßen. Tendenz steigend. Ich versuche, ruhig zu atmen und betrachte durchs Seitenfenster die Szenerie der Stadtautobahn. Wie leichtfertig und sorglos alle mit ihrem Leben spielen: zum Bersten volle Kleinbusse mit offenen Türen, aus denen die Fahrgäste herausquellen. LKW, die ohne zu blinken ausscheren, um nicht markierten Schlaglöchern auszuweichen. Ein junger Mann – sortiert er wirklich während der Fahrt auf der Ladefläche Säcke um? – wankt nicht einmal, als der Pritschenwagen einen Haken schlägt und unseren Taxifahrer nötigt, auf die Bremse zu treten. Hinter einem Jeep stolpert mehr, als dass es galoppiert, ein dürres Eselchen vor einer hölzernen Karre mit einer Ladung Wassermelonen, pyramidenförmig aufgetürmt. Der Kutscher schwingt die Peitsche über den Ohren des Tieres.

»Normal«, sagt Djalil. Dieses Wort werde ich noch häufig hören. Sehr häufig. So häufig, dass ich am Ende meines Kairobesuches lange in den Spiegel starre um herauszubekommen, welcher Ausdruck sich in meine Gesichtzüge gefräst hat, der Djalil sein gleichmütiges, beinahe gelangweiltes ›Normal‹ dahinwerfen lässt.

Der Taxifahrer rast. Instinktiv umklammere ich den Türgriff und schließe die Augen. Motorenlärm. Unablässiges Gehupe. Der Fahrer schimpft. Irgendwo hinter uns knallt es, eine Fehlzündung.

Mit einem Mal ist es ruhig, beinahe still. Djalil gibt dem Fahrer ein paar Anweisungen. Ich öffne meine Augen. Vor uns liegt eine schnurgerade, staubdunstige Straße ohne Mittelstreifen und Seitenmarkierungen.

»Da vorne an der Kreuzung steigen wir aus. Ich hab ihm gesagt, in drei Stunden soll er uns abholen. Okay?«

»Okay. Ja.« Ich frage mich, was wir drei Stunden lang in einer Gegend wollen, die trostloser wirkt als das Vortindustriegebiet einer deutschen Kleinstadt.

»Auf geht's.« Erwartungsvoll reibt sich Djalil die Hände.

»Wollten wir nicht auf den Friedhof?«

Mit allumfassender Geste dreht er sich im Kreis.

Da wären wir also. Nachdem ich im Reiseführer von den sogenannten Friedhofsmenschen gelesen hatte, wollte ich den Ort sehen, wo sie leben. Ihre Zahl ist überwältigend: dreihunderttausend. Es sind Menschen, die auf Gräbern und in Mausoleen wohnen. Menschen, die tagtäglich mit dem Tod zu tun haben, ihn permanent vor Augen haben. Egal wohin sie schauen, da ist immer sein Fingerzeig: Eine Grabinschrift, ein Leichnam, eine Bestattung, jemand, der trauert, womöglich Gebeine. Vom Tod umgeben.

Ich gestehe, es war pure Neugier, die mich veranlasste, den Hotelportier zu bitten, mir einen Reiseführer zu empfehlen. Sein guter Bekannter Djalil, der professionell auch als Übersetzer arbeitet, sei der Richtige.

»Man kann sagen, ich kenne alle Sehenswürdigkeiten Ägyptens. Ich habe sie Tausenden Touristen gezeigt und ihnen Fakten und Geschichten erzählt. Die Totenstadt kenne ich nur vom Durchfahren.« Er ist ebenso wissbegierig wie ich zu erfahren, wie man auf einem Friedhof überhaupt leben kann.

Von Djalil erfahre ich, dass die Totenstadt aus insgesamt fünf miteinander verbundenen Friedhöfen besteht und das zehn Kilometer lange Gebiet mitten in Kairo von einem lockeren Straßenverkehrsnetz durchzogen ist. Obwohl viele

Kairoer diesen riesigen Friedhof für einen mysteriösen, unheilvollen Ort halten, den sie zu Fuß möglichst meiden, nutzen sie ihn als Autofahrer gerne, um beispielsweise staufrei vom Stadtteil Maadi nach Nasr City oder Heliopolis zu gelangen. Natürlich wissen alle von der menschlichen Besiedlung des Friedhofs. Aber so richtig wahrhaben will es keiner. Es zu glauben fällt auch schwer. Dass hier bereits während der Mameluckenzeit Menschen gewohnt haben, wissen allenfalls Reiseführer oder Geschichtsinteressierte mit dem Fachgebiet Nekropolen.

»Leichname werden in Ägypten nicht direkt in der Erde vergraben«, führt Djalil aus. Er lässt sich meine Tasche zeigen und prüft, ob ich mich seiner Empfehlung gemäß mit ausreichend Wasserflaschen versorgt habe. Ich schleppe drei Liter mit mir.

»Man wickelt sie in Leintücher und bettet sie in unterirdische Grabkammern, mit dem Kopf Richtung Osten. Dann baut man ein Mausoleum darüber. Die Leute nutzten früher die Gräber als sozialen Familientreffpunkt, damit die verstorbenen Ahnen an unseren wichtigen Festen teilhaben konnten, zum Beispiel am Opferfest.«

Im Gegensatz zu heute seien Friedhöfe keine exklusiven Orte für die Toten gewesen. Häufig waren die Mausoleen mehrräumig und komfortabel eingerichtet. Die Trauerperiode in Ägypten beträgt traditionell vierzig Tage; eine Zeit, die man eng verbunden mit seinen Toten verbrachte. Für die Hinterbliebenen war es nicht merkwürdig, wenn sie die Nacht vor einem Feiertag in dem oftmals geräumigen Grabhof über der Leichenkammer wohnten. Der Friedhof war ein belebter Ort. Früher.

»Es wurden auch Grabwächter bestimmt für die Zeit, wenn die Familien nicht da waren. Sie sollten über den Toten wohnen und sie bewachen. Die Wächter holten natürlich ihre eigenen Familien nach. Ist ja viel schöner, wenn alle zusammen sind. Es waren meistens Leute vom Land. Mit vielen

Kindern. Die brachten Leben in die Bude.« Djalil räuspert sich und wirft mir einen Seitenblick zu, ob sein Scherz angekommen ist. Ich lächle. »Man kann sich vorstellen, dass es mit den Toten allein oft etwas langweilig war. So begann es. Früher war es eben normal, auf Gräbern zu schlafen und zu essen und auch zu feiern.«

Letztlich, wenn man so wolle, könne der pharaonische Totenkult als Ausgangspunkt für diese ungewöhnliche Anpassung an die heutige prekäre Wohnraumsituation in Kairo betrachtet werden. Mit den Jahren wuchs Kairo, dehnte sich in die Wüste aus. Die Totenstadt war bereits gebaut, als die Bevölkerungsexplosion einsetzte. Nach und nach umschloss die Stadt den früher außerhalb gelegenen Friedhof.

»Später, nach dem Oktoberkrieg von 1973, kam es zu einer Landflucht; vor allem Leute aus Oberägypten strömten nach Kairo. Wo sollten die Leute hin? Die Reichen und Betuchten hatten kein Problem. Die Armen zogen auf den Friedhof. Dass er sich in den letzten vierzig Jahren zu einem Slum entwickelt hat, tja, darüber schweigt man.«

Das ehrwürdige und zu Recht stolze Ägypten mit seiner reichen und altehrwürdigen Kultur, erfahre ich, hat offiziell keine Friedhofsmenschen zu haben. Nicht in dem Ausmaß.

Dreihunderttausend Menschen! Wie soll ich mir bloß eine solche Zahl an Personen vorstellen, deren Heimat Gräber sind?

Ich schaue mich um. Keine Menschenseele zu sehen. Wir stehen an einer Weggabelung und überlegen, in welche Richtung wir gehen sollen. Bisher habe ich nicht den Eindruck, mich auf einem Friedhof zu befinden, eher in einem verlassenen Stadtteil Kairos, aber Djalil behauptet steif und fest, hier sind wir richtig. Von unserer Straße gehen weitere Sträßchen und Gassen ab, alle im rechten Winkelmaß, gesäumt von Mauern und flachen Bauten, die allesamt unbehaust wirken. Größtenteils sind die Eingänge mit Ketten und Vorhängeschlössern gesichert. Wie schon beim Flug über Kairo habe ich den Eindruck, die Wüste hat lediglich architektonische Formen angenommen. Kaum ein Baum oder ein Fleckchen Grün ist zu entdecken. Stattdessen Stille und Sand. Ich kann die Trockenheit riechen und schmecken. Im Hintergrund erhebt sich die prachtvolle Zitadelle mit der Mohammad-Ali-Alabastermoschee wie ein silberner Thron in den Himmel über den kleinen Gebäuden, die überzogen von einer Sandschicht stumpf und matt wirken.

Djalil deutet auf ein ungepflastertes Seitengässchen, festgestampfte Lehmerde, wenig einladend. Was habe ich hier verloren? Lediglich meine Neugier und, ich muss es zugeben, auch Schaulust, haben uns hergeführt. Plötzlich erscheint mir mein Vorhaben, die Stadt der Toten zu erkunden, völlig idiotisch. Ich wollte Urlaub machen. Auch Urlaub von meinem Projekt ›Mein Jahr mit dem Tod‹. Mit Sicherheit wäre die Alabastermoschee schöner. Oder die Liege am Swimmingpool. Oder die Besichtigung der Sphinx und Pyramiden. Oder ein Spaziergang am Saum der Wüste, der eigentliche Grund meiner Reise. Mein Begleiter wartet. An seinem Schmunzeln erkenne ich, er ahnt, was mir durch den Kopf geht.

Seit mehr als fünfzehn Jahren arbeitet Djalil als Reiseleiter. Er kennt Ägyptens Pracht, kann kulturhistorische Vorträge über Luxor und das Tal der Könige halten, über Abu Simbel, den Assuan-Staudamm, den Nil und seine wirtschaftliche und emotionale Bedeutung, die Bibliothek von Alexandria. Er ist eine Leseratte, wie er mir gesteht, und zeigt seine feingliedrigen Finger, die mit Vorliebe Buchseiten umblättern. Er weiß, Ägypten kann die höchste Anzahl von Nobelpreisträgern in ganz Afrika und der gesamten arabischen Welt vorweisen. Wahrscheinlich kennt er sogar das Geheimnis um die fehlende Nase der Sphinx. Er beherrscht fünf Sprachen fließend in Wort und Schrift, liebt seine Heimat, eine gute

Shisha im Café in Gesellschaft von Freunden und ist stolz auf die Gastfreundschaft der Ägypter. Seine Familie stammt aus einem kleinen Dorf in Oberägypten. Dort liegen seine Eltern und Großeltern begraben. Insofern hat er keinen Bezug zum Kairoer Friedhof. Djalil ist ein kulturell und politisch interessierter Mensch. Nach dem Arabischen Frühling, der in Ägypten Ende Januar 2011 mit dem ›Tag des Zorns‹ begann und Anfang Februar mit dem Rücktritt von Präsident Mubarak und der Machtübernahme des Militärrats seinen Fortgang nahm, war auch er in heiterer Aufbruchstimmung. Wie viele seiner Landsleute verspürt er eine tiefe Sehnsucht nach Demokratie und dem großen Aufatmenkönnen. Obwohl er viel über die Kultur und Historie Ägyptens weiß, will er noch mehr über sein Heimatland wissen; insbesondere über das, worüber gemeinhin geschwiegen wird.

»Was denkst du, wird überhaupt jemand mit uns sprechen wollen?« Ich zögere, mein kleines Fleckchen Trottoir verlassen und mich wirklich zwischen die Mausoleen zu begeben. Die Gegend wirkt zwar nicht feindlich, doch ich habe gelesen, die Friedhofsbewohner sind Touristen gegenüber nicht unbedingt aufgeschlossen. Wieso sollten sie auch? Da kommt eine mit einer Kamera, die nicht einmal ihrer Sprache mächtig ist, latscht zwischen ihren Wohnungen herum, beglotzt alles und meint Auskunft zu erhalten auf so impertinente Fragen wie ›Na, wie lebt es sich hier denn so? Mit einer Leiche in der Grabkammer unter dem Esstisch?‹ Würde ich mich so in einem deutschen Stadtviertel verhalten? Beispielweise in Hamburg-Blankenese? Mal im Ernst: Würde ich in Blankenese an eine Villentür klopfen und mich nach dem speziellen Umstand erkundigen, der das Viertel weltberühmt gemacht hat? ›Hallo, wie lebt es sich denn so als Pfeffersack im teuersten Wohnviertel der Nation?‹

»Wir werden sehen«, sagt Djalil. »Die Leute gehören zu den Ärmsten der Armen. Sie schämen sich bestimmt etwas.«

Wir sehen in dieselbe Richtung. Die Gasse ist schmal und führt zu einer Mauer, auf die ein schwarzer Würfel gemalt ist.

»Da lang?«

Er nickt. Wir gehen, und ich weiß nicht, wie ich mich fühlen soll. Die Friedhofsmenschen, so stelle ich mir vor, haben eventuell im Laufe der Zeit die Berührungsängste dem Tod gegenüber verloren. Kann man sich in einem Grabhof geborgen fühlen? Kann der Friedhof ein Zuhause werden?

An der Mauer mit dem Graffito der schwarzen Kaaba biegen wir nach rechts.

»Sieht die Totenstadt überall aus wie hier?« frage ich.

»Nein.«

»Wie sieht sie aus?«

»Ich weiß genauso wenig wie du.«

»Aber du weißt, dass sie anders aussieht.«

»Ich weiß, wenn irgendwo Menschen sind, verändern sich die Dinge.«

Kaum sind wir um die Kurve, steht er vor uns. Aus heiterem Himmel: Der große, wüstenfarbene Hund, räudig, dreckig, abgemagert. Und seine vier Freunde. Sie sehen hungrig aus. Wäre dies eine Geschichte, würde ich denken, der Autor hat seine Hausaufgaben gemacht. Er kennt die ägyptische Mythologie und weiß, Hund und Tod gehören zusammen. Aber das hier ist die Wirklichkeit.

»Da haben wir ihn schon. Anubis.« Djalil lacht lauthals und versucht, die Hunde mit einem Handwedeln zu verscheuchen. Sie weichen nicht zurück.

»Djalil?! Sag jetzt nicht, die wollen nur spielen.«

Er grinst. Wie ich erfahre, ist der Friedhof von mindestens so vielen streunenden Hunden (und dreimal so vielen Katzen) bevölkert wie von Menschen. Es war nur eine Frage der Zeit, bis wir einem von ihnen über den Weg laufen würden, und keine symbolträchtige Fügung. Trotzdem berührt es mich eigenartig, dass mein erster Kontakt mit einem Lebewesen ein Hund ist. Bei genauer Betrachtung fallen mir die zitternden Flanken der Fünf und ihre eingeklemmten Schwänze auf. Das sind mir schöne Totengötter. Djalil geht stramm auf sie zu. Im Nu nehmen sie Reißaus und sind so rasch verschwunden, wie sie aufgetaucht sind.

»Normal.«

Während wir weitergehen, ich folge Djalil blind, füllt er meine Wissenslücken über die altägyptische Mythologie auf. Er liebt es zu dozieren. Anubis hat drei Darstellungsformen: Hund oder Schakal oder Mensch mit Hundekopf. Neben Schakalen und Wölfen galten auch Hunde als Wüstentiere. Man erachtete sie als Seelenführer ins Jenseits. Anubis war der Wächter über die Einbalsamierung der Toten. Mit seinen Fingern öffnete er ihre Münder und ließ die Seelen entweichen. Gemeinsam mit Mondgott Thot saß er dem Jenseitsgericht vor. Nach dem Abwägen der Seelen fällte er sein Urteil: Durften sie in das Lichtland des Duat einziehen, oder mussten sie im finsteren Teil des Totenreichs bleiben?

»Du weißt ja, dass Osiris von seinem Bruder Seth zerhackt wurde. Seth hat die Einzelteile überall auf der Welt verstreut. Anubis und Isis sammelten sie wieder ein. Dann balsamierte Anubis die Teile und baute Osiris Stück für Stück wieder zusammen. Laut Mythos war es die erste Mumifizierung einer Leiche. So entstand der Totenritus der alten Ägypter.«

Unvermittelt legt mir Djalil eine Hand auf die Schulter und schiebt mich vor eine halbhohe grüne Tür.

»Da«, er deutet über das trockene Holz hinweg.

Ich spähe in einen Grabhof hinein, sehe arabische Schriftzeichen, Sterne und Symbole an den Wänden. Das Mausoleum ist wunderschön. Still und menschenleer. Djalil weist auf die dunkelbraunen Handabdrücke auf den Mauern.

»Ziegenblut. Auch ein Ritus.«

»Oh!« Irritiert betrachte ich das Muster und kann kein Blut erkennen.

»Getrocknet natürlich. Vom Opferfest. Die Leute schlachten Ziegen oder Schafe, tunken ihre Hände ins Blut und drücken sie gegen die Mauern.«

Irgendwas zuckt in mir zusammen. Das Ritual will ich mir lieber nicht ausmalen.

Einige Zeit gehen wir schweigend nebeneinander her. Es bietet sich stets der gleiche Anblick: Gassen, Sand, Pulverlehm, geschlossene Grabhäuser, Mauern, oft verziert mit orientalischen Ornamenten, Mosaiken und Ziegenblutabdrücken. Djalil dirigiert mich durchs verschlungene Gässchengewühl, und ich frage mich, woher er die Gewissheit nimmt, dass dies der richtige Weg ist. Durch kunstvolle schmiedeeiserne Schnörkelgitter schaue ich mir einen Grabhof nach dem anderen an. Die meisten sind mit Koranversen und den Namen der Verstorbenen auf Marmortafeln beschriftet. In einigen befinden sich Rechtecke aus lockerem Sand oder loser Erde in der Größe eines Grabes auf dem Boden. In manchen ist der Boden betoniert oder mit Steinplatten oder Fliesen ausgelegt. Mitunter spenden Sonnendächer aus Holz, Carports ähnlich, Schatten. Fast alle Holzarbeiten, seien es Türen, Fensterläden, Verschläge, Balken oder Latten für Überdachungen, sind grün, die Farbe des Islam.

»Laut Überlieferung war es die Lieblingsfarbe des Propheten Mohammed, weil sie die Symbolfarbe der Auferstehung ist«, sagt Djalil. »Aber ich glaube das nicht. Grün ist das Gegenstück zur Wüste. So wie sie Grönland eigentlich Grünland genannt haben, gerade weil es ein Eisland ist. Grün ist die Farbe des Lebens. Die meisten arabischen Länder sind Wüstenländer. Grün zu verwenden ist konsequent, oder?«

Klingt einleuchtend, doch mich wundert, wie lax er über seinen Propheten spricht.

»Glaubst du nicht an Allah?«

»Warum sollte ich?«, ist die knappe Antwort. Rasch wendet er sich ab und geht voraus. Trotzdem habe ich einen Blick auf seine Stirnfalte werfen können.

Zusehends verändert sich etwas. Je tiefer wir in die Totenstadt eindringen, desto grüner wird es. Nicht nur, was die Bemalung der Gebäude angelangt. Vor und in den Grabhöfen wachsen Agaven, Dattelpalmen, Aloe Vera, Eukalyptus, Tamarisken und Akazien.

»Da, was habe ich gesagt? Wenn Menschen da sind, verändern sich die Dinge.«

Zwischen staubigen Palmenblättern drängeln sich die Blüten eines Hibiskus. Sein Rot leuchtet fröhlich. Allmählich vergesse ich, dass ich mich auf einem Friedhof befinde, zumal die Mausoleen jetzt wie kleine Häuser mit Gärten wirken. Ich bleibe einen Augenblick stehen und spähe durch einen Mauereingang. Dahinter liegt ein größeres Areal mit einfachen steinernen, ungefähr hüfthohen Gräbern, die Truhen gleichen und mit schlichten Steinplatten und stelenförmigen Tafeln an Kopf- und Fußseite geschmückt sind. Eine Stele ziert ein grüner Eulenkopf. Zumindest erkenne ich in der Steinmetzarbeit eine Eule, womöglich ist es aber auch ein florales Ornament, eine Tulpe oder ein Krokus. In der Sonne leuchten die Farben der Gräber türkis, ocker und rostorange. Wie schön und aufregend es ist, hier zu sein und mir diese fremde Welt ansehen zu können. Ich bin inmitten der Totenstadt. Sie wird grüner und bunter, dennoch trägt sie einen Staubschleier, scheint verhüllt. Bisher sind wir keinem Bewohner begegnet. Es ist einsam hier. Die Einsamkeit ist sichtbar. Ein Blick auf meine Schuhe und Kleidung beweist, sogar auf mich hat sich der Staub gelegt. ›Denn Staub bist du, und zum Staube wirst du zurückkehren.‹ Es sind Worte, die mir als Westlerin auf einem Friedhof geläufig sind.

»Zwischen meinen Zähnen knirscht es schon.«

Djalil grinst. »Willkommen in Kairo.«

Mit der Bepflanzung nimmt auch die Verschmutzung zu. Überall liegt aufgehäufter Müll, hauptsächlich Plastikverpackungen und Pappkartons. Es riecht. Manche Haufen kokeln und schwelen vor sich hin. Der giftige Rauch ist beißend. Djalil geht schneller. Ein paar Gassen weiter wird es besser, und ich kann das Taschentuch, das ich auf Mund und Nase gedrückt halte, wieder einstecken. Unter den Fenstern der Mausoleen befindet sich kein verrottbarer Abfall mehr, nur noch Schrott und alte Autoreifen. In einem hat es sich ein Hund bequem gemacht. Als wir vorbeigehen, duckt er sich weg. Ein paar Ecken weiter biegen wir in eine erstaunlich ordentliche Gasse ein, es sieht aus, als hätte plötzlich jemand den Boden gefegt. Auf einer Wäscheleine flattern Tücher und ein an beiden Ohren aufgehängtes, offensichtlich sehr durchgeliebtes Stofftier, Bär vielleicht. Zwei Hühner kreuzen unseren Weg, marschieren gackernd durch die geöffnete Tür und verschwinden im Inneren eines Grabhauses. Noch bevor ich den alten Mann auf der steinernen Bank davor richtig wahrnehme, tritt eine schwarz gekleidete, rundliche Frau aus der Tür, durch die eben die Hühner spaziert sind, nickt freundlich und kippt einen Eimer Wasser auf die Erde rund um eine junge Dattelpalme.

Das ist Faridah.

Keine Minute später schleppt sie zwei ramponierte, französische Bistrostühle aus ›ihrem Haus‹ und lädt uns ein, in ›ihrem Garten‹ Platz zu nehmen. So einfach geht das. Man sagt ›Salem Aleikum‹, erkundigt sich nach dem Befinden und ob man sich ein bisschen unterhalten dürfe. Darf man. Gerne sogar. Besuch ist eine willkommene Abwechslung. In Faridahs Gasse verirren sich wenige Ausländer, die meisten wollen zu den Sehenswürdigkeiten der Totenstadt, zum Sultan-Qaitbey-Komplex, zur Moschee Hosch Al-Basha oder dem Schrein im Inneren des Saiyida-Ruqaiya-Mausoleums.

»Meine Nachbarin glaubt, die Touristen kommen nur, um uns zu begaffen. Das ist nicht meine Erfahrung. Sie kommen, um sich zu unterhalten. So wie Sie. Menschen unterhalten sich gerne.« Faridah lacht und wischt mit einem Lappen über die Sitzflächen der Stühle.

Das Auffälligste an ihr sind nicht ihre hennagefärbten Locken, die unter dem schwarzen Schleier hervorlugen, oder dass sie ihn, nachdem sie sich neben ihren Vater gesetzt hat, abnimmt und gut gelaunt ihre Haare schüttelt, sondern ihre perfekte Mani- und Pediküre. Pinkfarbene und schwarze Streifen, durchzogen von filigranen Blümchen und Punkten, zieren ihre Nägel. Ich habe ja viel erwartet, aber nicht, dass eine Grabbewohnerin peppigen Nagellack benutzt.

Faridah erklärt ihrem schwerhörigen Vater, wer wir sind. Der alte Mann blickt finster und wird von ihr neckisch in die Seite geknufft. Er soll nicht so böse dreinschauen. Das sei seine Lieblingsbeschäftigung, Leute zornig anzusehen. Vor allem seit er den Schlüssel zum Wasserhahn habe. Sie deutet auf die vergitterte Eisenpforte, neben der ihr Vater Stellung bezogen hat. Dahinter befindet sich einer der wenigen Grabhöfe mit offiziellem Wasseranschluss.

»Wenn ich nicht seine Tochter wäre, müsste ich nett zu ihm sein, damit ich Wasser kriege.« In Faridahs Augen blitzt der Schalk. Auch wenn ich kein Wort Arabisch verstehe, merke ich an ihrer Haltung, dass sie es ironisch meint. »Wenn *er* will, dass *ich* koche und wasche, muss *er* nett sein.«

Als ich mein Lachen nicht unterdrücken kann, sieht mich der Vater, der bislang betont an uns vorbeigesehen und auf einem Zahnstocher gekaut hat, neugierig an. Dann kneift er Faridah in die Seite. Sie soll aufstehen und mir ihren Platz neben ihm anbieten. Djalil nickt mir zu, und ich setzte mich neben den alten Mann und werde eingehend gemustert. Offensichtlich bestehe ich die Prüfung, denn er platziert seinen Krückstock, der anfangs zwischen uns stand, auf der anderen Seite und gibt Djalil zu verstehen, wir könnten unsere Fragen stellen. Nicht an ihn, das verbittet er sich, sondern an seine Tochter. Er wolle in Ruhe gelassen werden. Damit schließt er die Augen und legt die gefalteten Hände in den Schoß.

Faridah rollt mit den Augen, nach dem Motto: So ist er halt! Im Gegensatz zu ihrem wortkargen Vater erzählt sie munter, so als genieße sie es, sich mitzuteilen. Sie ist zweiundfünfzig Jahre alt und lebt, seit sie denken kann, in der Totenstadt. Das Mausoleum, das sie und ihr Vater bewohnen, gehört ihrer Familie seit Generationen. Die Ur- und Großeltern, Tanten und Onkels, ein Bruder und ihre Mutter liegen unter ihnen begraben.

Vor unserem Besuch in Al-Qarafa hat Djalil sich kundig gemacht und gelesen, dass nicht alle Grabhöfe ihren derzeitigen Bewohnern gehören. Teils leben die Menschen illegal hier, in ständiger Angst vor Vertreibung, teils zur Miete. Die Vermietungsorganisation ist fest in der Hand von Grabmeistern, einer Art Verwalter für die eigentlichen Besitzer. Neben dem Bestatterhandwerk, das sie ausüben, tragen sie auch Sorge dafür, dass die Höfe gut gepflegt werden.

»Ich kam hier zur Welt.« Faridah poliert ihre Nägel am Saum ihres Ärmels. »Ich habe hier gespielt mit meinen Freundinnen, ich habe hier geheiratet, bekam hier meine Kinder. Als die noch klein waren, verließ mich mein Mann. Er war Tagelöhner, draußen. Da fand er eine Bessere und blieb bei ihr in der Stadt. Ich war ihm nicht böse, vor allem nicht, weil er die Kinder manchmal zu Ausflügen abholte.«

Als Kind, so erinnert sich Faridah, hat sie sich in den Nil verliebt, nachdem sie von der damaligen Nachbarsfamilie zu einem Bootausflug eingeladen wurde. Ihr Gesicht leuchtet, als sie von dem einzigen Urlaubstag ihres Lebens erzählt: die Wellen, das Blaugrün des Wassers, die Gärten und schönen Häuser am Ufer, abends die Lichter der Stadt. Es gab für jedes Kind ein Bonbon.

Unvermittelt legt sich ein Schatten über ihr Gesicht. »Zwei Tage später starb meine Mutter an einer Blutvergiftung. Wir waren nicht schnell genug. Das Krankenhaus ist weit entfernt. Manchmal danke ich Allah, dass er sie früher hat gehen lassen. Sie hat es jetzt besser als wir.« Faridah murmelt ein kurzes Gebet und dankt Allah. Auch hofft sie, dass – Inschallah, so er will – keiner mehr aus ihrer Familie nach ihr und ihrem Vater auf dem Friedhof wohnen wird.

»Nicht oben, nur unten. Dort wohnen wir am Ende alle zusammen.«

Dann wird sie wieder fröhlich und berichtet von ihren beiden Kindern, denen der Sprung in die Stadt geglückt ist. Dafür hat sie lange und hart gearbeitet.

»Auch wenn sie nicht immer wollten, ich habe sie gezwungen, in die Schule zu gehen. Wir haben in der Totenstadt eine eigene Schule und eine Koranschule.« Ihr Stolz ist unverkennbar.

Und ich wundere mich. Wenn sie ihren Kindern eine Schulbildung ermöglicht hat, damit sie außerhalb der Totenstadt ein Leben führen können, warum bleibt sie selbst hier? Könnte sie nicht bei ihnen leben? Zumal sie bereits mehrfache Oma ist. Sie zeigt mir Fotos von ihren Enkeln, die sie, wie auch ein vorsintflutliches Model eines Mobiltelefons, in einem spitzenbehäkelten Stofftäschchen in ihrem Büstenhalter trägt. Ungeniert öffnet sie ihr hochgeschlossenes Klein ein Stück, greift in den Ausschnitt und zieht die Bilder von lachenden, strahlenden Kindern hervor, Jungs und Mädchen im Baby- und Kindergartenalter. Sie erzählt von ihren Vorlieben für gewisse Speisen und was sie gerne spielen.

»Harun, das ist der Älteste«, sie deutet auf den Jungen mit dem sehr gerade gezogenen Scheitel, der die anderen auf dem Bild überragt. »Er ist acht. Als er einmal hier war, hat er die Hühner gejagt.«

»Warum leben Sie und Ihr Vater nicht bei ihnen?«

Ein Wimpernschlag hinüber zu ihm spricht Bände. Das Alter des ledrigen, zerfurchten Mannes in seiner dunklen Galabeya ist schwer zu schätzen. Über siebzig ist er bestimmt. Während Faridahs Haut zart und erstaunlich faltenfrei ist, haben Sonne und Staub die seine tiefbraun gegerbt. Sein

Schädel ist bis auf zwei große, dunkle Warzen kahl. Mitten auf der Stirn befindet sich der obligatorische schwarze Punkt. Es ist jene Stelle, wo der Kopf beim Beten den meist schmutzigen Boden berührt. Er ist also gläubig, dennoch trägt er keinen Vollbart, wie viele Moslems es tun, um ihrem Propheten gegenüber ihre Wertschätzung zu bekunden. Dafür lässt er sich einen Dreitagebart stehen, wenngleich ich davon überzeugt bin, dass er von diesem Schönheitstrend noch nie etwas gehört hat. Obwohl … vielleicht täusche ich mich. Wenn ich mir Faridahs Hennahaare und ihre bunten Nägel so ansehe, liegt der Verdacht nahe, dass in diesem Haushalt sehr wohl auf Äußeres geachtet wird.

»Allah sorgt für uns«, sagt sie leise, und ich begreife, wie dicht Glaube und Schicksal in ihrer Vorstellung verwoben sein müssen, zwei untrennbare Einheiten. Allah ist allgegenwärtig. Nicht nur durch sichtbare Symbole wie die zahlreichen Moscheen und Minarette, der tägliche Gesang der Muezzine, die Verhüllung der Frauen und das Abzählen der Perlen der Misbaha; gläubige Muslime wie Faridah haben ihr Leben nach ihrem Gott ausgerichtet. Er steckt in allem. Alles ist er. Der Glaube ist tief und lebendig.

»Mein Leben hat Gott so gewollt. Wenn ich wegziehen könnte, würde ich es tun. Aber ich bin hier und träume von einer schönen Wohnung in der Stadt, nichts Besonderes, nur eine ganz normale Wohnung mit Strom aus der Steckdose.«

Ein paar Tausend Grabhöfe sind an die staatliche Elektrizitätsversorgung angeschlossen, meistenteils im südlichen Teil des Friedhofs, nahe der berühmten Moschee von Imam Al-Shâfi'í und auf dem Gebiet, wo freitags ein Krämermarkt stattfindet. Faridahs Hof im Norden ist es nicht, jedenfalls nicht offiziell.

»Die Männer haben Strom von den Straßenlaternen abgezwackt und Kabel über die Dächer verlegt und oben an den Mauern entlang. Ich besitze einen Herd mit zwei Platten. Wir können hier alle kochen. Meine Nachbarin hat eine

Waschmaschine. Papa hat einen elektrischen Rasierer. Wie Sie sehen, benutzt er ihn regelmäßig.«

Die Bartstoppeln im Gesicht des Vaters erzählen eindeutig etwas anderes. Selbst er muss über den Scherz seiner Tochter lachen. Dazu klatscht er in die Hände. Was ich für rhythmische Begleitung halte, ist für Faridah ein Zeichen. Sofort steht sie auf und geht zur Tür. Womöglich zeige ich zu forsch mein Interesse, denn als ich mich zum Eingang des Mausoleums umwende und aufstehen will, um ihr zu folgen, schaut sie mich irritiert an und schließt nachdrücklich die Tür hinter sich. Auch Djalils zusammengekniffene Lippen sagen mir, ich verzichte besser auf die Frage, ob ich mir ihr Haus ansehen dürfte.

Als sie gleich darauf mit einem Aluminiumkochtopf und einem Beutel grüner, strunkiger Blätter zurückkehrt, weicht sie meinem Blick aus. Es entsteht ein unangenehmer Augenblick, ein langer, sich dehnender Augenblick. Faridah stellt den Topf zwischen ihre Füße und beginnt, die Blätter von den Stielen zu rupfen und zu zerkleinern. Wir schweigen, und ich werde unruhig, weiß nicht, ob ich mich entschuldigen soll für mein taktloses Benehmen. Doch Djalil mit seiner charmanten, unaufdringlichen Art gelingt es, das Gespräch wieder in Gang zu bringen.

»Woher nehmen Sie die Ideen für die schönen Motive auf Ihren Nägeln?«

Während Faridah die Molokheya-Suppe vorbereitet, erzählt sie vor ihrer Sammlung von Modezeitschriften, Geschenke ihrer Kinder. Sie hütet sie wie einen Schatz.

»Ich mache den Leuten die Haare und den Frauen die Nägel. Meine Kinder bringen mir auch die Kosmetik. Wissen Sie, wie viele verschiedene Nagellackfarben ich habe?« Sie wartet keine Antwort ab. »Vierunddreißig. Ich bewahre sie an der kühlsten Stelle auf. Sie halten sich so länger frisch.« Sorgsam legt sie die kahlen Stängel zur Seite als bündle sie einen Strauß, nur ohne Blumen. Sie deutet meinen fragenden Ausdruck richtig und ich stelle fest, manchmal ist es gar nicht so kompliziert, sich trotz fremder Sprachen verständlich zu machen.

»Für die Hühner«, sie hebt den Kopf und sieht mich an. »Ich habe lange überlegt, draußen zu arbeiten. Aber ich kenne nichts, was ich dort besser machen könnte als hier. Draußen braucht man einen Beruf, den man gelernt hat. Ich mache gerne Leuten die Haare, und ich liebe Kosmetik. Ich habe mir alles selbst beigebracht. Gott sei Dank, denn ich kann lesen und schreiben. Wir leben auf dem Friedhof, trotzdem wollen wir schön sein. Wir sind ganz normale Leute.«

Da ist es wieder, dieses Wort: normal. Zur Bekräftigung wiederholt Djalil es.

»Meine Kinder haben es gut, wo sie sind. Manchmal kommen sie mich besuchen. Aber immer seltener in letzter Zeit. Ich bin geblieben. Er«, wieder wirft sie ihrem Vater einen schnellen Blick zu, »hat nur mich. Ich denke, ich werde hier auch sterben.«

Ihre Hände mit der sorgsamen Maniküre rupfen das Grün von den Stängeln, es wirkt elegant, beinahe anmutig, und mir legt sich der Staub, der uns umgibt, ums Herz. Wie viele talentierte und motivierte Friedhofsmenschen es wohl gibt, die nie eine Chance bekommen? Sei es, weil sie keine Schulbildung haben, sei es, weil sie Frauen sind, die ihren Vätern und Ehemännern gehorchen müssen, sei es weil sie Töchter sind, die lieben und ihre Eltern nicht allein lassen können. Faridahs ›Ich werde hier auch sterben‹, so traurig es klingt, ist ein gutes Stichwort.

Ich wechsle einen Blick mit Djalil, der zustimmend lächelt, und frage sie nach ihrem Verhältnis zum Tod und wie es sich lebt auf einem Friedhof.

»Ich habe mich daran gewöhnt, mit den Toten zu leben. Hier ist mein Platz. Ich schlafe ohne Angst ein und stehe ohne Angst auf. Der Friedhof ist ein Teil von mir geworden. So sehr, dass ich nicht mehr an den Friedhof denke.

Ich denke an mein Haus, an meinen Garten, an meine Tiere, an meine Nachbarn. Seit Papa den Schlüssel hat, sind wir wer. Wir werden geachtet. Ich habe es noch gut getroffen. Es gibt viele Arme hier. Ohne was zu Essen. Ohne ein Dach über dem Kopf. Die haben nichts oder nur Pappkartons. Ich habe sogar Goldfische.«

Faridahs Arm deutet auf den vergitterten Zugang zum Grabhof, der sich hinter dem Gebäude befindet. Ich schaue zwischen den Eisenschnörkeln hindurch. Auf einem Sims an der hinteren Mauer steht tatsächlich ein rundes Glas mit drei kleinen Fischen. Der Fächer einer Palme wirft seinen Schatten darüber. Darunter scharren die Hühner, in der Ecke liegen zwei Ziegen.

Nagellack und Goldfische auf dem Friedhof ... Dass die Leute Nutztiere halten, ist mir auf unserem Gang zwischen den Gräbern bereits aufgefallen, überwiegend Hühner, Enten, Ziegen und Tauben, aber auch Katzen wegen der Mäuse und Ratten. Sie vertilgten auch die großen Schaben und Kakerlaken, hat Djalil grinsend angemerkt. Goldfische sind die ältesten Haustiere der Welt. Sie haben keinerlei Nutzen. Man muss sich um sie kümmern. Man hält sie aus purer Freude am Dasein.

Faridah stellt sich neben mich. »Gefallen Ihnen meine Tiere?«

»Sehr.«

Wir betrachten die Fische eine Zeitlang. Faridah wirkt glücklich. Wie könnte ich ihr Vergnügen schmälern, indem ich oberschlau anmerke, dass es genau genommen Tierquälerei ist, Goldfische in einem runden Glas zu halten.

»Sehen Sie, da drüben, wir haben keine lose Erde auf dem Grab, sondern Fliesen. Ich will nicht, dass die Hühner dort herumpicken. Die Fliesen kann ich besser putzen. Es ist ja unser Familiengrab. Alle, die wir hier leben auf dem Friedhof, ehren die Ruhe der Verstorbenen. Sie sind uns vorausgegangen. Unsere Zeit wird kommen, Inschallah, hoffentlich nicht so bald. Es ist lange niemand gestorben in meiner Familie.« Sie beugt sich zu ihrem Vater, tätschelt seinen Arm. Indem er die Brauen hebt, lichtet sich seine mürrische Miene. Ein Netz aus roten Äderchen durchzieht seine Augen um die dunkle Iris. Er nickt seiner Tochter zu. Die Verbindung zwischen diesen beiden Menschen wirkt auf mich wie etwas Greifbares, Lebendiges. Vielleicht ist das der Kern von Heimat; das, was es braucht, um sich zu Hause zu fühlen, egal wo.

»Ich habe noch nie gesehen, wie es dort unten aussieht«, fährt Faridah fort. »Aber ich weiß, wenn der nächste Tote kommt, werden die Fliesen weggemacht. Darunter ist eine große, weiße Platte. Wenn die gehoben wird, geht eine Treppe mit zwölf Stufen hinunter. Es gibt zwei Räume, einer für die Frauen, einer für die Männer. Sie bringen den Toten hinunter, wickeln ihn in das Leinentuch ein und machen, was sonst noch dazugehört. Zum Schluss wird die Platte darüber gelegt, und obendrauf kommen wieder die Fliesen.«

Der Vater hebt den Zeigefinger. Seine Stimme ist brüchig.

»Als die Seele meine Frau verließ, war ich bei ihr. Sie liegt auf der linken Seite.«

Still betrachten wir die glänzenden Fliesen und die zitternden Lichtfunken, die die Sonne durch das Wasser des Fischglases wirft. Ich bitte Djalil zu übersetzen, dass ich mir niemals vorstellen könnte, auf so engem Raum in der Nähe des Todes zu leben wie Faridah und dass mir meine Angst vor dem Tod manchmal die Kehle zuschnürt. Trotzdem spüre ich diese eigentümliche Faszination, die mich – obwohl ich Urlaub machen wollte – in die Totenstadt führte. Während Djalil spricht, schüttelt Faridah beim Zuhören unmerklich den Kopf, und als sie hört, ich wolle sogar ein Jahr damit verbringen, mich mit dem Tod zu befassen, seufzt sie. Mein Vorhaben erscheint ihr ziemlich dumm.

»Warum? Sie haben alles, was Sie brauchen. Sie haben mehr als das. Sie können Urlaub machen. Mit dem Tod muss man nur zu tun haben, wenn man unbedingt muss.« Sie wendet sich ab und setzt sich wieder auf den Bistrostuhl. Ihre nackten Füße gleiten in die Badelatschen. Ich komme mir plump vor und schaue hilflos zu Djalil. Meine Art zu denken erscheint mir unangemessen, doch ich hatte ehrlich sein wollen. Faridah hat mir, einer völlig Unbekannten, viel über sich und ihre Familie erzählt, ich wollte wenigstens erzählen, warum ich hier bin und ihr all diese persönlichen Fragen stelle. Anstatt sich weiter mit der Vorbereitung des Mittagessens zu beschäftigen, wirkt sie versonnen.

»Ich denke auch an den Tod, aber nicht so wie Sie an ihn denken. Er ist nur dann in meinen Gedanken, wenn mir etwas wehtut und ich mich vor einer schlimmen Krankheit fürchte. An vielen Tagen denke ich überhaupt nicht daran, immer, wenn ich Freude habe mit meinen Kindern oder Nachbarn, wenn wir Geburtstage feiern oder wenn ich einfach gute Laune habe und singe. Ich will auch nicht oft über den Tod nachdenken, weil ich weiß, dass ich Gutes tun muss, damit Gott mich später belohnt. Über den Tod nachzudenken, ist nichts Gutes und auch zu nichts nütze.«

Mit einer ungeduldigen Handbewegung macht ihr Vater auf sich aufmerksam und scheucht sie auf.

»Genug geredet. Es ist Mittagszeit«, brummt er. Zur Bekräftigung greift er nach seinem Stock.

»Ich mache mich an die Suppe.« Als Faridah sich erhebt, stehen auch wir auf. Sie nimmt den Kochtopf und setzt ihn sich wie ein Kind auf die Hüfte. Die Verabschiedung ist herzlich und zackig. Sie strubbelt mir durchs Haar, sagt, es sei trocken und borstig, ich solle es pflegen. Sie empfehle Olivenöl. Dann ist sie im Haus verschwunden und schließt die Tür hinter sich. Der Vater winkelt ein Bein an wie zu einem halben Schneidersitz. Sorgfältig bedeckt er die Haut mit dem Stoff seiner langen Galabeya. Er räuspert sich. Und streckt seine Hand aus. Ich lege meine in seine und schüttle sie. Er wartet und schaut mich ohne zu blinzeln an. Als ich leicht zudrücke, erwidert er den Druck nicht. Bevor ich mich zu Djalil umwenden kann, um zu fragen, was es bedeutet und ob dies eine mir unbekannte, ägyptische Sitte zur Verabschiedung ist, hatte er einen Geldschein parat und reicht ihn dem alten Mann mit einer knappen Verbeugung. Ich tue es ihm gleich. Der Vater nickt zufrieden. Wir sind entlassen.

Goldfischwasser. Das Wort geht mir nicht mehr aus dem Kopf. Das Funkeln des Wassers hat mich an etwas erinnert. Mein Großvater, der aus Danzig stammte, hatte im Keller eine Flasche *Danziger Goldwasser* gebunkert, als wäre sie ein Schatz. Wenn man die Flasche schüttelte, flirrte das echte Gold umher wie in einer Schneekugel. Ich habe keine Ahnung, wieso mir das in den Sinn kommt.

Während Djalil und ich uns aufmachen zur südlichen Totenstadt sind mehr und mehr Menschen auf den Gassen unterwegs. Zwischen den Gräbern sieht man Satellitenschüsseln, Wäscheleinen, kleine Kioske, Frisöre, Marktstände mit Gemüse, Früchten, Fleisch und lebendigen Tieren, Werkstätten für Steinmetzkunst, eine Schmiede, eine Autowerkstatt und ein Café, aber auch einfache Lehm- und Bretterbuden. Wie überall in Kairo wurde auf viele Flachdächer der Mausoleen und Buden eine weitere Etage gesetzt. Die bunt und gemustert angestrichenen Holzverschläge bringen Farbe in die Gegend. Bei rund vierzig Grad wird darin Geflügel gehalten.

»Den Hühnern ist bestimmt so heiß da oben, dass sie von selbst anfangen zu braten. Sehr praktisch«, überlegt Djalil. Zielstrebig steuert er das Khawa, das Kaffeehaus, an der Ecke auf einem größeren Platz an. Er rückt einen Stuhl für mich zurecht, bevor er sich selbst setzt und durchatmet. »Wir brauchen Tee.«

Das Café ist gemütlich. Unter einem schattigen Johannisbrotbaum stehen zusammengewürfelt einfache Holz- und Plastikstühle und niedrige Tische. Ich sehe mich um. Ich bin die einzige Frau, noch dazu ohne Kopftuch. Die Männer, die das Cafe bevölkern, nehmen nicht weiter Notiz von mir. Ein paar grüßen freundlich. Die meisten sind ins Gespräch vertieft, rauchen Wasserpfeife, ein paar spielen Backgammon. Ein Mann mit Turban winkt, in der anderen Hand eine Cola mit Strohhalm. An der Wand des Cafés steht ein Metallkasten, der an ein Stehpult erinnert. Der Kellner stochert darin herum und hütet Kohle und Glut. Djalil und ich strecken die Beine von uns und betrachten das Treiben auf dem Platz. Zur Linken befindet sich das Eingangstor zur Moschee Imam Al-Shâfi'í. Ein Bus mit einer Ladung Touristen fährt vor. Es herrscht Trubel. Barfußkinder kommen neugierig angelaufen und umrunden die Leute. Beinahe alle Kinder tragen geringelte T-Shirts, wie mir auffällt.

»Sie wollen Süßigkeiten. Gib ihnen bloß nichts, sonst werden wir sie nie wieder los«, sagt Djalil und ruft dem Kellner seine Bestellung zu. Wir bekommen schwarzen Tee mit Minze und so viel Zucker, dass es für drei Gläser gereicht hätte. Für Djalil wird eine Shisha vorbereitet. Der Kellner platziert mehrere Stücke Kohle auf dem Messingteller, steckt den Tabakkopf fest und setzt eine Metallhaube mit Sternchenmuster darüber. Es ist interessant, die kleine, schweigsame Zeremonie zwischen ihm und Djalil zu beobachten.

»Darf ich dich was fragen?«

Er macht eine einladende Geste, während er einen tiefen Zug nimmt. Im Glaskolben gluckert es. Das Kirscharoma erinnert mich an die 80er, als ich mit meinen Freundinnen Räucherstäbchen angezündet und literweise Kirschtee getrunken habe, bis wir einen stumpfen Belang auf den Zähnen bekamen.

»Warum glaubst du nicht an Allah?«

Djalil wirkt nicht überrascht. Er legt Mundstück und Schlauch zur Seite und verschränkt die Arme vor der Brust.

»Ich habe dir ja schon erklärt, dass in Ägypten Grün eine besondere Farbe ist. In Sure 18 heißt es: ›Wahrlich, die da glauben und gute Werke tun, wahrlich, wir lassen den Lohn derjenigen, die gute Werke tun, nicht verloren gehen. Sie sind es, die Gärten der Ewigkeit besitzen werden, durch welche Ströme fließen. Darinnen werden sie geschmückt sein mit Armspangen von Gold und gekleidet in grüne Gewänder aus feiner Seide und schwerem Brokat, darin lehnend auf erhöhten Sitzen. Wie herrlich der Lohn und wie schön die Stätte der Rast!‹«, rezitiert er. »Schau dich um im Garten der Ewigkeit. Denkst du, hier wohnen nur Leute, die Schlechtes getan haben? Genau das aber redet der Islam ihnen ein. Jede Religion redet den Menschen etwas ein. Die Moslems sind davon überzeugt, dass Allah über ihr Schicksal verfügt. Man nennt es Kismet. Keiner kann sein Kismet ändern. Das reden sie dir ein. Soll man daran glauben? Ich habe fünf Sprachen gelernt. Englisch, Französisch, Deutsch, Spanisch und Chinesisch. Mit jeder neuen Sprache habe ich selbst etwas verändert. Daran glaube ich.« Nachdenklich hebt er den Aufsatz von der Feuerschale seiner Wasserpfeife. Mit einer Zange, die an der Rauchsäule hängt, wendet er die Kohlen.

»Diese Frauen, diese ägyptischen, zupackenden Frauen, solche wie Faridah, das sind gute Frauen, die schaffen etwas. Du hast ja gesehen, wozu sie in der Lage sind. Sie können dir ein Heim schaffen, wo sonst nur der Tod ist. Jetzt denk einmal nach, was für Rechte sie haben, was sie dürfen und was sie nicht dürfen.« Die Kohlen sind fast weiß, und Asche rieselt von der Schale zu Boden, weil Djalil nun heftiger darin herumstochert.

»Lass uns von etwas anderem reden. Ich werde nur sauer bei dem Thema.« Er inhaliert und lässt den Rauch aus einem Mundwinkel entströmen. »Hast du in der Totenstadt gefunden, was du gesucht hast?«

»Ich weiß nicht, was ich gesucht habe.«

Djalil spitzt die Lippen und macht ein wissendes Gesicht.

»Aber etwas hast du gefunden, stimmt's?!«

»Ja. Schon. Man darf sich nicht in sein Schicksal fügen, vor allem dann nicht, wenn man ein Talent hat.«

Jetzt lacht er schallend.

»Ich hab's gewusst«, sagt er und deutet mit dem Mundstück seiner Shisha auf meine Nase. »Du glaubst auch an keinen Gott.«

Eine Weile sitzen wir da und trinken Tee. Djalils Rauch zieht in meine Richtung, es stinkt fürchterlich. Ich habe keine Erklärung, warum ich früher ganz wild auf Kirschtee und Räucherstäbchen war. Mittlerweile sind die Touristen in der Moschee verschwunden. Aus dem Pulk der Kinder löst sich ein barfüßiger Junge, vielleicht acht oder neun, und kommt zögerlich auf uns zu. Sein T-Shirt ist grün, weiß, orange geringelt. Djalil stöhnt schon und will ihn verscheuchen, doch er stellt sich neben ihn. Flüsternd wechselt er ein paar Worte mit ihm, seinen Blick unverwandt auf mich gerichtet. Djalil nickt zustimmend, und als der Junge mich am Ärmel zupft, lächelt er mir zu.

»Er will dir was zeigen.«

»Ich soll mit? Einfach so?«

»Klar.«

Na gut, denke ich, und folge dem Jungen. Wortlos geht er ein paar Meter vor mir her und schaut sich immer wieder um, ob ich ihm auch folge. Hinter dem Platz biegt er in ein Sträßchen ein, dann in enge Gässchen, um mehrere Ecken, tief hinein in das Gräberlabyrinth, und ich habe völlig die Orientierung verloren. Wenn er jetzt abhaut, finde ich nie wieder zurück. Wir begegnen ein paar Hunden, die beim Anblick des Jungen sofort den Schwanz einzielen und sich verkrümeln. Unser Weg dauert nur wenige Minuten. Es wird wieder still um uns, der geschäftige Trubel vom Platz vor dem Café verklingt. Der Junge bleibt stehen und wartet, bis ich bei ihm bin, am Fuß einer Treppe. Sie führt außen an der Seite eines Mausoleums mit zwei weiteren Geschossen empor. Gemeinsam gehen wir hoch.

Und da liegt sie unter mir, die Stadt der Toten.

Fröhlich wedelt der Junge mit seinen Händen durch die Luft und macht mich auf Bewegungen am Himmel aufmerksam. Ich sehe dunkle, zitternde Flecken, die an unterschiedlichen Stellen bei den bunten Holzverschlägen aufsteigen. Über den scheppernden Lautsprecher eines nahen Minaretts ertönt der Gebetsruf des Muezzins und vertreibt die Stille. Der Junge schüttelt aufgeregt meinen Arm, bis ich endlich kapiere, was er meint: Die dunklen Flecken sind Tauben, die von jungen Männern dirigiert werden, indem sie Fahnen schwingen, eine in jeder Hand wie Fluglotsen. Ich staune über das Taubenballett und die anmutigen Armkreise der Männer, jeder seinem eigenen Rhythmus folgend.

Es ist ein irritierender Moment von berauschend und einengender Schönheit zugleich; ein flaches Staubmeer aus Häusern, das sich vor uns ausbreitet, der untergehende Sonnenball, der das Licht in goldlilanen Puderdunst verwandelt und die flirrenden Tänze von Tauben, die der Choreografie ihrer nicht minder tanzenden Halter folgen. Kairos mächtige Vergangenheit zu unseren Füßen. Neben mir öffnet der Junge seine Arme, tut so, als hielte auch er Fahnen in den Händen, die er über seinem Kopf schwingen lässt und so seine Vögel dirigiert. Sein Wunschtraum. Für den Augenblick. Später, da bin ich mir sicher, wird er sich wie alle anderen, denen ich begegnet bin, wünschen, ein Leben außerhalb des Friedhofs zu finden.

9 SEPTEMBER – TECHNIK

Töten fürs System und zwei L für zweimal Leben

»Kennen Sie ›Am Elend‹?«, fragt die Stimme am anderen Ende.

»Klingt vielversprechend!« Ich hoffe, mein ironischer Unterton geht durch den Telefonhörer nicht verloren.

»Da haben früher Menschen in Erdhöhlen gewohnt«, fährt Johannes Grünwald fort. »Damals, in der Zeit der Industrialisierung, lebten da die Ärmsten der Armen. Wissen Sie, wenn man sich mit dem Wald beschäftigt, sollte man sich auch mit der Historie befassen und sich fragen, wo kommt er her, wie wurde und wird er genutzt, wo geht er hin?« Anschließend erklärt er mir die Route, damit ich das Elend auch nicht verpasse. Wir verabreden uns für die kommende Woche bei Sonnenaufgang. Ich soll gutes Schuhwerk anziehen, ansonsten bedarf es keiner besonderen Vorbereitung. Johannes Grünwald ist Förster und Jäger. Er wird mir die Notwendigkeit vor Augen führen, warum man im Deutschen Wald zweckgebunden und professionell töten muss.

Ich muss ein ganzes Stück zu Fuß gehen, weil ich den Anschlussbus verpasse, und kämpfe mich einen Hügel hinauf durch ein Wohngebiet aus den 1930er-Jahren. Als ich auf einem Straßenschild ›*Heimatplan*‹ lese, wundert mich das nur mäßig. Zufälle und Synchronizitäten scheinen in diesem Jahr an der Tagesordnung. Was liegt näher, als die Heimat neben dem Elend zu finden, dem Düsteren etwas Wohltuendes zur Seite zu stellen? Der Heimatplan ist ausgesprochen einladend. Die großen, schmucken Häuserfassaden wirken wie aus einem Guss mit ihrem rosafarbenen Anstrich, den man eher in italienischen Bergdörfern vermuten würde.

Zwei blaue Kindergummistiefel, vor Nässe glänzend, liegen auf einem Fenstersims im Erdgeschoss eines Hauses, als ich vorübergehe – wie zwei L, zwei umgekippte Großbuchstaben. Die Siedlungsanlage gruppiert sich um einen zentralen Park mit Treppenwegen und strahlt etwas Schlossartiges aus, einem Cour d'Honneur nicht unähnlich. Die Kronen der Bäume haben sich bereits etwas eingefärbt. Auf der Rasenfläche liegt vereinzelt buntes Laub. Für meinen Waldgang hätte ich mir keinen stimmungsvolleren Tag wünschen können. Alles scheint perfekt. Bis auf den Nieselregen aus muffigen, ungewaschenen Wolken. Die Straße führt mich serpentinenartig weiter an den Waldrand und endet bei einem Bushaltestellenschild mit der Aufschrift ›*Am Elend*‹. Auch hier ist es hübsch. Nichts erinnert an Armut. Hinter mir beginnt das Dickicht. Aufs Laub tropft der Regen. Vom Laub perlt das Wasser. Ich positioniere mich unter dem Schild und warte. Allmählich lässt der Niesel nach.

Der Jäger trägt Schwarz. Schwarze Jeans, schwarzes, solides Schuhwerk, schwarze, regenabweisende Jacke. Seine Augen sind grün und wirken unternehmungslustig. Wie passend, denke ich. Grün wie die Berufsbekleidung, die man einem Jäger und Förster klassischerweise zuspricht. Grün wie das Laub. Grün wie die Hoffnung.

»Ich bin der Grünwald, klar«, sagt er lässig und versucht, im Geländewagen für mich Platz zu schaffen. Im hinteren Teil des Wagens, von uns getrennt durch ein Gitter, liegt ein kurzhaariger Hund. Er zuckt nur einmal mit den Augenbrauen, als ich einsteige. Zwischen Fahrer- und Beifahrersitz befindet sich ein großer, länglicher Plastikkoffer, der einen Teil meines Fußraumes einnimmt. Ich quetsche mich daneben. Das Ding drückt gegen meine Schulter. Wenn ich nicht wüsste, dass sich darin eine Waffe befindet, könnte ich glauben, es handle sich um ein ungewöhnliches Musikinstrument.

»Einer meiner Kollegen heißt Kiefer. Ist ganz nett, den passenden Namen zum Beruf zu haben.«

»Ist darin das Gewehr?« Vorsichtig klopfe ich gegen den Koffer.

Johannes Grünwald nickt. »Offen damit durch die Gegend zu fahren, ist nicht sehr clever. Besser, niemand sieht es.«

Wir fahren ein kurzes Stück die Straße weiter hinauf, biegen in einen Waldweg ein. Den Gewehrkoffer zwischen uns. Meine gesamte linke Seite berührt ihn. Arm, Ellbogen, Hüfte, Schenkel, Knöchel. Es ist das erste Mal in meinem Leben, dass ich mir den Sitz mit einer Waffe teile. Ich sitze nicht sonderlich bequem. Irgendetwas, noch nicht zu Benennendes dringt in mich ein.

Auf rotgelbem Laub, Blatt für Blatt gewoben wie ein Teppich, lenkt Johannes Grünwald den Wagen durch den Wald und erzählt von einer einschlägigen Begegnung mit der Polizei vor einiger Zeit. Nachdem Waldspaziergänger ihn über ein schwer verletztes Reh unterrichtet hatten, schnappte er sich sein Gewehr, legte es ins Auto und fuhr los. Kaum hatte er es aus dem Kofferraum geholt und geschultert, sah er sich auch schon von drei Polizisten umzingelt, die ihm die Waffe abnahmen und ihn regelrecht dingfest machten. Sie legten ihn mit ausgebreiteten Armen über die Motorhaube, einer schlug ihm die Beine auseinander. Er durfte sich nicht bewegen. Selbst als er versuchte zu erklären, er sei von Berufs wegen hier und seinen Ausweis aus der Brusttasche ziehen wollte, wurde er fixiert. Eine ältere Dame hatte die Polizei verständigt, weil es ihr verdächtig vorkam, dass ein Mann am helllichten Tage mit einem Gewehr unterwegs war.

»Ist ja gut, wenn die Leute aufmerksam sind«, sagt Johannes Grünwald. »Es sind eh viel zu viele Waffen im Umlauf. Haben Sie mal bemerkt, auf wie viele Verkehrsschilder geschossen wird? Richtig große Einschusslöcher. Da fragt man sich schon: Wer macht das denn?«

Wir parken auf einer baumfreien Anhöhe. Während Johannes Grünwald sich den Koffer unter den Arm klemmt, besehe ich mir unser Einsatzgebiet. Im Zentrum der kleinen Lichtung befindet sich ein Turm aus Natursteinen, mehr als zwanzig Meter hoch, über hundert Jahre alt; ein Bild von einem Rapunzelturm. Die Szenerie könnte nicht märchenhafter sein. Buntes Herbstlaub zu unseren Füßen, Baumwipfel über unseren Köpfen. Was ist das nur mit uns und dem Wald und den vielen Märchen, die hier verortet sind? Die Treppe zum Eingang des Turms ist mit Moos bewachsen, das Geländer verschnörkeltes Gusseisen. Daran hängen Regenperlen. Die aufgehende, noch zögerliche Sonne spiegelt sich darin. Ich bin im Regen von zu Hause losgegangen und hatte erwartet, durch einen trüben Herbsttag zu marschieren. Die Sonne verwandelt alles in ein einziges Glitzern, fast zu idyllisch. Der Plastikkasten mit seinem Inhalt bietet einen Kontrapunkt.

Nachdem Johannes Grünwald die Eisentür zum Turm aufgeschlossen hat, steigen wir die Wendeltreppe hinauf. Oben muss wieder eine Tür geöffnet werden, bevor wir auf einen schmalen Balkon hinaustreten können. Der Jäger legt den Koffer auf den Boden und öffnet ihn. Wir befinden uns ein Stück oberhalb der Baumkronen. Es weht ein leichter Wind und duftet nach morgendlicher Feuchtigkeit. Wohlverpackt auf Schaumgummi liegt die klassische Jagdbüchse, gefertigt aus Walnussholz und Metall und mit einem aus drei verschiedenen Lederarten geflochtenen Tragriemen. Es ist ein schlankes, elegantes Werkstück, eine gepflegte Präzisionstötungsmaschine mit Zielfernrohr und doppeltem Abzugbügel, der hintere nennt sich Stecher. Johannes Grünwald erklärt mir die Technik, benennt Einzelteile und ihre Wirkweise. Ich starre auf die Waffe in seiner Hand und frage mich, warum es dumpf in meinen Ohren rauscht. Im Gegensatz zur Flinte, die Schrot verschießt, wird mit einer

Repetierbüchse nur eine Kugel abgeschossen. Die Büchse hat einen langgezogenen Lauf, in dessen Inneren sich Züge befinden, die das Projektil im Lauf in Drehung bringen und ihm dann einen Drall versetzen, der die Flugbahn des Geschosses stabilisiert. Dabei erreicht es Überschallgeschwindigkeit. Er zieht die Munition aus der Tasche, eine längliche, messingfarbene Patrone, und hält sie zwischen Daumen und Zeigefinger.

»Das Ding nennt sich Kugel. Beim Jagdgeschoss gibt es die ekelhafte Besonderheit, dass es nicht einfach in den Körper einschlägt und hinter sauber wieder rausgeht. Nö. Das hier ist ein Teilmantelgeschoss, umgangssprachlich bekannt als Dumdum. Beim Aufprall pilzt es an der Spitze auf und verursacht ein Höchstmaß an Zerstörung im Körper.« Anschaulich beschreibt er, was es anrichtet; dass es nicht nur tötet, sondern zerfetzt. Ich versuche wegzuhören, was nicht gelingt. Ich versuche das Kopfkino auszuschalten, was ebenfalls nicht einfach ist. Ich versuche es mit tiefen, ruhigen Atemzügen. Wie laut die letzten Herbstblätter im Wind rascheln. Ich hätte nicht gedacht, dass ich ein Feigling bin.

»Tiere kann man praktisch zu Matsch schießen«, dringt die Stimme des Jägers zu mir durch. »Für Menschen gilt das nach der Genfer Konvention nicht. Für Menschen darf man nur Vollmantelgeschosse verwenden. Ist 'ne komische Kriegsethik, finden Sie nicht? Man soll den Gegner kampfunfähig machen, aber nicht töten. Alles fürchterlich.«

Johannes Grünwalds Themenschwenk von Tiere töten zu Menschen töten kommt unvermittelt. Ich schaue ihn an, weiß nicht recht, wie ich darauf reagieren soll. Allein die Tatsache, dass man derart bestialische Tötungsgeschosse ersonnen hat und benutzt, ist mir unbegreiflich. Bisher habe ich erst eine einzige halbwegs einleuchtende Antwort auf die Frage nach dem Warum gehört: Weil es möglich ist. Alles, was möglich ist, probiert der Mensch aus. Und wenn es funktioniert, macht er weiter … weil er es kann.

»Mit einem einzigen Schuss möchte man möglichst viel Energie in den Körper entlassen.« Routiniert entsichert Johannes Grünwald die Waffe und öffnet so die Kammer für die Munition. »Das Reh soll verbluten, falls es nicht gleich tot ist. Neben der Verletzung kommt es immer zu einem Schock. Er lähmt das Reh und wirkt wie eine Betäubung. Meistens rennt es trotzdem davon und legt mit seinem Blut eine Spur für den Hund.«

Als er die Patrone in die Kammer einlegt und hinunterdrückt, macht es ein metallisches Klack. Er wendet sich mir zu, fängt meinen Blick ein.

»Dieses Geräusch kennt jedes Tier im Wald. Wer es hört, weiß, jetzt ist Gefahr im Anmarsch.«

»Kann man das nicht verhindern?«, frage ich.

»Nö. Keine Chance. Ist technisch bedingt.«

»Lädt man seine Waffe dann nicht besser vorher im Auto bei geschlossener Tür?«

»Verboten«, lautet die knappe Antwort. Mit einer geladenen Waffe herumzulaufen, ist gesetzlich strengstens untersagt. Beim Klettern auf den Hochsitz könnte dem Jäger das Gewehr aus der Hand rutschen, der Schuss könnte sich unkontrolliert lösen. Die Gefahr für den Menschen muss auf ein Minimum reduziert werden. Das ist alles durchdacht. Johannes Grünwald weist mich auf die Vorzüge der beiden Abzüge hin, die sein Gewehr hat. Der vordere sorgt für die Vorspannung, damit der hintere sensibler auf den gekrümmten Finger reagiert und der Schuss nicht verwackelt.

»In der Regel versucht man einen Punkt im Brustbereich zu finden, um das Herz zu treffen oder die Gegend der Herzkammer. Das hat auch ein Kollabieren der Lunge zur Folge. Am besten wäre es, auf den Kopf zu schießen. Ist aber schwierig, weil der von der Fläche her kleiner ist als die Brust und ständig in Bewegung.«

Er legt die Waffe an, stemmt den Kolben gegen die Schulter, richtet den Lauf in die Ferne über das Blätterdach hinweg. Über seine Schulter kann ich durch das Fadenkreuz im Zielfernrohr linsen.

»Was schießen wir?«

»Gar nichts. Ist viel zu laut.«

Gut, denke ich. Sehr gut. Mein innerer Feigling atmet auf. Es gibt Dinge, die ich nicht erleben möchte. Warum auch? Warum eine echte Kugel wild durch die Gegend schießen oder in ein Tier hinein? Ich kenne Schießen. Vor ein paar Jahren habe ich einen Freund auf der Kirmes beeindruckt, weil ich ihm an der Schießbude fünf Rosen geschossen habe. Auf einem Seminar wurde Bogen- und Armbrustschießen angeboten. Ich habe beides ausprobiert und bin zu meinem eigenen Erstaunen überaus zielsicher. Fünf Schüsse, fünf Blumen. Acht Pfeile, siebenmal ins Schwarze. Zu schießen – mit der Absicht zu treffen – hat mir nicht das Geringste ausgemacht. Das hier ist etwas anderes. Mit Johannes Grünwalds Gewehr wurde und wird getötet. Es wurde weder zu Spaß- noch zu Sportzwecken hergestellt.

»Sind Sie ein guter Schütze?«

Ein langgezogenes ›Pfff‹ ist zu hören. Er verdreht die Augen. Das erste Tier, das er erlegte, war ein Rehbock. »Klassischer Fall«, sagt er nüchtern. »Man ist nervös und denkt, hoffentlich gibt das kein Massaker, hoffentlich passt der Schuss und das Reh liegt dann platt da.« Er gesteht mir, wie ungern er schießt, dass er sich eher beruflich dazu genötigt fühlt. Am wenigsten anfreunden kann er sich mit Schrotflinten.

»Mit Schrot schießen ist laut und radikal. Das ist nicht mein Ding. Wissen Sie, ich bin, auf gut Deutsch gesagt, nicht so der Schussgeile. Wenn überhaupt, ziehe ich den Einzelschuss vor. Und jagen ohne Hund finde ich doof. Jagen ist eine Teamgeschichte. Mein Hund und ich arbeiten zusammen. Er hat ganz andere Infos, als ich sie jemals erlangen würde. Er führt mich zum Reh, das ich geschossen habe. Ohne Hund würde ich es nicht unbedingt finden. Es müsste sich quälen.«

Johannes Grünwald versteht sich in erster Linie als Förster. Der Jagdschein gehörte zum verpflichtenden Teil seines Studiums. Bereits sein Vater hatte einen Jagdschein. Während seiner Kindheit und Jugend verbrachte er mit seiner Familie den Urlaub im Ferienhaus in Tirol auf tausendfünfhundert Metern Höhe. »Wahrscheinlich bin ich deshalb Förster und Jäger geworden. Da war immer Natur um mich.« Insofern betrachtet er das Jagen eher im Gesamtzusammenhang. Bestimmte Erfordernisse im Ökosystem Wald machen die Jagd notwendig. Jagd zur Regulierung der Population, denn zu viel Wild verursacht Fressschäden in Land- und Forstwirtschaft. Tiere zu töten heißt also, den Wald vom vielen Verbiss zu entlasten. Danach richtet sich der Abschussplan, dem folgt er. Nie käme er auf die Idee, als Privatmann für die Jagd zu bezahlen.

»Ich zahle doch nicht dafür, Tiere zu töten, einfach so. Für Fleisch als Nahrungsmittel, ja. Geld ist eine Anerkennung fürs Fleisch. Es bedeutet, man tötet die Tiere nicht einfach so. Wenn aus einem erlegten Reh ein vernünftiges Essen gemacht wird ...« Sein Blick nimmt einen verklärten Ausdruck an. »Man sieht es mir vielleicht nicht an, aber Essen ist so etwas Schönes«, lächelnd tätschelt er sich den nicht vorhandenen Bauch. »Nach einem guten Essen stellt sich eine schöne Zufriedenheit ein, besonders wenn man weiß, das Tier hat ein vernünftiges Leben gehabt, hat einen vernünftigen Tod gehabt, kurz und schmerzlos, und dass es sinnvoll verwertet wird. Artgerechter als durchs Jagen kann man kein Fleisch bekommen. Aber meinen Finger am Abzug krumm machen nur aus Jagdtrieb? Das halte ich ein Stück weit für amoralisch.«

Warum jagen wir? Weil der Teil unseres Hirns, den man Reptiliengehirn nennt, darauf geeicht ist? Wir keine Herrschaft über das innere archaische Programm haben? Der Spezialist neben mir hat dazu eine eigene Theorie:

»Stellen Sie sich folgendes Bild vor. Tagesanbruch. Morgennebel. Erster Sonnenschein. Da sitzt man dann da in der stillen Natur. Das hat etwas sehr Meditatives, diese Ruhe und Besinnlichkeit. Für so Leute mit Jagdtrieb ist das anders. Die denken, ich sitze ja nicht umsonst hier. Ich muss ja was machen. Die haben diese Zielorientiertheit. Einfach nur rumsitzen und die Schönheit erleben geht nicht. Sie brauchen einen Belohnungseffekt, ein sportliches Erlebnis beim Jagen, und dann gibt es auch den Faktor: Ich zerstöre, was ich liebe.«

Noch immer steht er mit angelegtem Gewehr da und ich hinter ihm. Als werde er sich der merkwürdigen Situation bewusst, setzt er die Waffe ab und sichert sie. Er legt sie in die Armbeuge.

»Wenn man aus der Gewissheit heraus tötet, dass man zur Sinnhaftigkeit und nachhaltigen Entwicklung beiträgt, ist das okay. Töten als Hobby …« Er vollendet den Satz nicht, macht stattdessen wieder einen unvermittelten Themensprung und erzählt von einem Aufkleber der Grünen, den die Partei in den 1980ern als Werbung für ihr Wahlprogramm verteilt hatte. »›*Töten als Hobby. Waidmannsheil*‹ stand da. Den Sticker fand ich gut. Da ist was dran. Sehen Sie, ein Privatjäger bezahlt für die Jagdpacht sehr viel Geld. Man braucht mehrere Gewehre, im Grunde erfordert jede Tierart ein eigenes. Das sind schon Tausende von Euro. Dann die Munition, der vorschriftsmäßige Waffenschrank, der Jagdscheinkurs, der Lehrer, Üben auf dem Schießstand, die Gebühr für die Prüfung, die Jagderlaubnis und die Jagdpacht. Ein Pächter trägt immer das Risiko des Wildschadens durch Fressen oder Wühlen, ist gesetzlich alles geregelt. Er ist verpflichtet, den Schaden zu beseitigen oder finanziell auszugleichen. Insgesamt kommt da richtig was zusammen. Was sind das für Typen?, frage ich mich immer.«

Aufgrund seiner Beobachtung und Erfahrung lassen sich für ihn diese ›Typen‹ kategorisieren: Es gibt schussaffine Sportschützen, die gut schießen können und sicher töten.

Es gibt den meditativen Typ, der »das Ganze Drumrum« genießt und präzise und in Ruhe schießt. Er betrachtet das Jagen zudem unter einem philosophischen Aspekt. Und es gibt den, der einfach gerne sein eigenes Fleisch schießt, ob aus Genuss oder ethischen Gesichtspunkten oder beidem, sei dahingestellt.

»All diese Jäger beherrschen ihr Tötungshandwerk hervorragend. Unter Menschen kann man die so nicht lassen, aber letztlich sind die okay. Idioten gibt es unter allen. Ich nenne sie immer Knallerbsen. Aber der Großteil ist unproblematisch. Schlecht sind nur die Typen, die die Jagd als Machtspiel begreifen. Das sind dieselben, die auf der Autobahn rasen.«

Tötungshandwerk. Herz treffen. Energie in den Körper entlassen. Höchstmaß an Zerstörung. All diese Vokabeln ergreifen Besitz von mir. Vielleicht hätte ich doch frühstücken sollen.

»Mir ist ein bisschen schwindelig.« Meine Hände verberge ich in den Jackentaschen. »Bestimmt bin ich die Wendeltreppe zu schnell hochgelaufen. Können wir wieder runtergehen?«

Ohne Zögern öffnet er das Gewehr und entnimmt der Kammer die Munition. Sorgsam steckt er sie in die Tasche seiner Jeans.

Auf der Wendeltreppe nach unten erfahre ich, dass ein Schuss nicht einfach ein Schuss ist. Bevor das Wild tot ist, verursacht ein Gewehr drei verschiedene Knallgeräusche.

»Zuerst den Mündungsknall, wenn die Kugel vorne aus dem Lauf rauskommt«, Johannes Grünwald verzieht das Gesicht. »Fürchterlich, dieser Knall. Dann den Projektilknall. Der entsteht durch die Überschallgeschwindigkeit, die das Projektil auf seiner Flugbahn erreicht. Am Ende den Knall, wenn es auf den Wildkörper auftrifft. Manchmal hört man auch noch die Knochen brechen, je nachdem, wo man getroffen hat. Es empfiehlt sich also, einen Gehörschutz zu tragen.«

Wir sind beim Auto angekommen und lachen spontan, weil Johannes Grünwald mir die Vorzüge seiner elektronischen Kopfhörer erläutert, die dafür sorgen, dass man als Jäger nicht »blöd auf dem Hochsitz« hockt und vor lauter Gehörschutz nicht mitbekommt, wenn das Wild durchs Unterholz geht. Elektronische Kopfhörer lassen sämtliche Umgebungsgeräusche zu und schalten lediglich den Mündungsknall aus.

»Jetzt wissen Sie auch, warum alle Förster und Jäger meiner Generation so laut sprechen.« Er sieht mich fragend an. Ich habe keine Ahnung. »Weil wir es während des Studiums mit älteren Jägern zu tun hatten. Hat man denen im Unterricht eine Frage gestellt, musste man sehr laut werden. Die hatten alle ein Knalltrauma.« Er gibt mir eine Kostprobe der Lautstärke. Und wir lachen, während er sehr gewissenhaft den Gewehrkoffer im Auto verstaut. Er legt eine Decke darüber und lässt dann seinen Hund, eine Tiroler Bracke, die ich irrtümlich für einen Dackel halte, aus dem Kofferraum. Neugierig springt er an mir hoch und hinterlässt matschige Pfotenabdrücke auf meiner Hose und Jacke. Hellgraue Kleidung zu tragen, war definitiv keine gute Idee.

»Aus, Cleo!«, ruft er. Der Hund hört ansatzweise und bearbeitet meine Hose fröhlich weiter. »Ich hab sie erst seit kurzem. Ist erst zwanzig Monate alt. Sie muss noch lernen.« Das Ungestüm und die Lust, mit der der Hund seine Freiheit feiert, machen mich leicht. Erst jetzt spüre ich die Anspannung in meinen Schultern.

»So, und jetzt zeig ich Ihnen mal echten Mord und Totschlag.« Johannes Grünwald steuert einen schmalen Pfad an. Der Hund folgt ihm. Ich folge ihm. So wie ich ihm auf den Turm gefolgt bin, folge ich ihm in den Wald.

»Heute wird die Natur ja verklärt und als friedlich benannt.« Er schreitet zügig voran. Um mitzuhalten, brauche ich doppelt so viele Schritte. Der Hund wetzt hin und her. »In Wahrheit herrschen Mord und Totschlag. Jeder will überleben. Füchse sterben haufenweise. Wie viele Insekten, Kleinstlebewesen oder Mikroorganismen wir gerade zertreten haben. Überlegen Sie mal, wie viele Samen so ein Baum in die Gegend schleudert und wie wenige Bäume entstehen. Die meisten wachsen nicht weiter, weil es zu dunkel ist oder zu wenig Regen fällt oder das Reh sie frisst.«

Nirgendwo wird so viel gestorben wie im Wald. Betrachtet man nur einmal eine Buche. Pro Jahr bildet sie Hunderttausende Samen. Im Schnitt entsteht daraus ein Baum. Die anderen Baumbabys sterben. Mir fallen die Buchensprösslinge im Frühjahr ein, die sich aus der braunen Laubdecke erheben und wie kleine Waldballerinas aussehen. Traurig zu wissen, dass sie nur einmal tanzen. Wie vieles von dem, was wir verklären, romantisieren und als hübsch empfinden, überlebt nicht. Das darf man sich nicht bewusst machen, sonst wird man trübselig. Im Wald muss man genießen – und alles andere ausblenden. Besser man konzentriert sich darauf, wie heilsam der Wald auf die Psyche des Menschen wirkt. Ich atme durch und höre zu, wie Johannes Grünwald von seinem Hund schwärmt.

»Tiroler Bracken sind anhängliche Hunde, die hauen nicht ab. Cleo hat ihren eigenen Kopf. Dressur findet sie doof. Was sie auszeichnet, ist eine Mischung aus Starrköpfigkeit und Sensibilität.« Während unseres Pirschgangs durch den Wald dehnt der Hund seine Kreise immer weiter um uns aus. Ich verliere ihn irgendwann aus den Augen. Johannes Grünwald weiß immer genau, wo seine Gefährtin steckt.

»Wenn von all den Hundebesitzern bei uns in der Stadt nur tausend mit ihrem Hund so umgehen würden wie ich mit meinem, hätten wir eine Katastrophe. Rechtlich ist das nämlich nicht okay, was ich mit Cleo anstelle, sie ständig unangeleint im Wald rumstromern zu lassen.« Um neben dem Freiheitsdrang seiner Hündin auch ihr Sozialverhalten auszubilden, besuchen die beiden regelmäßig eine Hundeschule. »Sie ist nicht der Typ, der Stöckchen apportiert. Das findet sie auch doof. Aber ich will, dass sie in Kontakt mit anderen Hunden kommt.«

Siebzehntausend Hunde sind im Stadtgebiet gemeldet. Laut Johannes Grünwald kann man von einer Dunkelziffer ausgehen. Er vermutet, dass es sich eher um zwanzig- bis dreißigtausend handelt. Nicht jeder zahlt Hundesteuer, insbesondere nicht für den teureren zweiten oder dritten Hund.

All die vielen freilaufenden Hunde sind eine ernsthafte Gefahr für Wildtiere.

»Der Hund wittert das Reh und jagt es. In seinem Kopf explodiert nämlich ein Feuerwerk. Er denkt nur noch rennen, rennen, rennen und kriegen, kriegen, kriegen.« Ich erfahre, dass Rehe Dickichttiere sind, dafür gemacht, über lange Strecken durchs Gestrüpp des Unterholzes vor Verfolgern zu fliehen. In vielen Wäldern fehlt es ihnen an Fluchtweite. Infrastruktur und engmaschige Verkehrsnetze der siedlungsnahen Waldgebiete und Stadtwälder bedeuten ihren Tod. Das ist übrigens der Grund, warum ich nicht an der Drückjagd teilnehmen kann. In diesem Jahr findet keine statt. Nach meinem Turmerlebnis bin ich nicht sonderlich traurig, das verpasst zu haben.

»Wenn schon Jagd, dann Drückjagd«, sagt Johannes Grünwald entschieden und biegt den langen Zweig einer jungen Buche zur Seite, der bis über den Weg gewachsen ist. »Das erspart dem Wild eine längere Störung. Einmal Lärm und Aufregung im Wald, und dann ist wieder Ruhe, damit kann das Wild umgehen. Wenn Sie pfeifend durch den Wald laufen, ist das okay, darauf stellt sich das Wild ein. Der grüne Typ«, schelmisch hebt er ein paarmal die Augenbrauen, »der sich unauffällig verhält, der ist brandgefährlich und stresst langanhaltend.« Bei einer Drückjagd stöbern mehrere Jäger mit ihren Hunden das Wild einmal auf und treiben es an einem Ort zusammen, wo eine zweite Gruppe wartender Jäger es bequem erlegen kann. Schwierig ist es festzulegen, wie viel geschossen werden soll. Der Abschussplan der Unteren Jagdbehörde der Stadt, für die Johannes Grünwald tätig ist, schwankt von Jahr zu Jahr.

»Um bei uns die Wildpopulation im Zaum zu halten, braucht es kaum noch Abschüsse. Das regelt der Straßenverkehr.« In diesem Jahr musste er bislang lediglich fünf Rehe schießen. Von denen, die sich bei der Flucht vor einem Hund ein Bein brechen, oder denen, die gegen ein Auto prallen, sieht er höchstens einen Bruchteil. Die wenigsten Autofahrer melden ein angefahrenes Reh oder einen Fuchs oder ein Wildschwein. Um die leidenden Tiere aufzuspüren, braucht er seinen Hund und nicht, wie ich fälschlich angenommen habe, nur für die Jagd.

»Hat der Hund das Reh aufgefunden, beißt er ihm an die Kehle und zieht es runter.«

»An die Kehle?« Nachdem er mir vom bedingungslosen Jagdtrieb der Hunde erzählt hat, bin ich überrascht.

»Ja, er fixiert es nur. Er beißt nicht richtig zu. Töten muss ich es mit dem Messer.« Sein Adamsapfel bewegt sich ruckartig. »Als Jäger muss man regelmäßig prüfen, was durch den Menschen verursacht ist. Wir Menschen verändern den Lebensraum der Tiere ja unaufhörlich. Die Frage ist dann, wenn man ein verendendes Tier findet, wie geht man damit um? Aufpäppeln oder töten? Was passt momentan ins System?« Von Hand töten gehöre nicht zu seinen Lieblingsbeschäftigungen, obwohl das System das in den meisten Fällen vorsieht. Warum lasse er seinen Hund nicht das blutige Geschäft übernehmen? Für einen Moment sieht er mich an, als hätte ich nicht alle Tassen im Schrank. Dann wird sein Ausdruck milder.

»Dafür braucht der Hund eine gewisse Beißkraft. Mein Hund ist dafür zu schwächlich. Außerdem wäre das ja auch durchaus mit Schreierei verbunden.« Er hält inne und schaut zur Seite. Cleo schnüffelt sich durchs Unterholz. »Das ist ganz fürchterlich, wenn so ein Reh schreit.«

Würde ein Hund, egal wie beißkräftig, seinen Job übernehmen, wäre der Tod für das Reh nie so sauber und schnell herbeizuführen wie mit der Klinge.

»In unserer Gesellschaft existiert ja ein merkwürdiges Bild von Qual und Nicht-Qual. Fakt ist, ein verletztes Wildtier hat maximal zwei Stunden lang ein Problem. Dann ist es entweder verblutet oder ein anderes Tier hat es gefressen oder ich war da. Davor hatte das Tier sechs bis sieben Jahre ein gutes Leben im Wald. Vergleichen Sie das mal mit einem Hausschwein. Kein Schwein wird wirklich artgerecht gehalten. Das ist doch wirtschaftliche Unterbringung. Was das an Qual erlebt?! Dagegen sind zwei Stunden schon okay.« Er sieht mich direkt an. »Es sieht zwar grausam aus, wenn einer mit dem Messer daherkommt, aber letztlich …«

Er braucht den Satz nicht zu vollenden und von einem Akt der Gnade zu sprechen.

»Für Menschen, die ein schlechtes Leben haben, ist der Tod mitunter eine Erlösung. Wir hier in Deutschland haben ein gutes Leben, also ist der Tod schlecht.« Das lässt er so stehen.

Wenn er das Tier anschließend aufschneiden muss, überkommt ihn eher der Forscherdrang. »Wenn ein Tier im Wald verendet, muss man ja gucken, was es gehabt hat. Auch wenn es vor ein Auto gelaufen ist. Die meisten Wildtiere haben einen Parasitenbefall. Trotz Forscherblick ist das Aufschneiden ekelig und unangenehm.«

Dann kann man nicht mehr verdrängen. Das weiß ich aus Erfahrung. Mein Großvater war Metzger.

Gerade will ich mich nach Johannes Grünwalds Methode erkundigen, um seine Nerven zu beruhigen, als mir seine Mine zu verstehen gibt, ihn nicht weiter zu bedrängen. Er ruft seinen Hund, der freudig angelaufen kommt, sich an sein Bein drängt und sich Streicheleinheiten abholt. Der Jäger lobt seine Gefährtin. »Fein, Cleo, fein!«

Nachdem Cleo meine Hose weiter mit ihren dreckigen Pfoten bearbeitet hat, nimmt ihr Herrchen den Faden wieder auf.

»Das Gute ist ja, es gibt kein Siechtum in der Natur. Ein verletztes Tier wird schnell im Sinne der Nahrungskette verwertet. Im Gegensatz zu uns Menschen, die wir Sterbehilfe und die Sterbebegleitung anbieten, wird in einem gut funktionierenden Ökosystem alles zielgenau geregelt. Wolf, Luchs oder Fuchs treffen die punktgenaue Entscheidung, ein verletztes oder krankes Tier zu töten und zu fressen. Die leben davon. Bei uns Menschen ist die Frage oder die Entscheidung, wann lasse ich jemanden sterben oder bringe ihn um, eine sehr kritische Sache. Damit hat unsere Intelligenz ein echtes Problem. In der Natur ist das geregelt. Einer geht. Der andere lebt.«

Die Jagd, erfahre ich, hilft das Siechtum zu beenden, zumindest wird so häufig von Jägern argumentiert. Aber so präzise, wie die Natur dies beherrscht, gelingt es nicht von Menschenhand. Wir hinken der Natur hinterher.

»Generell stellt sich ja die Frage: Muss man jagen?«, sinniert er weiter. »Im Vatikanwald wird nicht gejagt. Er ist ein Musterbeispiel. Der Wald dort reguliert sich selbst. Ein Tier macht nur, was nötig ist, und frisst nur, was es braucht. Damit begnügt sich der Mensch nicht. Damit die natürliche Regulierung funktioniert, müssen Wolf und Luchs da sein. Der Mensch muss bloß seine Finger davon lassen.«

Er ist davon überzeugt, wir steuern auf den nächsten Populationszusammenbruch hin, wie es in der Geschichte der Erde immer wieder vorkam. Das Aussterben der Dinosaurier ist der berühmteste. »Die Entwicklung, die wir gerade nehmen, geht ja auf Dauer nicht gut.« Er legt eine Pause ein, pfeift nach Cleo, die etwas entdeckt hat und wie verrückt ein Loch in den Erdboden wühlt. »Aus!«, ruft er, bis sie es sein lässt und uns wieder, ihre Schnauze am Boden, umkreist.

»Erschreckend. Wir Menschen nehmen uns ja unglaublich was raus. Wie wir den Planeten drangsalieren! Wir sorgen fürs Artensterben. Wir aasen mit den Rohstoffen. Wird nicht gutgehen.« Sein Blick verdüstert sich, er geht schneller, und ich habe Mühe, hinterherzukommen. Der Boden ist aufgeweicht und wird immer matschiger, je weiter wir in den Wald vordringen. »Ist 'ne einfache Rechnung: Töten wir die Welt, töten wir uns. Was wir gerade tun, ist Selbstmord auf Raten.« Um zu präzisieren, was er meint, macht er eine Schleife und erklärt, dass es das perfekt an Umweltbedingungen angepasste Lebewesen nicht gebe. Jedes habe einen von der Natur eingebauten Fehler, der gewährleiste, dass sich die Population nicht zu stark ausbreite und sich selbst den Lebensraum nehme. Seiner Ansicht nach zeichnet sich der Mensch in erster Linie durch eine »Begrenztheit von Intelligenz« aus. Er vermutet, das könnte sein »natürlich eingebauter Regulierungsfehler« sein.

Begrenztheit von Intelligenz. Und ich dachte immer, wir sind zu clever. Die Möglichkeiten dessen, was von uns erdacht werden kann, sind unbegrenzt. Was man denken kann, kann man letztlich umsetzen; alles eine Frage der Zeit und der tieferen Schichten des Wissens, in die man forschend vordringen kann. In jedem Moment lernen wir dazu, erfahren Neues, stellen Bezüge her. Wer sich den Mann im Mond vorstellt, betritt irgendwann den Mond. Irgendwann werden wir sicherlich davon ablassen, sukzessive Kamikaze zu betreiben, wie wir es laut Johannes Grünwald und den meisten Wissenschaftlern, die sich mit Umweltschutz und Nachhaltigkeit beschäftigen, derzeit tun. Sollte unser natürlich eingebauter Fehler tatsächlich mangelnde Intelligenz sein, werden wir das in den Griff kriegen – oder eine der nächsten Generationen. Die Natur experimentiert unentwegt und leidenschaftslos. Wir sind eines ihrer Experimente.

Wenn wir uns selbst abschaffen, wird die Natur eine neue,

optimalere Variante ausprobieren. So lange, bis es klappt und wir ins System passen und es nicht sabotieren. Ob die Menschen am Ende allerdings noch mit Bewusstsein und Reflexionsvermögen ausgestattet sein werden, ist die Frage. Mir persönlich täte es leid um unsere derzeitige Ausprägung. Ich mag die Menschen. Ich mag ihren Humor. Ihre Neugier. Ihren Sinn für Schönheit. Ihren Spieltrieb und die Sehnsucht nach Geborgenheit. Dass sie Vergnügen und Wärme miteinander teilen.

Natürlich eingebauter Regulierungsfehler. Ist es mangelnde Intelligenz oder unsere Gier? Nie genug zu bekommen, den Planeten so derart auszubeuten, bis er aufgibt und sich als Lebensraum abschafft? Auf biologischer Ebene schlagen wir der Natur durch die Erfindung der Medizin ein Schnippchen nach dem anderen. Über den Fehler lässt sich wild spekulieren. Letztlich, denke ich, ist es egal, welcher Art er ist. Das Resultat bleibt das gleiche. Johannes Grünwald hat es auf den Punkt gebracht: Die Menschheit begeht sukzessive Selbstmord. Die Frage ist nur, tritt der Tod der Menschheit vor meinem persönlichen Tod ein oder danach? Genau diese Frage ist fatal. Wie kurz es von hier ist bis zu dem Gedanken ›Nach mir die Sintflut‹! Und wie absurd, den eigenen Tod vorrangig oder sogar höher zu bewerten als den der anderen. Wo führt das hin? Führen derartige Überlegungen zu etwas? Im Augenblick führen sie dazu, dass ich mich fürchterlich fühle. Fürchterlich falsch und verkehrt im Wald, auf der Welt, in meinem Leben. Weil ich auf diese Weise, die moderne Lebensweise der Industrieländer, lebe, stirbt der Planet. Das ist ein Fakt. Er bohrt sich tief in mich hinein, wie noch nie zuvor – während ich von einem jungen, ausgelassen tollenden Hund begleitet werde, der frei durch den Wald stromern kann. Selbstverständlich bin ich mir längst bewusst, wie stark die Umweltproblematik vorangeschritten ist. Entsprechend umsichtig versuche ich, mich zu verhalten. Letztlich nutzt es wenig. Es gibt zu viele von meiner Spezies.

Anstatt unsere Population zu minimieren, was eine Weltrettungsalternative sein könnte, breiten wir uns aus.

»Vom Grundsatz her werden wir die Welt nicht kaputt kriegen«, überlegt Johannes Grünwald. »Wenn wir weg sind, kommt was Neues. Ist nur eine Frage der Zeit.«

Die Welt ohne Menschen ist möglich. Schade nur, dass dann keiner mehr da ist, der sie beschreiben könnte. So in etwa denke ich über das eigene Ableben. Schade, dass ich irgendwann weg bin und nicht mehr miterlebe, wie es ohne mich sein wird. Im Grunde bin ich viel zu neugierig, um tot zu sein.

Mittlerweile sind wir eine gute Stunde unterwegs. Wir verlassen unseren Waldweg. Plötzlich bleibt Johannes Grünwald stehen, gibt einen Pfiff von sich, und augenblicklich ist Cleo an seiner Seite. Die asphaltierte Straße, auf die wir einmünden, wird von einem Hubwagen versperrt. Waldarbeiter sind damit beschäftigt, Bäume zu beschneiden.

»Mord und Totschlag«, sagt er knapp.

Verwundert frage ich, ob ich etwas verpasst hätte. Er deutet auf den Mann im Steiger, der mit einer Kettensäge einen Ast bearbeitet. Im letzten Winter hat er sämtliche Bäume mit einem roten Punkt markiert, die gefällt werden müssen.

»Sind die alle krank?«

Johannes Grünwald verneint. Bekanntermaßen war Nordrhein-Westfalen nach dem Zweiten Weltkrieg britische Besatzungszone. Nachdem der Orkan Kyrill vor gut zehn Jahren gewütet hat, wurden um die tausend LWK Holz aus dem Wald abtransportiert. Sturmopfer. »Die Menge war ein Bruchteil dessen, was man im Zweiten Weltkrieg abgeholzt hat. Der Wald war damals praktisch leer.« Im Zuge des Marshallplans wurde Saatgut aus den USA geliefert, um den heimischen Wald mit amerikanischen Roteichen aufzuforsten. »Damals haben das Pflanzfrauen gemacht. Diese Roteichen habe ich markiert.« Er zeigt mir einen hochgewachsenen

Baum mit spitzen, großen Blättern und einem leuchtend roten Farbklecks am Stamm hinter uns. »Sie gehören nicht hierher, also nehmen wir sie wieder raus.«

»All die Bäume müssen sterben, weil sie nicht ins Bild passen?« Ich bin Laie. Für mich sieht der Baum nicht sonderlich fremd aus. Vielleicht, weil ich ihn schon immer kenne. Einen Wald ohne Roteichen habe ich nie erlebt und bin erbost, dass man sie fällt, um Buchen, Eichen, Eschen und Birken Platz zu machen. Gefällt werden müssen Bäume ohnehin aus wirtschaftlichen Gesichtspunkten. Also nimmt man die ausländischen.

»Nicht deshalb. Sie sind ein Problem für das Ökosystem. Unsere heimische Eiche bietet seit der letzten Eiszeit einem bestimmten Spektrum von Insekten Schutz und Nahrung. Das trifft auf die Eiche aus den USA nicht zu, und so kommt es zu einer Systemverschiebung. Da gerät etwas in Unordnung. Trotzdem muss man sich immer fragen: Warum jetzt Tiere oder Bäume töten? Schließlich hat der Wald Millionen Jahre ohne uns auch ganz gut leben können, ohne dass wir das System geraderücken mussten.«

Seitdem ich mit ihm unterwegs bin, verwundert es mich nicht, dass er zwischen Tieren und Bäumen keinen Unterschied macht. Es sind beides Lebewesen, die miteinander eine Einheit bilden. Der Mensch passt nicht ins System. Der Mensch tötet, weil er neben seinem Überleben noch ein paar andere Bedürfnisse hat. Pro Jahr verbraucht der Bundesbürger anderthalb Kubikmeter Holz. Ich zum Beispiel habe einen großen Bedarf an Papier: Schreibpapier und Klopapier. Ob der Mensch Möbel wirklich braucht, sei einmal dahingestellt, er will sie haben, und alle paar Jahre ändert er seinen Geschmack, und der Teakholztisch fliegt raus, und der Kirchbaumtisch kommt rein. Die Viskose unserer Kleidung besteht aus ehemaligen Bäumen.

»Die Kunst ist es, den Bedarf des Menschen zu decken, aber nicht alles kaputt zu machen.«

Um unseren Bedarf zu decken, wird das Wild geschossen, weil es Hunger hat und von den Pflanzen des Waldes lebt. Es gilt den Fressschaden zu minimieren, damit für uns genügend Holz bleibt, damit wir es warm haben, es gemütlich haben. Mein Schreibtisch ist aus Buchenholz.

»Siebzig Prozent des Waldes in NRW sind in privater Hand«, erläutert Johannes Grünwald. »Wenn ich einen Wald habe, frage ich mich, kriege ich was raus oder zahle ich ein? Privatleute wollen durchaus was rausholen. Nur der Kommunalwald dient der Naturerholung und ist Freizeitwald. Da steckt die Stadt oder die Gemeinde Geld rein. Einen Wald besitzen, heißt Geld haben.« Holz und Wild haben einen ökonomischen Nutzen, allerdings nur im toten Zustand. Lebendig können sie recht kostenintensiv sein. Das meinte Johannes Grünwald vorhin mit Mord, wir tun es mit Absicht, mit planvoller Absicht. Von Totschlag kann demnach keine Rede sein.

Bevor ich mich mit Johannes Grünwald auf den Weg machte, dachte ich: Das sind die, die von Berufs wegen töten, und hier bin ich, die das nicht tut. Es dauerte keine Stunde, und ich bin überwältigt, weil ich erkenne, ich bin keinen Deut anders. Mit einer Ausnahme: In den meisten Fällen ist mir nicht einmal bewusst, wie häufig mein Leben dazu beiträgt, anderes Leben zu beenden. Mein Leben verursacht den Tod, massenhaft. Natürlich kann man diese Haltung für völlig übertrieben halten. Aber warum eigentlich? Weil es zu schmerzvoll wäre, sich permanent darüber Gedanken zu machen, wie viele Lebewesen für mich tagtäglich sterben, damit ich es bequem und komfortabel habe? Damit ich überhaupt lebe. Meine Brust zieht sich zusammen. Ein Ast nach dem anderen kracht zu Boden.

»Im Naturwald würde ein abgestorbener Ast, wir nennen es Totholz, verfaulen und zahlreichen Tieren, Wild, Insekten, Würmern Nahrung bieten.«

Verfallen, vermodern, verfaulen. Der Wald ist ein System aus permanenter Zersetzung und Verwertung, absterben und aufwachsen. Energietransfer als Kreislauf. Um Totholz an lebenden Bäumen zu erkennen, gibt es einen Baumkontrolleur. Johannes Grünwald stellt mich seinem Kollegen Herrn Bösefeld vor. Er steht neben dem Hubwagen, winkt herüber und widmet sich gleich wieder seiner Aufgabe: zu begutachten, wie ein Totholzstück nach dem anderen zu Boden fällt.

»Wir töten nicht nur Bäume«, sagt Johannes Grünwald beruhigend, »wir pflegen sie auch und machen den Wald verkehrssicher.« Die stadtnahe, stark zersiedelte Waldstruktur mit den vielen asphaltieren Straßen und Sträßchen, die durchs Grün führen, machen die Pflege und Instandhaltung allerdings aufwändig.

»Ist es nicht hart, die ganze Zeit vom Tod umgeben zu sein? Ich übertreibe jetzt natürlich, aber Sie haben selbst von Mord und Totschlag gesprochen«, stelle ich fest.

»Man muss dabei den Kopf abschalten. Man darf sich keine weiteren Gedanken machen, außer, es muss gemacht werden.« Er hält nach Cleo Ausschau, die sich etwas zu nah unter die fallenden Äste begibt. »Ist man jünger, denkt man wirklich weniger über die Tatsache nach, dass man den Tod verursacht. Man ist kampfbereiter. Ältere Förster und Jäger machen sich aufgrund ihrer Lebenserfahrung – vielleicht hat man schon persönliche Erfahrungen mit dem Tod gemacht – mehr Gedanken.«

Wenngleich ich eindeutig spüre, das Thema ist ihm unangenehm, bitte ich ihn jetzt doch, mir sein Verhältnis zum Tod zu beschreiben.

»Ehrlicherweise muss ich sagen, ich gehe ungern auf Beerdigungen. Das zieht mich runter. Ich denke am liebsten nicht darüber nach. Meine beiden Großmütter, beide über neunzig, sind kurz hintereinander gestorben. Für beide war es ein einschläferischer Tod. Super, wenn es so ist.«

Er schaut zur Seite, geht seinem Hund nach, der sich von der Straße zurück in den Wald geschlichen hat. Offensichtlich ist es dort interessanter für ihn, als neben uns zu sitzen und sich den Lärm der Motorsäge anzuhören. Ich folge beiden und verstehe. Für Johannes Grünwald ist das Thema Tod nun endgültig erledigt. Über das Große, Globale, das Weltende nachzudenken, erscheint leichter als über das eigene Ende.

In Gedanken versunken machen wir uns auf den Rückweg zum Turm. Wir gehen nebeneinander her, sehen ein Kaninchen durch einen ausufernden Ilex huschen, hören Vogelgezwitscher und von Ferne die Kettensäge. Als Cleo ausgelassen mit wippenden Ohren und japsend zwischen uns hindurchfegt, nimmt Johannes Grünwald den Faden wieder auf.

»Krankenhäuser meide ich auch wie die Pest. Schon mit dem Hund zum Tierarzt zu gehen, ist für mich anstrengend. Das ist jetzt mein vierter Hund. Einer wurde mir überfahren, die anderen beiden wurden krank. Beim Einschläfern habe ich beide festgehalten. Ich sag Ihnen was, die wussten es. Die wussten, es ist kein normaler Tierarztbesuch.« Mit verhaltener Stimme spricht er weiter, davon, dass zuerst betäubt, anschließend mit der Spritze getötet wird, dass es ihm an die Nieren ging und er die toten Tiere gern in der Praxis gelassen hätte. Seinen Kindern zuliebe hat er die Leichname nach Hause getragen und im Garten begraben. »Jetzt hat man da zwei Gräber in der Nähe des Hauses.« Und damit lässt er das Thema ausklingen. »Ich bin für abhaken. Abhaken und weiter nach vorne gehen. Prinzipiell, finde ich, bringt bewusstes Nachdenken über den Tod nicht viel.«

Gut möglich. Mit dem September habe ich drei Viertel meines Jahres mit dem Tod hinter mich gebracht. Ans Abhaken denke ich noch nicht. Da ist noch etwas zu entdecken. Ein Aha-Effekt vielleicht. Eine Erleuchtung wäre schön. Etwas Positives, womit ich zu Silvester zufrieden abschließen kann, nach dem Motto: Job erledigt, nächstes Projekt. Jedenfalls ist Johannes Grünwalds pragmatische Einstellung erfrischend und zeigt, man sollte sich nicht zu intensiv mit dem Tod beschäftigen ... selbst dann nicht, wenn man es tagtäglich mit ihm zu tun hat und das große Ganze im Zusammenhang zwischen leben und leben lassen, fressen und gefressen werden überblickt und es entsprechend nüchtern betrachtet.

»Altruismus gibt es nirgendwo in der Natur. Hier herrscht Egoismus, systemischer oder individueller Egoismus. Das Gesetz des Stärkeren oder Ausgefuchsteren.«

»Das klingt bedrückend.«

»Finden Sie?« Johannes Grünwald zuckt mit den Schultern. »Ist die Realität. Wissen Sie, ich lasse mich nicht runterziehen. Ich frage mich immer, wie funktioniert etwas? Beim Wald und beim Wild benehmen wir Menschen uns da sehr seltsam. Wir projizieren unsere Gefühle auf den Wald, und die darin lebenden Tiere vermenschlichen wir. Das ist falsch«, lautet sein Urteil. »Das wird dem System nicht gerecht und hilft ihm auch nicht. Es sind parallele Welten. Der Mensch muss das kapieren. Cleo zum Beispiel ist ein Hund und lebt ein Stück weit in einer anderen Welt. Ich versuche, sie zu begreifen. Wie tickt sie? Beim Hund ist das Nette, dass er vom Menschen begriffen werden will. Er will Sozialkontakt. Beim Wald ist das nicht so. Nur ich kann versuchen, ihn zu begreifen. Aber ich stehe nicht über ihm. Es existiert kein über- oder untergeordnetes System. Wir sind eins und alle sind anders. Der Hund ist anders. Der Wald ist anders. Alle sind unterschiedlich, und es ist spannend zu beobachten, welche Strategie wie durchs Leben kommt.«

Kann man einen Standpunkt außerhalb des eigenen Denkens einnehmen? Scheitert nicht schon der Versuch, Hund und Wald zu verstehen, weil wir unterschiedliche Sprachen sprechen? In letzter Zeit ist viel über die Sprache der Bäume zu lesen und zu sehen. Man hat herausgefunden, dass Bäume soziale Wesen sind, die miteinander kommunizieren; es sei nur eine Frage der Zeit, bis wir ihre Sprache verstünden und sie besser kennenlernten. Ich wage das zu bezweifeln. Wir haben ja schon Schwierigkeiten, uns selbst zu verstehen. Je länger ich neben Johannes Grünwald durch den Wald wandere, desto weniger begreife ich, warum wir andauernd und ausdauernd Profit machen müssen. Den Status Quo an Qualitätsleben, das wir führen, zu halten, wäre nicht das Schlechteste. Aber wir wollen mehr. So sind wir. Warum wir so sind, leuchtet mir nicht ein. Was könnte ich von einem Baum lernen, sofern wir uns unterhalten könnten? Fälle mich nicht, ich sorge für Sauerstoff. Fälle mich nicht, ich ernähre Millionen Insekten. Fälle mich nicht, ich gebe Moleküle ab, die die Atmosphäre erhalten und dir Wohlbefinden schenken.

Johannes Grünwald scheint es nicht anders zu gehen, wenngleich er sich mental offensichtlich nicht so aus dem Konzept bringen lässt wie ich. Im Zentrum seiner Überlegungen steht das große Ganze, wie er es nennt, er geht dabei von seinem persönlichen Berufsumfeld aus.

»Im Schulatlas von meiner Oma gab es noch Karten mit weißen Flecken. Niemand wusste, was sich dort befand. In Mitteleuropa gibt es keinen einzigen Quadratmeter mehr, der nicht vom Menschen beeinflusst ist. Nirgendwo im Wald gibt es noch einen weißen Fleck.« Für ihn sei es erschreckend, vom Flugzeug aus den strukturierten Wald zu betrachten. Eine Struktur, gleich einem Muster, die von Maschinenwaldbau geprägt ist. Tonnenschwere Maschinen durchpflügen regelrecht die Wälder. Maschineneinsatz ist rationell, sinnvoll und rechnet sich ökonomisch. Die Belastung für den Boden ist ein Desaster. Um zu veranschaulichen, wie groß die Belastung durch Maschinen ist, erzählt Johannes Grünwald eine Episode aus dem Dreißigjährigen

Krieg. Damals hätten Menschen auf der Flucht an unterschiedlichen Stellen im Wald Lagerstellen aufgeschlagen, viele Menschen, die sich für längere Zeit im Wald aufgehalten und versteckt hätten. Deren Spuren seien heute noch nachweisbar.

»Und jetzt stellen Sie sich einfach mal diese Maschinen vor. Ein Glück, dass die sich auf festgelegten Pfaden bewegen. Das begrenzt den Schaden. Trotzdem ist es doof, das von oben zu sehen.« Er befindet sich im Zwiespalt und steht immer wieder vor derselben Frage: Braucht man diese Kollateralschäden? Was ist die Alternative?

»Man muss bedenken, am Ende ist alles andere schlimmer als die Forstwirtschaft. Holz ist einer der wenigen nachwachsenden Rohstoffe, die wir auf der Welt haben. Geht man bewusst und nachhaltig damit um, bleibt es uns erhalten, und wir können dauerhaft davon leben.«

Die Lösung liegt für ihn auf der Hand, sie lautet Einschränkung und Verzicht. Bedürfnis und Bedarf müssen radikal zurückgeschraubt werden.

Während er seinen Hund im Kofferraum Platz nehmen lässt und die Absätze seiner Schuhe von Matsch und Erde befreit, indem er gegen die Anhängerkupplung tritt, lege ich in einem Anflug von Sentimentalität meine Hand auf den Erdboden. Was ich berühre, ist eine ganze Welt. In einem Dreckklumpen tummeln sich mehr Lebewesen, als es Menschen gibt. Das sollte einen dauerhaft demütig machen.

Ich weiß. Ich weiß. Ich weiß, wir alle werden sterben. Ich will eine Lösung für das Problem. Der Tod ist ein Problem. Ich wurde erzogen in dem Glauben (und Wissen), für jedes Problem gibt es eine Lösung. Es ist eine Frage der Suchstrategie und eine Frage der Zeit. Das beste Beispiel: Vor fünfhundert Jahren glaubte kein Mensch, dass man auf dem Mond spazieren gehen kann. Et voilà!

Ein anderer Wald. Ich steuerte auf ein schmiedeeisernes Tor zu. Dahinter liegt ein Waldfriedhof. Ein unvergleichlicher und unerwarteter Duft strömt mir entgegen. Die Gräber – niedrige, mit grauem Stein umfasste und geharktem Sand umrahmte Gräber – sind Blumenbeete, der gesamte Friedhof ein wuchernder Flickenteppich aus Blüten in einem Grasmeer unter sehr alten Bäumen. Ich bin begeistert und zähle die Blumensorten: Silberkerzen, Anemonen, Septemberkraut, Astern, Helianthus, Dahlien, gelbe Lilien. Letzte Ruhestätten, geschmückt mit leuchtenden, vergänglichen Gewächsen. Für den Augenblick scheint alles verzaubert und überquellend von Leben, und meine Augen können sich nicht daran stattsehen, mit welcher Akribie der Sand geharkt ist, die Blumen zu Ornamenten und Mustern gestaltet sind, und mir wird klar, welchen Symbolcharakter Blumen haben. Das plötzliche Aufblitzen von Schönheit, das unausweichliche Verblühen, das Kopfhängenlassen, das Vertrocknen und sich Zurückziehen bis in ein Samenkorn hinein, dem die letzte Kraft geschenkt wird. Mir platzt die Brust. Richtig wehtut nicht das Bewusstsein der eigenen Sterblichkeit, sondern der Verlust von solcher Schönheit. Ich gehe weiter bis zum hinteren Teil des Friedhofs. Hier befinden sich ältere Gräber, um die sich offensichtlich niemand mehr kümmert. Die Steine sind vernarbt und mürbe, die Namen der Toten kaum zu erkennen. In der Mitte überragt ein schwarzes Marmorgrab die anderen. Wie ein Kleinod unter hellen Kiefern ruht es in der Sonne. Ich lese die Inschrift, eine Samtschrift aus violettem Moos, unter dem an einigen Stellen goldene Buchstaben hervorspicken.

Unseren unvergessenen Eltern
Leib Kramer
geboren 1824, gestorben 1907 im Alter von 84 Jahren
Libe Kramer
geboren 1826, gestorben 1908 im Alter von 82 Jahren.

Leib und Libe. Mir wird schummerig, als mir die blauen Gummistiefel-Großbuchstaben in den Sinn kommen. L L. Die Welt ist in der Tat ein einziger Querverweis.

10 OKTOBER – NATUR

Von hängenden Tomaten und der Verkehrssicherheit auf Friedhöfen

Es ist der Monat, in dem ich von Bernds Tod erfuhr. Meine Tochter war bei mir, als ich den Anruf entgegennahm. Bis heute fehlt mir jede Erinnerung an den Moment nach dem »Heike, sitzt du gerade?« »Ja.« »Bernd ist tot.« Viel später schilderte mir meine Tochter ihre Eindrücke. Während des Telefonats hatte sie mich nicht aus den Augen gelassen. Nun wisse sie, wie es aussieht, wenn ein Mensch breche. Durch meine Veränderung, körperlich wie mimisch, habe sie die Formulierung ›ein Mensch zerbricht‹ begriffen. Nachdem ich den Hörer auflegte und aufgeschrien haben muss, hielt sie mich lange im Arm. Ich weiß nicht, ob ich zurück umarmte. Ich nehme es meinem toten Freund übel, dass er ausgerechnet am Geburtstag meines Kindes gestorben ist, einem der bisher glücklichsten Tage meines Lebens. Seither ist etwas brüchig geworden. Wie können wir jemals wieder ungetrübt feiern? Und wie fürchterlich, dass ich es ihm übelnehme. Doch er hat mich an einem Freudentag, der Geburt des mir liebsten Menschen, der Endlichkeit gemahnt. Immer dieser aufwühlende, emotionale Mischmasch. In einer idealen Welt könnten wir jedes Gefühl ganz pur in perfekter Reinkultur erleben. Ich will wieder frei singen können: *»Wir freuen uns, dass du geboren bist und hast Geburtstag heut'!«*

In Deutschland herrscht die Grabsteinrüttelpflicht, die sogenannte Standfestigkeitsprüfung nach §9 der Unfallverhütungsvorschrift für Sicherheit und Gesundheitsschutz VSG 4.7 der Gartenbauberufsgenossenschaft. Sie besagt: *»Der Unternehmer muss sicherstellen, dass Grabmale und Fundamente nach den anerkannten Regeln der Baukunst errichtet werden und jährlich mindestens einmal auf ihre Standfestigkeit* *überprüft werden. Das Prüfergebnis ist schriftlich festzuhalten. Nicht standfeste Grabmale sind zu sichern oder zu entfernen.«* Mitunter wiegen die Steine bis zu einer halben Tonne und können gefährlich für die Hinterbliebenen werden. Sollte jemandem bei der Grabpflege beispielsweise der Stein auf den Kopf fallen, hätten wir direkt den nächsten Toten, recht grabnah. Die Statistik vermeldet: Jährlich werden bis zu achtzig Unfälle, häufig Fingerbrüche und Quetschungen, gezählt. Um die ›Gefahrenquelle Grab‹ zu minimieren, teilt der Berufsverband präzise mit, wie man vorzugehen hat: *»Das zu überprüfende Grabmal ist zunächst behutsam mit einer Hand zu rütteln, ergeben sich keine Beanstandungen, ist das gleiche durch kräftiges Rütteln zu wiederholen.«* Somit ist es also Friedhofsgärtnern behördlich verordnet, sämtliche Grabsteine auf ihren Friedhöfen wenigstens einmal im Jahr persönlich anzufassen.

Herr Iding, mein Lieblingsfriedhofsgärtner um die Ecke mit dem grünen Daumen und einem Faible für Kletterhortensien und hängende Snack-Tomaten, bindet mir einen Strauß Astern mit Septemberkraut, das erstaunlicherweise noch im Oktober blüht. Bislang ist es ein goldener Oktober, warm und duftig. Die Pflanzen recken sich den spätsommerlich nachglühenden Sonnenstrahlen entgegen. Als ich mich erkundige, ob ich ihm einen Tag bei der Arbeit hospitieren dürfte, schlägt er sofort den nächsten Tag vor. Da gäbe es keine Beerdigung, nur den üblichen Bürokram. Am liebsten wäre mir der Tag, an dem er die Grabsteinrüttelpflicht ausübe, ich würde gerne mitrütteln. Erstaunlicherweise ist er keine Sekunde verwundert. Herr Iding ist hocherfreut, weil ich mich dafür interessiere, und erklärt, grundsätzlich würde in der Woche vor Allerheiligen gerüttelt, weil an diesem Tag »der Friedhof gut gefüllt ist« und lockere Grabsteine gerne mal umkippen. Bis zu meinem Praktikum ist also noch ein wenig Zeit. Um bis dahin ins Thema zu kommen, empfiehlt er mir ein Gespräch mit seinem Bestatterkollegen Herrn Picard. Nebenberuflich oder zweitberuflich ist der Friedhofsgärtner nämlich auch Bestatter. Mich mit Herrn Picard zu unterhalten, würde mir sicherlich viele Eindrücke vermitteln. Und schneller, als ich blinzeln kann, hat er sich ans Telefon gehängt und arrangiert einen Termin zu dritt. Er freut sich. Ich mich auch. Beim Verlassen des Friedhofs mit der Hausnummer 11 bin ich fast ein bisschen enttäuscht, dass ich noch zwei Wochen warten muss, bis ich rütteln darf.

Mir gegenüber sitzen die zwei Herren von ›Bestattungskultur Memoria‹, Herr Iding und Herr Picard – der eine bringt die Leute unter die Erde, der andere bepflanzt sie. »Brauchen tun wir den alle nicht«, beantwortet Herr Picard meine Frage nach seinem persönlichen Umgang mit dem Tod. Aus unternehmerischen Gründen allerdings sieht er das etwas anders. Freimütig gestehe ich den beiden den Grund für mein Projekt mit dem Tod, meine Angst davor und die Faszination und meinen Wunsch, mich mit Fachleuten zu unterhalten. Nach nunmehr einem Dreivierteljahr täglicher Beschäftigung mit dem Thema habe ich nicht mehr das Gefühl, wie das Kaninchen vor der Schlange zu hocken und als Beute identifiziert zu werden. Etwas hat sich verändert, klammheimlich. Benennen kann ich es noch nicht. Es ist ein diffuses Gefühl. Hier in der Runde mit zwei Profis in Sachen Tod wird mir mit einem Mal bewusst: Das Schreckensgespenst wurde zu einem Gespenst. Die beiden Herren geben mir Zeit zu erzählen, warum mich der Tod schon so lange beschäftigt. In seiner ruhigen Art deckt Herr Iding den Kaffeetisch, während Herr Picard teilnehmend zuhört, genau so, wie man es sich von einem Bestatter wünscht.

Ich entspanne mich, trinke Kaffee, knabbere Gebäck. Wir reden über früher, als die Familien ihre Toten noch gemeinsam wuschen, ankleideten, Spiegel verhüllten, tagelang betrauerten, an ihren Betten saßen, in ihrem Beisein Brot und Suppe aßen und es nicht despektierlich fanden.

»Es gibt den Begriff der Totensuppe. Das mag dem einen oder anderen aufstoßen. Trotzdem beschreibt es eine Tatsache, ohne drum herumzureden. Der Tod war früher einmal etwas Normales. Er gehörte einfach dazu.« Herr Picard ist seriös gekleidet. Er trägt ein dunkles, gut geschnittenes Sakko über einem hellen Hemd. Er ist sorgsam rasiert.

»Früher trugen die Männer den Verstorbenen gemeinsam im Sarg zu Grabe. Das findet man heute fast nur noch auf dem Land, auf den Dörfern. Der Tod wurde als ein wirklicher, feierlicher Abschied in der Gemeinschaft mit Familie, Freunden und Nachbarn begangen. Den Bestatter kannte man oft persönlich.« Er seufzt und blickt zu Herrn Iding zu meiner Linken hinüber. Die beiden wechseln ein betrübtes, kurzes Nicken.

»Heute ist der Tod ein Tabu«, sagt Herr Iding und nimmt sich einen Schokoladenkeks.

Herr Picard schildert, warum nach seinem Dafürhalten der Tod ein derartiges Tabuthema in unserer Gesellschaft geworden ist. Als Hauptgrund nennt er die Industrialisierung des Sterbens und Bestattens ebenso wie die Tatsache, dass er aus der Mitte des Menschen verbannt wurde und es vermehrt anonymisierte Grabstellen gebe.

»In den wenigsten Fällen kennt man seinen Bestatter heute noch persönlich. Man lernt ihn nicht kennen, bevor es nicht notwendig wird. Außerdem kostet jemanden zu beerdigen Geld. Die meisten Menschen wählen das günstigste Bestattungsunternehmen. Da kennt man sich nicht mehr. Der Bestatter ist und bleibt ein Fremder. Dabei ist unsere Arbeit Seelsorge.«

Herrn Picard beim Sprechen zu beobachten, ist ein Vergnügen. Wie strahlend und lebensglühend er erzählt, dass er, seit er Bestatter ist, das Leben viel bewusster lebe, weil der

Tod, vor dem er sich im Übrigen nicht fürchtet, präsent sei in seinem Alltag und ihn seine eigene Endlichkeit daran erinnere, sinnvoll zu leben und alles zu genießen.

»Um das Leben richtig auskosten und bewusst wahrnehmen zu können, brauchen viele Menschen einen Schlag vor den Bug.«

Ich halte dagegen. »Aber warum? Muss es immer der erhobene Zeigefinger sein?«

»So ist der Mensch«, lautet die knappe Antwort.

»Aber so muss es doch nicht sein«, versuche ich es noch einmal. »Warum kann man nicht einfach dem Schönen folgen und es genießen, eben weil es das Schöne ist und man es einfach immer wiederholen will? Braucht man tatsächlich das Schlimme, um uns vor Augen zu führen, wie schön das Schöne ist? Ich persönlich brauche keinen Regen um zu wissen, wie sehr ich die Sonne liebe. Regen macht schlechte Laune. Fragen Sie mal einen Urlauber. Der braucht keinen Tropfen Regen, um die Sonne wertzuschätzen.« Ich rede wirres Zeug und bin nicht in der Lage, mich präzise auszudrücken. Ich glaube, wenn ich jetzt von Goethes Idee des Amalgamierens und der Verbundenheit mit der Welt, der Erkenntnis und dem Sein erzähle, halten sie mich für komplett verrückt. Doch Herr Picard und Herr Iding scheinen mich zu verstehen.

»Da ist was dran«, sagt der eine, der andere nickt. Herr Picard überlegt. »Es wäre sicher besser, wenn wir Menschen nicht durch Negatives zur Bewusstheit erzogen werden müssten, sondern aus dem Schönen und dem Genuss am Leben selbst heraus. Aber«, seine Augen lächeln warm, »so sind wir Menschen nicht. Leider.«

»Aber könnten wir nicht lernen umzudenken? Weil … weil das Schöne so schön ist. Man kann es einüben, sich auf das Schöne zu konzentrieren.« Plötzlich frage ich mich, warum beschäftige ich mich eigentlich immer noch mit dem Tod, warum nicht mit dem Leben? Jeder meiner bisherigen

Gesprächspartner erzählte auf die eine oder andere Weise vom Leben, vom Genuss, vom Wert des Lebens. Was fehlt mir denn noch?

»Das könnten wir«, überlegt Herr Picard. »Allerdings sind wir Menschen so nicht.«

»… aber wir könnten anders …«

»Können wir?«, fragt er mit einem Anflug von Spitzbübigkeit. Und dann lächeln beide Herren einander zu. Ich weiß nicht mehr weiter. Und sie scheinen etwas zu wissen, das sich mir verschließt.

»Wodurch ist Ihre Angst ausgelöst worden?« Seine Frage trifft mich unvermittelt.

Keine Ahnung, denke ich. Die war immer da. Herr Picard dreht am Henkel seiner Kaffeetasse. »Der Tod kann auch schön sein. Bitte nicht falsch verstehen.«

Es gehe darum, die Situation des Sterbens schön zu gestalten, so könne das Abschiednehmen zu einer positiven Auseinandersetzung mit dem Tod werden. Finde kein aktives und tätiges Abschiednehmen in der Familie oder unter Freunden statt, werde der Tod »größer und größer«, und irgendwann dränge man ihn beinahe zwanghaft aus dem Alltag, tabuisiere ihn, weil man nicht mehr mit seiner Übermacht umgehen könne. Dabei sei der Tod auch ein Erlebnis für die Hinterbliebenen. Wenn es nach Herrn Picard ginge, sollte jeder die Leiche noch einmal sehen, sie berühren und wahrhaft Abschied nehmen. Das Wort ›wahrhaft‹ begleitet er mit einer leichten Geste, als würde er einen Dirigentenstock zum ersten Takt anheben.

»Ohne Abschied bleibt der Tod beängstigend. Wenn er aber vergegenwärtigt wird, nimmt der Mensch gerade das Schöne der Situation bewusster wahr. Der Körper geht am Ende, die Beseelung bleibt.« Er legt eine Pause ein, dreht den Henkel der Tasse ein Stück weiter. »Um noch einmal darauf zurückzukommen: So sind wir Menschen eben gestrickt. Allerdings sollte man nicht jeden Tag an den Tod denken. Das ist nicht Sinn der Sache. Dazu ist das Leben viel zu schön.« Er schenkt Kaffee nach. Als er mir das Milchkännchen entgegenhält, betrachtet er es versonnen, hält es in der Schwebe über meiner Hand und überlegt: »Ihre Angst vor dem Tod könnte von Verlustängsten herrühren.«

Wieder kommt es aus dem Nichts und erwischt mich. Der Mann lässt nicht locker, denke ich.

Und ich denke, womöglich hat er einen Nerv getroffen. Es *könnte* etwas mit Verlust zu tun haben, ebenso aber auch mit etwas schmerzlich Verdrängtem ...

Herr Picard schweigt. Herr Iding schweigt. Ich schweige krampfhaft. Einen Moment verliere ich mich in der Betrachtung der feinen Gesichtszüge der beiden Herren, des schön gedeckten Kaffeetischs, des Kalenders mit eingetragenen Urlaubstagen an der Wand. In mir ist ein Lärm. Das Schweigen dehnt sich. Im Verdrängen war ich bisher ganz gut.

»Vielleicht ...« Ich beiße die Lippen aufeinander. Weiter weiß ich nicht. Bin sprachlos.

Stille und milde Blicke auf mir von beiden Seiten. Herr Picard und Herr Iding warten. Meiner Beobachtung nach sind Menschen, die eng mit dem Tod sind, sich damit professionell auskennen, geübte, geduldige Zuhörer. Warten verlangt ihnen nicht viel ab. Sie warten entspannt. Als spiele Zeit eine andere Rolle. Als sei Warten, vor allem aber Schweigen ein großes Gut, das etwas aus der Tiefe emporsteigen und entstehen lässt.

Schweigen kann ich nicht sehr gut. Übergangslos und ohne nennbaren Grund erzähle ich von einer Nachbarin, die den Leuten ansah, ob sie bald sterben würden, und deren Todeszeitpunkte ziemlich exakt vorhersagen konnte.

»Bei dem stehen die Ohren so ab vom Kopf, der hat noch zehn Tage. Der, guck, sein Nacken, die Adern an den Sehnen zeichnen sich deutlich ab, der hat höchstens ein halbes Jahr. Bei der ist die Haut im Gesicht wie ein Wespennest, grau und stumpf, der geb ich noch ein, zwei Monate.« Die Nachbarin, alt und fußkrank, war eine merkwürdige Person. Ihr Leben lang hat sie im selben Haus gelebt, selbst als es nach dem Auszug der Kinder und dem Tod ihres Mannes viel zu groß für sie war. Am Ende bewohnte sie nur noch die Küche. Das Bett stand neben dem Kachelofen. Bei gutem Wetter legte sie ein Kissen auf das Fenstersims, schaute hinaus und hielt Schwätzchen mit den Nachbarn. Sie war gnadenlos in ihren Äußerungen über das finale Schicksal anderer. Als Kind faszinierte es mich, als Jugendliche fand ich es abstoßend, und als Erwachsene erschien es mir taktlos, jeden mit ihrer Art zum Zuhören zu zwingen.

Verlustängste. Das Wort spukt mir durch den Kopf.

Herr Picard legt die Fingerspitzen gegeneinander. Herr Iding streift einen Fussel von seinem Ärmel. Ich trinke aus meiner Tasse, tue so, als würde ich trinken. Es ist kein Kaffee mehr darin. Als ich die Tasse auf die Untertasse stelle, klappert das Geschirr viel zu laut. Bedächtig nicken die Herren, wechseln Blicke. Mein Ablenkungsmanöver war viel zu durchsichtig.

»So etwas gibt es«, sagt Herr Picard. »Einige Menschen können den Tod voraussehen.«

»Das ist gar nicht mal so ungewöhnlich«, pflichtet Herr Iding ihm bei.

Keiner der beiden ist darüber verwundert. Mir rollt ein Stein vom Herzen. Ein kleines, sachtes Rollen. Über Verlust zu sprechen, bleibt mir erspart.

»So, wie der Tod überraschend kommt, kommt womöglich auch ein Erkennen. Im Augenblick.« Direkt vor meiner Nase schnippt Herr Picard mit den Fingern, dann greift er zur Kaffeekanne, und Herr Iding schiebt ihm meine leere Tasse zu. Nacheinander befüllt er unsere Tassen. Die Plätzchendose wird herumgereicht. Alles geschieht in Ruhe und Stille. Und einer eigentümlichen Heiterkeit, die mich mit einem Mal durchdringt. Warum hier und jetzt? Draußen scheint die Sonne.

Gleich darauf erzählen wir einander die besten Szenen aus Filmen, die mit dem Bestattungswesen und dem Tod zu tun haben, vorwiegend Komödien. Herr Picard kennt sämtliche Gags aus *Sterben für Anfänger* auswendig und bedauert, dass es nicht viel mehr solcher Filme gibt.

»Wir sollten alle mehr über den Tod lachen und ihn nicht immer so bierernst nehmen. Der Tod verträgt nämlich beides ganz gut, Ehrfurcht und Humor, besonders Humor.«

Zum Abschluss lädt mich Herr Iding auf einen Spaziergang über den beinahe zweihundert Jahre alten katholischen Friedhof mit seinen rund viertausendfünfhundert Gräbern ein – sein grünes Reich –, um mir seine Lieblingsgräber zu zeigen, deren Grabsteingestaltung und Bepflanzung ihm besonders gefallen und gelungen sind. Auf dem Grab eines bekannten Uhrmachers der Stadt wachsen Blumen und Stauden in Form eines Zifferblattes.

»Nur, dass die Zeit hier anderes geht.« Er bückt sich und zupft ein Unkraut aus der Blumenuhr, ungefähr bei halb fünf.

Der für ihn schönste Grabstein befindet sich im Schatten einer riesigen Blutbuche.

»Marmor, ganz was Edles.« Er weist auf das fragile aus dem Stein geschlagene Blütenarrangement aus Rosen und Farn zu Füßen eines Engels. Ihm gefällt der trauernde und zugleich tröstende Ausdruck im Gesicht der Figur ebenso wie die Symbolik.

»Ein Finger der linken Hand ist abgebrochen, sehen Sie. Aber das macht nichts. Da wächst schon Efeu hinauf und verdeckt es.« Ohne seinen Hinweis wäre es mir nicht aufgefallen. »Mit der gesunden Hand umschlingt der Engel das Kreuz, er findet Halt im Glauben.«

Bernhard Iding ist ein religiöser Mensch, erzogen im katholischen Glauben und seit Jahren ehrenamtlicher

Kirchenvorstand der Herz-Jesu-Gemeinde. Regelmäßig besucht er die Messe. In der Kirche fühlt er sich behütet und aufgehoben. Die Glaubensverkündigung in der Liturgie ist ihm Anker und Trost. Wir setzen uns auf eine Bank in der Nähe des Hochkreuzes, das die geografische Mitte des Friedhofes bildet. Die Straßengeräusche ebben ab. Um uns herum nichts als Vogelgezwitscher und Blätterrauschen; die klassische Atmosphäre eines Friedhofs, und ich frage mich, warum man es sich oft selbst so schwer macht und meint, man könne oder dürfe sich an einem solchen Ort nicht wohlfühlen. Unbefangen schlägt Bernhard Iding die Beine übereinander und spricht über den Tod.

»Ich habe keine Angst vor dem Tod, weil ich an das ewige Leben glaube. Aber ein Bild davon, wie es nach dem Tod aussieht, habe ich nicht. Wenn es im Jenseits etwas Natur gäbe, wäre es schön. Denn Blumen ...«, über die Gräber hinweg betrachtet er glücklich den alten Baumbestand und die Blumenfelder zwischen den Gräbern. »... Blumen müssen sein.«

Auf diesem Friedhof, auf dem er seit über dreißig Jahren arbeitet, fühlt er sich verwurzelt.

»Er ist fast wie eine Heimat.« Schon immer wollte er seinen ›eigenen‹ Friedhof bewirtschaften, schon mit siebzehn, als er seine Gärtnerlehre begann.

»In meinem zweiten Lehrjahr hatte ich schon eine ganz feste Vorstellung von dem Friedhof, den ich selbst einmal haben wollte. Ich habe mir einen Tag Urlaub genommen und den Hauptfriedhof in Bocholt in aller Ruhe angesehen. Mir gefiel die parkähnliche Struktur und wie die Gräberfelder mit Pflanzen nach Wuchs und Farbe und Form gestaltet waren. Feste Strukturen setzen die Kreativität des Gärtners frei. Es ist ja ein künstlerischer Beruf und unerschöpflich in seiner Vielfalt an Gestaltungsmöglichkeiten. Mit Pflanzen zu arbeiten, ist wie malen mit lebendigem Material.«

Es ist wohl einer Mischung aus Arbeitsroutine und seiner Liebe zur Natur zu verdanken, dass er den Tod, der ihn täglich umgibt, längst nicht mehr bewusst wahrnimmt. Selbst die Friedhofsbesucher und Trauernden, die er mit ihren Sorgen oder in ihrem Schmerz erlebt, empfindet er eher als heilsam. »Die Leute erzählen mir viel von sich. Manche von ihnen haben erst am Grab ein Aha-Erlebnis, wenn der Partner, die Eltern oder ein Verwandter unter der Erde liegen. Dann ist es zu spät. Ich ziehe meine Lehre daraus und nehme mir vor, es anders zu machen, eventuell diese Fehler nicht zu machen. Wissen Sie, wenn man den ganzen Tag den Tod um die Ohren hat, packt man die Gestaltung des eigenen Lebens anders an.«

Durch die Natur, ihr Kommen, Werden und Gehen, – Bernhard Iding gerät regelrecht ins Schwärmen, während er sich auf der Bank neben mir gemütlich zurücklehnt – erlebe er die eigene Vergänglichkeit bewusst, aber nicht schmerzlich. Für ihn ist es schön zu sehen, dass alles ein einziger Kreislauf ist und er ein Teil darin. Seine Aufgabe sei es, seinen Friedhof zu einem bunten, fröhlichen Ort zu machen, Altes und Modernes miteinander zu verbinden: alte Gräber und moderne Grabbepflanzung. Damit setzt er sich ab vom lutherischen Friedhof gegenüber mit seinen strengen, grünen Rasenflächen und dem reformierten, der auf der anderen Seite an seinen angrenzt. Beide sind so gestaltet, wie man sich Friedhöfe klassischerweise vorstellt. Von meinem Balkon aus kann ich Teile aller drei Friedhöfe sehen. Bernhard Idings ist mir der liebste. Er freut sich über mein Kompliment.

»Unser Friedhof ist gar kein trauriger Ort. Wir lachen sehr viel mit dem Personal.«

»Und Sie pflanzen Tomaten an.«

Er hebt den Finger.

»Aber nur vorne im Blumenladen. Da züchten wir hängende Tomaten zum Snacken. Die schmecken Ihnen ja auch gut.« Verschwörerisch tippt er mich am Arm.

Ein paarmal im Sommer habe ich welche gekauft. Sie wachsen kopfüber durch Löcher in den Böden von Blumenampeln, die er aus Platzgründen am Gestänge des Vordachs angebracht hat. Es war ein Experiment, und anfangs war er selbst erstaunt, sie Richtung Erde wachsen und haufenweise Früchte tragen zu sehen. »Der Topf über der Pflanze ist wie ein Dach und hat den Vorteil, dass sie keinen Regen abkriegen. Tomaten mögen nämlich kein Wasser auf den Blättern. Davon werden sie schwarz.«

Neben Tomaten werden in der Friedhofsgärtnerei Erdbeeren gezüchtet. Bernhard Iding sieht sich als progressiver Mensch. »Tomaten und Beeren stehen für mich nicht im Widerspruch zum Friedhof. Aber natürlich würde ich nichts auf den freien Gräberflächen anpflanzen, was zum Verzehr geeignet ist.« Stattdessen werden sie mit Blumen bestückt. Er hat es gern bunt. Überall zwischen den Gräbern finden sich das Jahr über Sonnenblumen, Dahlien und wie sie alle heißen, im Moment wimmelt es von Herbstastern. »Wir nutzen jede freie Grabstelle, um irgendwas Blühendes zu setzen.«

Obwohl es ein Friedhof ist, erklärt er mir, handle er nach dem Berufsethos eines jeden Gärtners, das besage, alle nachfolgenden Generationen sollen von der Muttererde, dem schmalen, zwanzig Zentimeter tiefen Stück Erde unter der Oberfläche, weiterhin leben können. Seiner Ansicht nach sollte man die Natur möglichst sich selbst überlassen.

»Theoretisch könnte man sagen, ich behandle den Friedhof wie ein Stück Scholle. Wenn hier irgendjemand in ferner Zukunft einmal eine Obstwiese anpflanzen will, ist das durchaus möglich.«

Über vierzehntausend verschiedene Pflanzen und Tierarten befinden sich auf dem Friedhof. Eine solche Vielfalt gebe es nirgendwo sonst in der Stadt und in keinem Park.

»Nirgendwo«, betont er. »Studien haben ergeben, der Friedhof ist ein Biotop. Hier gibt es tausendmal mehr Lebendige als Tote. So viele Tiere haben hier ihr Zuhause. Leider keine Igel. Es wäre schön, Igel auf dem Friedhof zu haben.

Aber die halten sich hier nicht. Wir hatten mal Igelkinder. Alle wieder weg.«

»Eichhörnchen?«, frage ich stattdessen.

»Viele! Im Winter vermehrt. Auch sehr fröhliche Tiere.«

Ich drehe mich um. Mein Zuhause liegt auf der anderen Seite der Mauer. Zwischen den Bäumen entdecke ich meinen Balkon und die Wäsche, die zum Trocknen auf der Leine hängt und die schon zweimal wieder vom Regen nass geworden ist, weil ich zu faul bin, sie abzuhängen. Vor ein paar Tagen kam ein Eichhörnchen über die Mauer und die Dachrinne auf den Balkon geklettert und klaute Haselnüsse vom Tisch. Vermutlich wird es die hier irgendwo verbuddeln.

»Wenn es die nicht mehr findet, haben wir irgendwann Nussbäume hier«, überlegt Bernhard Iding. Vielleicht bringe ich ihn auf die Idee in die Nusszucht einzusteigen.

Wir spazieren weiter, jeder mit seinen eigenen Gedanken beschäftigt. Ich komme mir tatsächlich vor wie in einem Park, nur dass anstelle der Schilder mit den Bezeichnungen der Pflanzen an den Beeten Namen von Menschen auf den Steinen stehen.

Am Ende unserer Runde gelangen wir zum Grünspanengel, den ich oft vom Balkon aus betrachte und den ich sehr mag. Wegen seines geneigten Kopfs bilde ich mir ein, er grüße mit einem Nicken zu mir herüber. Bernhard Iding weist mich drauf hin, dass der Engel auf seinem abgesenkten Steinsockel eine Schieflage hat.

»Bis Allerheiligen haben wir das wieder gerichtet. An dem Abend findet unser jährliches Blaskonzert statt. In der Dämmerung haben wir Musik bei Kerzenschein und Hunderte von Grablichtern. Es ist jedes Jahr bunt und stimmungsvoll. Das gibt's nur bei uns auf der Hochstraße. Aber das werden Sie ja bald erleben.«

Beim Verabschieden nennt er mir den Tag für mein Praktikum zum Gräberrütteln.

»Über viertausend Grabsteine«, sagt er, »mal sehen, wie viel Sie an einem Tag schaffen.«

Tage später. Das Gespräch mit Herrn Iding und Herrn Picard hat mich aufgewühlt. Meine Angst vor dem Tod könnten Verlustängste sein. Die Einsamkeit der Märchenheldin, von der Heinz Rölleke gesprochen hatte, klingt ebenfalls nach. Rührt daher meine Angst vor dem Tod?

Der Herbst duftet an meinem Praktikumstag unvergleichlich bei verrückten neunzehn Grad Celsius und wolkenlosem Himmel. Auf dem Friedhof wehen silbern die Spinnenwebenfäden durch die Luft, verfangen sich in den Zweigen von Büschen und Sträuchern, die wie verholzte Finger nach ihnen greifen, bleiben an Grabsteinen kleben. Besonders morbide, als hätte man es gemalt, schimmern die haarzarten Fäden im Wind um den Kopf des Grünspanengels. Auf einem Kindergrab glänzt die schwarz-marmorne Büste eines Mädchens. Von ihrer Stirn bis zum Grabrand spannt sich ein Spinnennetz, in dessen Mitte eine Kreuzspinne zittert. Mit jedem Windstoß taumeln die herbstschwachen Blätter von den Ahornbäumen herab, rascheln beim Aufkommen und liegen dann still auf den Gräbern und Wegen, wie die Flicken eines Teppichs, die niemand zusammengenäht hat. Es fällt schwer, an einem goldeingefärbten Tag über Verfall und Vergänglichkeit zu grübeln. Bernhard Iding würde jetzt freudvoll an den Kreislauf der Natur denken und ein paar verwelkte Blumenkränze in den Kompost geben, um sie im Frühjahr wiederzuverwerten.

Eine Reihe dichter Koniferen trennt die Friedhofsgärtnerei vom eigentlichen Friedhof und den Gräbern. Der Weg hinüber besteht aus holprig verlegten Steinplatten, gabelt sich und führt durch einen Gang, einen ins Immergrün geschnittenen Bogen. Überrascht stelle ich fest, es sind ziemlich viele Leute unterwegs. Behutsamen Schrittes bewegen sich die Friedhofsbesucher auf den engen, festgetretenen Pfaden zwischen den umfriedeten Gräbern. Manche kratzen Moos von den Steinen. Andere rupfen verwelkte Blumen aus, machen das Grab winterfest. Einer steht mit geschlossenen Augen da. Eine steht und lauscht in den Himmel.

Unter dem Hochkreuz wartet Bernhard Iding. Er stellt mich als Eintagespraktikantin seinem Hilfsfriedshofsgärtner Moussa Benzerga vor. Wir geben uns die Hände.

»Moussa ist seit zwölf Jahren bei uns«, erklärt er. »Als Gärtner ist er ein Naturtalent. Dabei hat er die Gärtnerei nicht gelernt. Früher in seiner Heimat war er Metzger.« Freundschaftlich legt er seinem Hilfsgärtner die Hand auf die Schulter, er solle sich gut um mich kümmern, und lässt uns allein.

»Nennen Sie mich Moussa.« Seine hellbraunen Locken sind durchzogen von grauen Strähnen, die Hände drahtig und hart, die Haut vor Trockenheit aufgesprungen, sein Händedruck überraschend locker. Kritisch mustert er meine Statur.

»Haben Sie genug Kraft?« Er spricht mit arabischem Akzent, vernuschelt die Umlaute. Ich könnte wetten, mit seinem Händedruck wollte er prüfen, ob ich zupacken kann. Den Test habe ich schon mal nicht bestanden. Moussa runzelt die Stirn, während er mich betrachtet. Sicher fragt er sich, ob ich noch alle Tassen im Schrank habe.

»Eintagespraktikantin, hm? Normalerweise prüfen wir an zwei Tagen hintereinander. Aber gut, für heute sind dann circa zweitausendfünfhundert Grabsteine zu checken, paar mehr, paar weniger. Wie lange haben Sie Zeit?«

»Den ganzen Tag.«

Moussa entfährt ein Lacher. Nun bin ich mir völlig sicher, dass er mich nicht ernst nimmt. Mit einem »Na, dann!« reicht mir ein Klemmbrett, eine leere, vorgefertigte Tabelle, einen Kuli und erklärt mir meine Aufgabe. Ich soll hinter ihm hergehen, während er die Grabsteine auf Festigkeit überprüft. Enttäuscht betrachte ich das Klemmbrett.

»Was soll ich aufschreiben?«

»Wir notieren jeden wackligen Stein. Denn wenn was passiert, sind wir dran.«

Mit gestrafften Schultern geht Moussa voraus. Er bewegt sich mit Selbstverständlichkeit zwischen den Gräbern, kleine Nebenadern, die meist nur von den Grabbesitzern betreten werden. Während er über die Kantsteine balanciert, arbeitet er sich von Grab zu Grab vorwärts. Jedem Grabstein verpasst er drei kurze, harte Schläge mit der Außenkante seiner geballten Faust.

»Fest. Fest. Fest«, sagt er laut bei jedem Schlag. Nach ein paar geboxten Grabsteinen stelle ich mich neben ihn.

»Ich dachte, man rüttelt an den Grabsteinen. Ist das nicht Vorschrift?«

Er dreht sich zu mir. »Das dauert zu lange. Wir werden heute den ganzen Tag nichts anderes tun. Mit Rütteln brauchen wir eine Ewigkeit.«

Er macht vor, wie man fachgerecht und vorschriftsgemäß rütteln müsste, was tatsächlich sehr aufwändig und zeitraubend ist. Auf die Art bräuchte man wenigstens eine Woche bei viertausenfünfhundert Gräbern. Ich bin ziemlich froh, dass wir heute nur die Hälfte vor uns haben. Klemmbrett tragen ist nämlich auch nicht ohne.

»Sehen Sie!« Er lässt mich seine Handkante befühlen. Sie weist jetzt schon, nach vielleicht zwanzig Steinen, eine deutliche Rötung auf, obwohl sie verhornt ist.

»Am Abend habe ich Schmerzen und Muskelkater. Machen wir weiter? Oder wollen wir Wurzeln schlagen?«

Wieder folge ich ihm. Um seine Faust zu entlasten, setzt er zeitweise seine Hüfte ein und swingt sie gegen die Grabsteine. Nach einer knappen Stunde, in der ich unzählige Male Moussas ›Fest. Fest. Fest.‹ im melodischen Dreiertakt höre, habe ich erfahren, wie Frost und Nässe dem Betonsockel, auf dem der Grabstein angebracht ist, zusetzt und die dünne Zementklebeschicht erodieren und bröseln lässt.

Irgendwann sei einmal ein kleines Kind erschlagen worden von einem Stein, woraufhin das Deutsche Grabsteinrüttelgesetz in Kraft getreten sei.

»Das erzählt man sich so unter Friedhofsgärtnern. Halte ich aber für erfunden.«

Sobald ein Stein wackle, würden die Angehörigen angeschrieben und aufgefordert, den Schaden binnen einer gewissen Frist von einem Steinmetz beheben zu lassen. Man dürfe es nicht selbst reparieren, da müsse schon ein Profi ran. Einzelsteine, Findlinge oder Liegesteine seien weniger wartungs- und kostenintensiv. Aber auch nicht so schön. Moussa zeigt mir eines seiner bevorzugten Gräber mit einem Stein aus poliertem Marmor, schwarz und glänzend, in Goldschrift die Namen der Toten, gestorben im vorletzten Jahrhundert. Es ist ein zweieinhalb Meter hoher, fünfteiliger Grabstein mit Zwischensockeln und Kapitellen, aufwändig gestaltet, jedes Einzelteil ein potenzieller Wackelkandidat. Diesmal rüttelt Moussa vorschriftsmäßig, um zu zeigen, dieser alte, klassische Grabstein wird gut gepflegt und wackelt daher nicht.

»Moderne sind auch schön. Aber der hier ist Kunst. Und Handwerk!« Noch einmal rüttelt er am Dreiecksgiebel. »Fest. Richtiges Handwerk eben.«

Nach einer weiteren halben Stunde, in der es immer noch keinen Grabstein zu beanstanden gab und ich somit nichts zu tun hatte, außer Moussas präzise, wohldosierte Faustschläge oder Hüftschwünge zu betrachten, zwischen Gräbern hin und her zu huschen und die schwere Verantwortung für mein Klemmbrett zu tragen, darf ich unter seiner Anleitung meinen ersten Grabstein prüfen. Er wiederholt seine Frage: »Haben Sie genug Kraft?«

Vor uns liegen noch der gesamte Tag und schätzungsweise zweitausend Steine. Der Stein, den ich boxen soll, wiegt mindestens eine Tonne und besteht aus rohbelassenem Granit.

»Vielleicht könnte ich den da drüben mal?« Versuchsweise deute ich mit der Schulter in Richtung eines schlanken, weißen Marmorsteins, der etwas weniger massiv wirkt.

Moussa lacht und legt die Hand bestimmend auf den Granit. Ich rüttle daran, ich verpasse ihm einen Fausthieb, dann erkläre ich Moussa, meine Arbeit am Klemmbrett sei toll.

Er lacht laut und kriegt sich gar nicht wieder ein.

Die nächsten zwei Stunden vergehen wie im Flug. Fest. Fest. Fest. Eintagespraktikantin sein und mit Moussa um die Gräber ziehen, macht großen Spaß, zumindest wenn ich nicht selbst gegen die Steine boxen muss. Es ist ein strahlender Sonnentag, ich habe Bewegung, unterhalte mich gut und scherze ab und an mit den Menschen, denen ich auf dem Friedhof begegne. Moussas Gründe, warum er seinen Arbeitsplatz schätzt, leuchten mir vollständig ein. »Ich bin an der frischen Luft, ich mag Pflanzen, ich habe Ruhe, und keiner ärgert mich.«

Fest. Fest. Fest. Über seinen ehemaligen Beruf als Metzger will er nicht sprechen. Wir machen noch ein Stündchen weiter, ich folge ihm wie ein Schatten, halte mit größter Sorgfalt Stift und Klemmbrett in der Hand, notiere Namen und Grabstein, sobald einer wackelt. Die Ordnung des Friedhofs überträgt sich auf mich. Moussa, selbstvergessen bei der Arbeit, beginnt zu summen.

»Sie summen?«

»Immer. Aber nicht zu laut, sonst wecke ich ihn.« Vorsichtig klopft er gegen August Schiffers Grabstein von 1917. »Die hören alles.«

Ich frage, ob er an Geister glaubt. Er ist Algerier. Als ich bei den Ägyptern in der Kairoer Totenstadt war, sprachen alle von Geistern. Jeder Friedhofsbewohner wusste eine Geistergeschichte zu erzählen oder hatte ein persönliches Geistererlebnis gehabt. Von Ragab, einem alten Kioskbesitzer mit Billardtisch vor seiner Verkaufsbude, weiß ich, gegen Geister helfen Koranverse. Als ich Moussa davon erzähle, schüttelt er sich vor Lachen. Den Glauben an Geister hält er für Quatsch, er ist jedoch der Überzeugung, die Toten würden nach dem Tod weiterhin am Leben der Lebenden teilnehmen und alles mitbekommen.

»Dann ist man nie allein?«, frage ich.

»Dann ist man nie einsam«, sagt er und betont noch einmal, wie sehr er seine Arbeit auf dem Friedhof schätzt. Für ihn ist ein Friedhof ein besonderer Ort.

Vielleicht, weil er Araber ist und ich glaube, weil er verstehen kann, was ich meine, erzähle ich ihm von einem besonderen Erlebnis in der Totenstadt in Kairo. Ein alter Mann, Handwerker, ein Steinmetz, hatte mitbekommen, dass ich auf dem Friedhof unterwegs war und schickte seinen Neffen, der mich zu ihm bringen sollte. Sein Mausoleum war Wohnung und Werkstatt in einem. Durch den Raum war ein Stromkabel gespannt, daran hing schwebend ein Transistorradio. Er hörte Jazz und bot mir Zigaretten, einen Korbsessel zum Ausruhen und seinen Hund als Fußwärmer an. Ich sollte ihm bei seiner Arbeit zusehen. Mit gichtigen Händen meißelte er eine Grabinschrift und erklärte, warum er sich beim Namen des Verstorbenen besondere Mühe gebe. »Wenn man den Namen sorgfältig in den Stein haut, fühlt der Stein die Bedeutung und verwittert nicht so schnell. Der Name bleibt.«

Bedächtig nickt Moussa. Seine nächsten Faustschläge auf die Grabsteine kommen mir anschließend bewusster vor.

Zu Hause schaue ich mir die Fotos an, die ich in der Kairoer Totenstadt aufgenommen habe, dabei sind mir die meisten Momente in Erinnerung geblieben. Ich bräuchte gar keine Fotos. Nur ein Erlebnis habe ich nicht in Bildern festgehalten und ins Album eingeklebt: Als ich auf Djalil gewartet habe, der mit meinem Fotoapparat in einer Moschee verschwunden ist, in die Frauen keinen Zutritt hatten.

Die Mauer ist niedrig, und der Putz bröckelt unter meinen Oberschenkeln ab. Einmal mehr ärgere ich mich. Ich hätte keine Shorts anziehen sollen. Aber bei sechsunddreißig Grad und einer Luftfeuchtigkeit von annähernd null Prozent erschien es mir die einzige Möglichkeit zu sein, nicht vor Hitze zu zerfließen. Auf meinen Knien balanciere ich ein Notizbuch und versuche, mich auf meine Einträge zu konzentrieren. Ich werde beobachtet. Langsam schiebt sich die Phalanx vor, angeführt von Jasira. Sie stellt sich neben mich, schaut prüfend auf meinen Kuli. Als ich aufhöre zu schreiben, gibt sie einen fordernden Laut von sich und schnipst mit dem Finger gegen den Stift. Ich schreibe weiter. Jetzt trauen sich die anderen vor. Bald bin ich umringt von Kindern, zwanzig vielleicht. Zwei klettern auf die Mauer und stellen sich hinter mich. Das Mädchen steht neben mir, ohne mich zu berühren. Sie wirft scheue Blicke über meine Schulter. Ich nehme ihren Atem wahr. Der Junge schiebt seine nackten Zehen unter meinen Hintern. Es ist eine schmale Fläche, und so läuft er nicht Gefahr, nach hinten zu kippen. Sein Vertrauen rührt mich. Wenn ich aufstünde, würde er fallen. Naturgemäß sind Kinder, zumal in geballter Ladung und sich gegenseitig anfeuernd, neugierig, und meist dauert es nicht lange, bis eines selbstsicher und frech wird und sich mehr traut als die anderen. Aber das passiert nicht. Selbst Jasira tritt wieder einen Schritt zurück in den Kreis der anderen. Um mich herum wuselt und quasselt es. Ich spreche genau ein Wort Ägyptisch, das mir Djalil beigebracht hat. Na gut, er hat mir einige Phrasen beigebracht, behalten habe ich »Salem aleikum!«. Obwohl ich es mit Sicherheit falsch ausspreche, wird meine Begrüßung begeistert erwidert. Die kleine Meute rückt näher. Das erste Kind spielt an meinen Haaren, eines zupft am Lesebändchen meines Notizbuchs, der Junge hinter mir auf der Mauer will auf meinen Schoß. Erlaube ich es ihm, will der nächste auch. Ein paar der Kinder haben die rotzigsten Rotznasen, die ich je gesehen habe. Ich bringe Vokabel Nummer zwei zum Einsatz: »Shukran!« Indem ich den Jungen sanft von mir schiebe, hoffe ich den gewünschten Effekt zu erzielen. Stattdessen lachen die Kinder sich schlapp. Natürlich! Wer ist auch so doof, ›Guten Tag‹ mit ›Danke‹ zu erwidern. Der Ring um mich wird enger, und ich krame nach weiteren Vokabeln, um meine Fangemeinde in Schach zu halten. »`anf« ist das nächste Wort, das mir einfällt. Dabei tippe ich auf meine Nase. Es folgt die nächste Lachsalve. Jasiras Gesichtsausdruck verrät, was sie von mir hält. Die Fünfjährige mit dem großen Kopf und dem sehr hohen Haaransatz ist überaus intelligent, wie mir ihre Mutter gestern verraten hat. Sie begreift schneller als andere und kann bereits Feuer anmachen und hüten. Vor ihren argumentativ ausgeklügelten Überredungskünsten ist kaum einer gefeit. Kein Wunder, dass sie die Anführerin der kleinsten Grabkinder ist und für ihre Bande am Kiosk die meisten Süßigkeiten organisiert. Sie hat eine Vorliebe für Zahlen. Ihre Mutter hat ihr erlaubt, die für die regulären Friedhofsbesucher nicht einsehbare Rückwand des baufälligen Mausoleums, in dem die Familie wohnt, mit Kreide zu beschriften. Jasira schreibt Zahlen, stundenlang. Ob sie rechnet, weiß ihre Mutter nicht. Sie kann selbst weder lesen noch schreiben. Jasira wirft mir einen mürrischen Satz hin. Keine Ahnung, was sie sagt. Versuchsweise reiche ich ihr meinen Kuli. Sie schüttelt den Kopf. Die kleine Rotznase, der es das rote Lesebändchen angetan hat, versucht zu dolmetschen und erklärt mir, was sie will. Jede Silbe betonend unterstützt sie mit Händen und Füßen ihre Erklärungen. Doch sie spricht Ägyptisch. Ich kann nur hilflos mit den Schultern zucken. Von allen Seiten hagelt es Erklärungsversuche. Einer Eingebung folgend klopfe ich mir gegen die Brust und sage »Heike.« Keiner versteht mich. Ratlose Gesichter. So schnell will ich nicht aufgeben. Ich deute erneut auf meine Nase »`anf«, dann auf mich »Heike«. Jasira versteht mich, schlägt sich gegen die eigene Brust und formuliert »Heike«. Was bin ich für ein Depp! Jetzt glauben alle, in meiner Sprache hieße Heike Brust. Begeistert erweist sich Jasira als Lehrerin und bringt den anderen das neue deutsche Wort bei – bis sich alle auf die Brust klopfen und Heike! Heike! Heike! rufen. Mit einem Ruf unterbricht Jasira den Chor. Sofort herrscht Stille. »fam«, sagte sie und deutet auf meinen Mund. Anschließend tippt sie auf mein Ohr »`iidhan«, auf die Nase und bedeutet mir, die Lektion zu wiederholen. Ich wiederhole Mund, Ohr, Nase auf Ägyptisch und lege dann meine Hand auf meine Brust, sage laut Heike, berühre anschließend Jasira und nenne ihren Namen. Um sicherzugehen, dass ich verstanden werde, wiederhole ich das Ganze. Jasira kapiert augenblicklich, legt der Rotznase die Hand auf die Schulter »Amira«. Amira bestätigt ihren Namen und zieht geräuschvoll die Nase hoch. Und dann bricht der Damm. Alle nennen ihren Namen, rufen laut durcheinander, freuen sich, einander gegenseitig zu bestätigen, wer sie sind. In dem Tumult fällt mir das Notizbuch herunter. Aus der hinteren Lasche rutscht der Post-it-Block. Spontan schreibe ich meinen Namen auf den ersten Zettel und klebe ihn mir aufs T-Shirt. Auf den nächsten Zettel schreibe ich Jasira, hefte ihn ihr aufs verwaschene lila Oberteil und werde bestürmt mit Namen und Bitten und Forderungen. Jeder will beschriftet werden. Keiner kann lesen und schreiben, dafür sind die meisten Kinder ohnehin zu jung. Unerwartet erhalte ich Hilfe von einem jungen Mädchen, ich schätze sie auf sechzehn. In ihr Haar hat sie sich leuchtend rosafarbene Hibiskusblüten gesteckt. Verschmitzt lachend legt sie sich die Hand aufs Dekolleté. Sie heißt Kahina und spricht etwas Englisch. Ich mache ihr Platz auf der Mauer. Sie setzt sich neben mich, rückt dicht heran. Ich nehme den Duft der Blüten wahr. Name für Name buchstabiert sie, was ich schreiben soll. Es spricht sich rum in der Gegend. Immer mehr Kinder kommen, die Kinderschar scheint kein Ende zu nehmen. Um mich ein heftiges Gedrängel. Wer beschriftet worden ist, zeigt stolz auf seinen Namen, ruft ihn laut. Irgendwann ähnelt der Sprechchor einem Gesang. Auf den letzten Post-it schreibe ich Mayla. Mayla ist dreckig, übellaunig und hat vor kurzem Schokolade gegessen, wie mir ihre klebrigen Mundwinkel verraten. Als ich ihr den Zettel aufklebe, bilde ich mir ein, sie zum Lächeln zu bringen. Stattdessen wendet sie den Blick ab und legt ihre Hand über das Post-it, als schütze sie ein Geheimnis. So gerne ich weiterschreiben, jedem Kind einen Namenszettel schenken würde, der Block ist leer. Ein kollektives Gequengel, das ich als Bedauern interpretiere, regnet auf mich nieder. Kahina bittet mich, nach weiteren Klebezetteln zu suchen. Ich weiß, dass ich keine mehr habe und mache den lahmen Versuch, auf einen aus meinem Block herausgerissenen Papierfetzen den nächsten Namen zu schreiben. Der klebt natürlich nicht, was mir noch mehr enttäuschte Ausrufe beschert. Ich schaue auf. Um mich und Kahina hat sich ein Halbkreis gebildet. Auf jedem Kind haftet ein hellgelber Zettel, Name reiht sich an Name. Mein Blick schweift umher. Es sind sehr viele Kinder, und hinter ihnen stehen grüne Grabsteine mit ihren Stelen. Auch darauf stehen Namen. Vermutlich sind es Koranverse. Aber da ich Arabisch weder sprechen noch lesen kann, stehen für mich die Schriftzeichen für die Namen der Begrabenen. Ich bin in der Totenstadt. Die meisten Kinder, die sich um mich versammelt haben, kennen nur diesen Ort. Kaum eines hat die Friedhofsmauern je verlassen. Davon abgesehen, dass es genau genommen ein besserer Slum ist, ist der Friedhof Al-Qarafs ein wunderschöner Ort aus Sand und Stein. Es ist mir ein Rätsel, warum ich mich in einen solchen Ort verliebt habe. Vielleicht weil ich hier so viel Leben und Lachen zwischen den Gräbern entdeckte; all die Versuche, sich häuslich einzurichten; aus Kisten und Decken ein Bett zu bauen, aus einem aufgespannten Fetzen Tuch ein Dach, aus fünf Steinen und einem Topf einen Herd, aus einer Plastikschüssel ein Waschbecken. Meine anfänglichen Berührungsängste habe ich verloren. Ich habe Hummus und Brot gegessen, Tee getrunken und war auf einer Toilette, die nicht einmal annähernd der bei mir zu Hause ähnelt. Und ich habe Namen geschrieben. Jasira schaut mich finster an und schiebt ihren Bruder vor. Ein anderthalb Jahre alter, o-beiniger Junge, der viel weint. Glänzende Tränenspuren schlängeln sich über sein staubiges Gesicht und lassen mich an die glitzernden Spuren denken, die Schnecken auf Stein hinterlassen. Ein zurückhaltendes Kind. Er ist leer ausgegangen. Auf seiner Brust ist nichts, nicht einmal ein T-Shirt oder ein Hemdchen. Vorsichtig löse ich den Heike-Zettel von meiner Brust, lasse mir von Kahina den Namen des Jungen buchstabieren, streiche meine fünf Buchstaben durch und schreibe Imad. Der Knirps strahlt und wackelt zu seiner Schwester zurück, die ihn hochnimmt und auf ihrer Hüfte platziert. Sie nickt mir kurz zu. Mehr nicht. Mit einer Geste trommelt sie die Kinder zusammen und scheucht sie zwischen zwei Gräbern hindurch. Nächstes Spiel. Kahina ordnet ihre Blüten im Haar. Mit einem heiteren Good-Bye verlässt sie mich auch. »Salem Aleikum« winke ich ihr hinterher. »Falsch«, sagt sie über die Schulter, »es heißt ›mai alslama‹. Auf Wiedersehen.«

Es ist der 1. November, und ich überschreite die Grenze des Monats. Ich bin der Meinung, dieser Tag, Allerheiligen – der Tag der Toten – gehört zu meinen Oktobererlebnissen. Der Hauptweg zwischen den Gräbern ist von Fackeln gesäumt. Ganz ruhig stehen die Flammen und leiten die Friedhofsbesucher zum Hochkreuz. Zu Füßen des steinernen Jesus breitet sich ein Teppich aus roten und gelben Grablichtern aus. Der Pfarrer beginnt mit der Segnung der Gräber, spricht den Psalm 25, pointiert, als rezitiere er ein Gedicht. Dunkle, samtige Stimme. Über allem liegt der Abendhimmel wie ein zartroséfarbenes Chiffontuch, die Luft ist so mild, dass man Lust bekommt, sie zu trinken. Macht das die besondere Stimmung während der Gebete und Gesänge der Gläubigen, die heute auf meinem Friedhof vorm Balkon ihre Toten besuchen? Als das Oberbarmer Blasorchester mit Inbrunst *Großer Gott, wir loben dich* spielt, die Melodie über Gesichter, Stein und Lichter schallt, beginnen viele, unbekümmert zu lächeln. Der Himmel zeigt einen letzten Rest Blau, bevor er eindunkelt und bei all den Tönen, die den sonst so stillen Ort erklingen lassen, kommt mir mit einem Mal das Wort *erhaben* in den Sinn.

Herr Iding winkt mir zu von der anderen Seite des Kreuzes zu und bedeutet mir, dass er alle Hände voll zu tun habe und sich nicht unterhalten könne. Später vielleicht. Es ist ohnehin kein Durchkommen zu ihm, zu viele Leute, die andächtig in verschiedenen Sprachen beten. Neben Deutsch und Italienisch höre ich Polnisch, Russisch und Spanisch. Der nächste Psalm, 103, wird vom Pfarrer auf Kroatisch gesprochen. Nach den Fürbitten folgt das *Vaterunser*. Wieder wandelt es mich, die Ungläubige, an, und ich spüre diese Erhabenheit. Musik, märchenfarbener Himmel, Kerzenlicht, Lächeln und ein ferner Geruch nach Weihrauch. Es ist unwirklich, schön. Selbst der von den Hunderten Kerzen illuminierte Steinjesus am Hochkreuz, der über allem thront, wirkt, als könne er jeden Moment ein Wunder vollbringen. Eine füllige Frau mit Kopftuch stellt sich neben mich, drängt mich leicht, kaum merklich, Schritt für Schritt, zur Seite. Sie möchte den Pfarrer besser sehen, der aus Indien stammt und mit seinem melodischen Akzent und dem rollenden R engelsgleich singt. Nachdem sie sich einen guten Platz erobert hat, räuspert sie sich, stellt sich auf die Zehenspitzen und sagt bedauernd: »Oh, ich bin zu klein.« Sie meint natürlich ihre Körpergröße, doch unbewusst drückt sie das aus, was ich angesichts dieser Erhabenheit empfinde.

Am Ende des Gottesdienstes unter freiem Himmel wird das aus vielen Kehlen getragen angestimmte Schlusslied von den Bläsern begleitet, die zu Hochform auflaufen. Es ist beinahe dunkel. Über die kerzensatten Gräber legt sich die Strophe »*Sieh dein Volk in Gnaden an. Führe es durch diese Zeit, nimm es auf in Ewigkeit*«.

Alle sehnen die Ewigkeit herbei. Darum geht es. Was würde geschehen, fragte man, wer ewig leben wolle? Ich vermute, kaum einer würde ›ja‹ sagen. Die ewige Verheißung im Himmel erscheint verlockender, als auf Erden alt und immer älter zu werden. Die Phantasie, mit der man sich Bilder von der Ewigkeit im Jenseits malt, ist verführerischer als das irdische Leben … erdenschwer …

… Ist das so? Täusche ich mich? Ich schaue mich um, stehe inmitten von Menschen, die ich nicht kenne, die alle dieselben Worte singen, und das hat große Kraft. Da ist diese Verbundenheit in mir: Mit dem Wort. Mit dem Licht. Der Luft. Der Weichheit der Luft. Mit den Menschen, die ohne Arg beisammenstehen. Und gemeinsam singen. Während sich nach dem Schlusssegen die Ansammlung langsam auflöst, beobachte ich einen Jungen, der mit einem Zweig versucht, etwas in den Kies vor die Kerzen zu schreiben. Immer wieder gleicht er die Buchstaben mit dem Original ab, wendet seinen Kopf zum Kreuz, kratzt mit dem Stecken in den Steinen hin und her, verwischt, schreibt neu. Ich folge seinem Blick zu den vier Buchstaben untereinander über Jesu Kopf. Da steht:

IN
RI

Der Junge müht sich ab, er ist vielleicht vier oder fünf Jahre alt. Endlich ist es ihm gelungen. Ich gehe zu ihm und lese, was er geschrieben hat:

IR
NI

Wieder zu Hause schaue ich über die Mauer: Friedhof vorm Balkon, denke ich. Mir wird mit einem Mal bewusst, was die Buchstabenkombination phonetisch heißt: Irr nie! Wie zur Bestätigung flackert die geballte Ladung roter Lichter auf den Gräbern. Ich denke an Marc Müller und das Regenbogenexperiment. Das letzte Aufblinken, der hellste, der gleißendste Funke ist ein Rot, auf den eine dunkle Fläche folgt. Mitunter ist es herrlich, sich in phantastische Stimmungen und einen nachklingenden Blaskonzert-Soundtrack fallen zu lassen und sich erhaben und vielleicht sogar ein wenig ewig zu fühlen.

NOVEMBER – ARBEIT

11

Verschiedene Leichenfunde und der Mann, der den Boden wischt

Über dem Kaiser-Wilhelm-Hain fliegen Krähen in der Dämmerung. Die Luft ist erstaunlich mild, und die Vögel ziehen ihre Kreise über den entlaubten Bäumen. In den Zweigen, so scheint es, hat sich der aufgehende Vollmond verfangen. Aber das bilde ich mir nur ein, weil es ein so schönes Bild ist und alles schattenhaft ineinanderfließt und sich keine Einzelkonturen um die Dinge bilden. Der Hain besteht fast ausschließlich aus Buchen, alten, strahlenförmig um einen erhöhten Spielplatz angelegten Bäumen, die sich schwarz gegen den Abendhimmel abzeichnen. Die schwarzen Vögel zwischen den Ästen wirken als flögen sie durch sie hindurch. Wie auf einen unhörbaren Ton oder ein verstecktes Zeichen hin lässt sich die ganze Schar auf den Ästen nieder, beinahe synchron. Unglaubliches Gekrächze, Dämmerungsmusik. Dunklen Früchten gleich hocken die Krähen in den Bäumen. Ein Knall, ganz nah. Er scheucht sie auf. Sie erheben sich wie ein Tier in die Luft, schreien, schimpfen, flattern wild einen Bogen über mich hinweg und entfernen sich dann, bis ihr Krakra nur noch in der Ferne klingt und sich mit den Geräuschen der Autobahn im Norden vermischt. Ich stelle mir vor: Wenn die Krähen die Zweige beim Auffliegen nicht losgelassen, sondern weiter umkrallt hätten, hätten sie die Bäume entwurzelt und mitgenommen. Wohin würden Krähen die kahlen Bäume mitnehmen? An einem Vollmondabend? Da braucht man nicht viel Phantasie.

Tatortreiniger gibt es wirklich. Bevor ich Armin Sonnenschein kennenlernte, glaubte ich, das Fernsehen hätte diesen Beruf für die gleichnamige Serie erfunden. Aus Gründen der Spannung. Oder der Skurrilität wegen. Oder weil man eine Figur brauchte, über deren Tätigkeit sowohl ein pragmatisches als auch bizarr-psychologisches Verhältnis zum Tod abgebildet werden konnte. Oder schlicht, weil man sich etwas Neues ausdenken musste, was es so bisher noch nicht gab. Ganz daneben lag ich nicht, denn der Tatortreiniger als Lehrberuf existiert tatsächlich nicht. Nirgendwo in Deutschland wird eine Ausbildung zum Tatortreiniger angeboten. Auch gibt es keine feste Umschulungsordnung. Der Ratgeber-Umschulung.de der Arbeitsgemeinschaft Altersunabhängiges Lernen aus Berlin empfiehlt zuerst eine anerkannte Ausbildung als Gebäudereiniger zu absolvieren und sich anschließend weiterbilden zu lassen. Die Sanitätsschule Nord in Hutzfeld beispielsweise bietet entsprechende Kurse an, wie etwa eine Desinfektoren-Ausbildung. Weiterhin werden *»Ein stabiles Gemüt und ein guter Magen, der auch bei Stress nicht kapituliert«* empfohlen.

Und im Fernsehen sah alles so einfach aus.

Wenige Tage später steht Armin Sonnenschein vor mir. Eigentlich wollte ich mir den mageren Scherz schenken, als ich seinen Namen jedoch schwarz auf weiß auf dem Firmenschild lese, drängt er sich geradezu auf: Nomen est omen. Ein Tatortreiniger, der Sonnenschein heißt – als wäre er tatsächlich für einen Spielfilm erfunden worden.

»Ich bin schon oft gefragt worden, ob es ein Fake-Name ist. Ist es nicht. Ich bin ein Sonnenschein«, sagt der Mann mit der raumeinnehmenden Statur. Locker überragt er mich um drei Köpfe. Sein Handschlag ist fest. Bei der Begrüßung verschwindet meine Winzhand beinahe in seiner Faust. Er schüttelt sie munter. Seine Fingerknochen spüre ich unter dem Fleisch und den Muskeln nicht. Ich bin noch nie einem solchen Menschen begegnet. Armin Sonnenschein ist beeindruckend. Trotz der niedrigen Temperatur trägt er bloß ein T-Shirt. Alles an ihm ist kompakt und massiv – und tätowiert. Zumindest einige sichtbare Teile seines Körpers;

Unterarme, Oberarme, Schultern. Nachdem er mir einen Einblick in seine Körperkunst gegeben hat, zieht er sich lässig eine Sweatshirtjacke über. Ist wohl doch frisch.

»Brust und Rücken auch«, sagt er und inhaliert die letzten Züge seiner Zigarette, bevor er sie ausdrückt, »aber das zeige ich Ihnen nicht.«

Er hebt die Augenbrauen. Seine Augen sind von zartem Himmelblau, Babyblau, die Augäpfel von vollkommenem Weiß. Groß und rund und hellwach. Armin Sonnenschein blinzelt nicht. Nichts scheint seinen Blick abzulenken. Sein Nicken zur Begrüßung ist knapp, sein Blick dringt durch und durch. Augen wie aus Marmor, kommt mir in den Sinn, unablässig auf einen Punkt gerichtet. In diesem Fall mein Gesicht. Ich werde gescannt und überprüft. Merkwürdigerweise fühle ich mich unter diesem Röntgenblick nicht unbehaglich. Im Gegenteil: Der Mann muss prüfen, ob ich dem, was wir vorhaben, gewachsen bin.

»Nicht jeder kann Tatortreiniger sein«, sagt Armin Sonnenschein, greift in seine Brusttasche und zieht eine neue Zigarette hervor. »Wer keine Nerven hat, packt das nicht.«

Ich habe Nerven, eindeutig, sie beginnen zu flattern. Das sind sicherlich nicht die von ihm benannten Nerven. Er meint die anderen, die Drahtseile.

Ich gebe mich furchtlos und nehme auf dem mir angebotenen Stuhl Platz. Das Büro ist zweckdienlich eingerichtet, Tisch mit Aschenbecher, Stühle, Schreibtisch, Aktenschrank. Nirgendwo ein Dekorationsgegenstand, kein Bild an der Wand. Nirgendwo Schnickschnack. Armin Sonnenschein ist anzusehen, dass er kein Büromensch ist. Er ist einer, der zupackt. Er setzt sich mir gegenüber, zieht den großen Aschenbecher zu sich heran und achtet beim Ausatmen darauf, mich nicht in Rauch zu hüllen.

»Wie läuft bei Ihnen ein normaler Arbeitsalltag ab? Gibt es überhaupt einen Alltag?«, erkundige ich mich. Zur Vorbereitung habe ich gelesen, der sonst übliche Alltagstrott stelle sich bei diesem Beruf nicht ein. Je nach Einsatzort habe man sich immer auf etwas Neues und Überraschendes einzustellen.

»Wenn wir angerufen werden, fahr ich erst mal raus und guck mir das an. Wir haben für jeden unserer Einsatzbereiche, Leichenfund, Schimmel- oder Schädlingsbefall, Entrümpelung einer Messie-Wohnung oder Leichentransport, eine spezielle Nummer. Entweder werden wir von Verwandten, Nachbarn oder Hausbesitzern angerufen. Bei einem Leichenfund empfiehlt uns häufig die Polizei, wobei meine Wenigkeit erst dann ins Spiel kommt, wenn die Spurensicherung ihre Arbeit erledigt hat und die Leiche abtransportiert ist.«

»Das heißt, Sie sehen die Leiche nicht.«

Armin Sonnenschein inhaliert den Rauch seiner Kippe und schüttelt den Kopf.

»Trotzdem ist es keine angenehme Sache, wenn man die Wohnung betritt. Vor Ort benutze ich zuallererst ein spezielles Mittel, damit die Luftmoleküle sich zersetzen. Ich sprühe so viel, dass die Bakterien, die herumschwirren, im Großen und Ganzen kaputt sind.« Er hebt die Hand und wischt einmal durch die Luft. »Wo wir reinigen, stürzt selbst eine Fliege ab.« Er lacht. »Ist aber alles biologisch abbaubar.«

Na, denke ich, das könnte vielleicht etwas geflunkert sein. Wenn ich den Mücken, die mich nachts piesacken, mit Biozeugs auf den Leib rücke, lachen die mich aus, und am Morgen sehe ich aus wie ein Streuselkuchen.

»Einen Tag später kommen meine Mitarbeiter und ich mit unseren Gerätschaften und Reinigungsmitteln und fangen an, alles in Säcke zu packen und diese ordentlich zu verknoten.«

»Ich dachte, die Leichenüberreste sind schon weg.« Mir wird flau im Magen, und ich muss feststellen, dass ich neben den falschen Nerven auch einen Magen habe, der nicht gerade, wie empfohlen, stressresistent ist.

Armin Sonnenschein schnippt Asche von der Zigarette und dreht am Rand des Aschenbechers die Glut zu einer Spitze.

»In die Säcke kommt alles, was sich in der Wohnung befindet. Geschirr, Bücher, Kleidung und so weiter. Alles! Die Schränke müssen leer sein. Böden und Wände müssen frei sein, um alles reinigen zu können. Wie gesagt, die Leiche ist ja schon weg. Wir sehen nur die Überreste wie Blut und andere ausgetretene Körperflüssigkeiten, haufenweise Ungeziefer, Maden, Schmeißfliegen.«

»Oh«, entfährt es mir.

»Was haben Sie erwartet?« Sein Blick hält mich fest, dann lächelt er aufmunternd. »Manchmal ist es sehr viel Blut. Manchmal weniger. Daher kann man nie sagen, wie lange es dauert, bis alles wieder sauber ist. Es kommt drauf an, muss da noch die Tapete runter, weil alles tief eingedrungen ist, müssen noch die Wände aufgespitzt werden, muss der Fußboden raus, wenn was durchgesickert ist. Je länger die Leiche dort gelegen hat, desto länger dauert die Reinigung. Manchmal müssen wir die gesamte Wohnung renovieren.«

Vor über zwanzig Jahren habe ich aufgehört zu rauchen. Bisher hatte ich kein einziges Mal das Bedürfnis, mir eine anzustecken. Auch jetzt nicht. Doch ich meine zu verstehen, warum Armin Sonnenschein eine nach der anderen raucht. Nur ansatzweise berichtet er von ausgelaufenen Körperflüssigkeiten, Exkrementen und Blut und von Verwesungsgerüchen, die selbst durch die Atemmasken dringen. Etwas ausführlicher in seinen Schilderungen wird er, als es darum geht, wie Blutflecken entfernt werden.

»Ich hab es gerne sauber. Das war schon von Kindheit an so. Ich mochte noch nie Dreck.«

»Ist vielleicht eine blöde Frage«, sage ich, »aber wie kommt ein Mann dazu zu putzen?«

Darüber ist er amüsiert. »Mein Team ist gemischt. Die groben Arbeiten erledigen wir Männer und die Feinarbeiten, wie das Putzen, das machen die Frauen. Insgesamt habe ich zwölf Mitarbeiter, acht Männer, vier Frauen. Ich persönlich finde es interessanter, mich mit den Reinigungsmitteln zu beschäftigen. Teilweise mische ich sie selbst an. Mittlerweile bin ich so weit in diesem Bereich, dass ich sagen kann, mir macht keiner von meinen Konkurrenten mehr was vor.«

Er nimmt einen tiefen Zug von der Zigarette, hält den Rauch lange in den Lungen. »Wir haben an Orten, wo andere schon gereinigt haben, hinterher Messungen durchgeführt und immer noch recht viel Leichengift nachgewiesen. Da braucht man schon andere Putzmittel.«

Ich erfahre, dass er Spezialputzmittel direkt aus Frankreich bezieht, da seiner Meinung nach in Deutschland die handelsüblichen Reinigungsmittel nicht so hergestellt werden, dass sie seinen Zwecken genügen.

»In Deutschland geht alles nach DIN-Norm und mit DIN-Norm kriegt man nichts gereinigt. Ich sag mal, Leichengift geht auch über die DIN-Norm hinaus. Ich hab 'ne Bekannte, die arbeitet bei Bayer in der Forschung. Sie sagt, was dort hergestellt wird …« Energisch schüttelt er den Kopf und winkt ab. »… vergiss es. Ich hab Reinigungs- und Desinfektionsmittel, die sogar HIV-Viren bekämpfen.«

Als ich höre, dass Armin Sonnenschein auch samstags oder sonntags, 365 Tage im Jahr, dieser Tätigkeit nachgeht, hake ich nach, ob nicht gerade dieser Beruf es zwingend erfordert, sich Auszeiten zu nehmen, häufig Urlaub zu machen und Abstand zu halten. Nicht für ihn, macht er klar. Arbeit sei das A und O, nur so könne er gut leben und sich und seiner Familie etwas leisten.

»Ich war immer schon sehr ehrgeizig, von Kindheit an. Ich war selbstbewusst und wollte hoch hinaus.« Der Rauch schlängelt durch die Luft. »Ich sag mal, der Ehrgeiz kommt durch die Erziehung vom Vater, der hat immer zu mir und meinem Bruder gesagt: ›Jungs, ihr müsst was werden, denn ihr müsst noch lange, lange leben. Wer nichts wird, der wird nichts, der wird noch nicht mal Wirt.‹ Mein Vater war mein Vorbild. Was er gemacht hat, hatte Hand und Fuß. Egal, was er angepackt hat, hat funktioniert, und das hatte er wiederum von seinem Vater gelernt. Disziplin galt für alle von uns Kindern.«

Entsprechend hat er auch nichts dagegen, jeden Tag einen Einsatz zu haben. Tatsächlich sind durchschnittlich ein bis zwei Leichenfunde pro Woche die Regel.

Seit drei Jahren reinigt er nun professionell Tatorte. Erzählt er von seiner Arbeit, was er daran schätzt, fällt häufig das Wort ›Herzblut‹. »Man muss mit Herzblut bei der Sache sein. Bei dieser Arbeit lernt man jeden Tag dazu. Ich finde es gut, mich in diesem Spezialgebiet weiterzubilden. Bisher ist meine Firma vom Deutschen Gutachter und Sachverständigen Verband e.V. geprüft und zertifiziert. Mein Ziel ist es, selbst zertifizierter Sachverständiger zu werden. Demnächst lege ich meine Prüfung ab. Mit diesem Beruf, wenn man ihn ernst nimmt, kann sich nicht jeder befassen. Ich kann das. Ich bin schmerzfrei.«

Seine roten, aufgesprungenen Hände sprechen Bände. Ich habe keine Idee, wie ich mir eine Arbeit vorstellen muss, bei der man trotz Sicherheitshandschuhen solche Hände bekommt. Ich deute auf seine Hände, er lächelt und nimmt eine Zigarette. Dann spricht er von etwas anderem.

»Außerdem bin ich selbstbestimmt, mein eigener Herr. Keiner sagt mir, was ich zu tun hab. Ich hab mein eigenes Konzept, und das lasse ich mir von keinem kaputtreden. Bisher bin ich mit meinem Konzept gut gefahren, das heißt, sauber nach vorn, alles desinfizieren, alles, damit sich kein anderer Mensch anstecken kann. Nehmen wir mal das Bundesseuchenschutzgesetz. Die Sicherheitsbestimmungen sind enorm, wenn es um die vorschriftsgemäße, fachgerechte Entsorgung von kontaminierten Materialien und Gegenständen geht. Wir halten uns an die Regeln, doch wir entsorgen Rückstände sogar noch besser als vorgeschrieben. Nach dem Bundesseuchenschutzgesetz muss alles nach spätestens acht Stunden verbrannt sein. Wir haben die Rückstände teilweise schon nach vier Stunden verbrannt, das heißt, korrekterweise, wir lassen verbrennen, in der Sondermülldeponie.«

»*Wir beginnen da, wo andere aufhören*« lautet der Werbeslogan seiner Firma. Für Armin Sonnenschein bedeutet das insbesondere, nicht vor unangenehmen Einsätzen zurückzuscheuen. Als er mir erzählt, dass er gerne Spezialfälle wie Selbstmorde oder Kopfschüsse übernimmt, kommt mir mein ursprüngliches Vorhaben, einen Tag als Tatortreinigerin zu hospitieren, mit einem Mal wie eine Schnapsidee vor.

»Sieht es nach einem Kopfschuss so aus, wie ich mir das in meiner Phantasie ausmale?«, frage ich bang. Meine Stimme ist nicht mehr ganz so fest wie am Anfang.

»So in etwa.«

»Und das geht Ihnen nicht an die Nieren?« Angesichts meiner Nerven und meines Magens bin ich ziemlich davon überzeugt, meine Nieren sind auch nicht die geeigneten für diesen Beruf.

Armin Sonnenschein hingegen lehnt sich entspannt zurück und spielt mit der Zigarettenschachtel vor sich auf dem Tisch.

»Nö«, sagt er leichthin. »Ich schalte ab, wenn ich da reingehe. Ich bin der Mensch, der das kann.«

Beneidenswert. Ich muss nicht mal da reingehen, und mir engt sich der Hals, und meine Hände werden feucht. So langsam entwickelt jedes meiner Körperteile gewisse Vorbehalte. Nicht gegen den Mann, der den Job macht, den andere lieber meiden. Im Gegenteil, man kann froh sein, dass es Leute wie Armin Sonnenschein gibt. Sondern gegen den Job an sich.

Er ist die Ruhe selbst. Für gewöhnlich erzählt er weder im Familien- noch im Freundeskreis von seinen beruflichen Erlebnissen. Um nach einem Einsatz wirklich abschalten zu können, ist es ihm wichtig, Arbeit und Privatleben streng zu trennen.

»Zu Hause erzähle ich nichts. Es sei denn, es passiert etwas Lustiges. Einmal hatte ich es mit einem Immobilienmakler zu tun, der das Haus, das er gekauft hat, nur von außen besichtigt hat. Nach dem Kauf hat er festgestellt, er hat ein Haus mit Leiche gekauft. Da wundere ich mich dann schon, wie man die Katze im Sack kaufen kann. Ich geh doch vorher mal durch alle Räume. Als er mich engagiert hat, hab ich eine Schmunzelattacke bekommen und zu ihm gesagt: ›Kaufen Sie reichlich Häuser!‹« Er lacht schallend, und ich bekomme eine Ahnung davon, was er mit Schmunzelattacke meint.

»So ein Fall dient auch der Aufklärung. Was einen Leichenfund angeht, da kann jeder betroffen sein. Jedem kann das passieren, wirklich jedem. Aber das wollen die Leute nicht wahrhaben.« Er presst die Lippen aufeinander. »Aber was die harten Sachen angeht, erfährt von mir keiner was. In meinem Beruf wird gern mal übertrieben und aufgebauscht. Davon halte ich nichts. Vor allem, nachdem die Serie im Fernsehen lief, sind Vorurteile entstanden. In der Serie stimmt hinten und vorne nichts. Das ist alles absoluter Schwachsinn. Da ist nichts Wahres dran.«

Ausgerechnet diese Serie hat ihn darauf gebracht, sich mit dem Berufsbild des Tatortreinigers zu befassen. »Es war ein dummer Zufall, dass ich an dem Abend den Fernseher angeschaltet hab. Ich gucke eigentlich kein Fernsehen. Es langweilt mich, und es kommt nur Quatsch. Irgendwie bin ich hängen geblieben und hab mich gefragt, wie tödlich ist das eigentlich wirklich, und wer macht es wirklich weg? Dann hab ich recherchiert und mich über den Beruf erkundigt.«

Eine seiner Recherchen hat ergeben, dass Leichengift bis zu dreißig Zentimeter tief ins Mauerwerk oder den Fußboden einsickern kann, wo es mit den meisten Messstäbchen, die Tatortreiniger üblicherweise verwenden, oftmals nicht mehr nachgewiesen werden kann.

»Da bezieht eine junge Familie nichts ahnend eine Wohnung, und das Kleinkind krabbelt über den Boden und nimmt jedes Bauklötzchen in den Mund, das da herumliegt. An Leichengift denkt ja keiner. Das will auch keiner wahrhaben. Wenn man sich mit Leichengift infiziert, kann das auch tödlich ausgehen.«

Er spielt mit dem Gedanken, einen Hund zum Aufspüren von Leichengift auszubilden und nennt die Rasse, die ihm speziell dafür geeignet erscheint.

»So was kann kein Deutscher Schäferhund leisten. Das kann nur der zentralasiatische Owtscharka. Ein sehr aufmerksames Tier, intelligent. Er hat eine Konzentrationsspanne von fünf, sechs, sieben Stunden. Der lässt sich von nichts ablenken. Nicht mal der Rüde lässt sich von einer Hündin ablenken.« Dieser kaukasische Schäferhund, der aus nichts als Kraft und wuscheligem Fell, Seele und Gutmütigkeit zu bestehen scheint, schlägt an, wenn Leichengift bis zu dreißig Zentimeter tief in Fußböden oder Mauern eingesickert ist. Das ist der Fall, wenn Tote sehr lange in einer Wohnung liegen. Ihre Körper zerfließen, zersetzen sich in so ziemlich alle Einzelteile, nachdem Heerscharen von Bakterien sich ans Werk gemacht haben. »So ein Hund ist besser als jedes Messgerät.«

Mit einer raschen Handbewegung schiebt Armin Sonnenschein seinen Ärmel bis zur Schulter hinauf und entblößt einen beeindruckenden Oberarmmuskel. Um den Bizeps spannt sich der Kopf eines Rottweilers.

»Rottweiler sind meine Lieblingshunde, die haben mich immer fasziniert. Ich hab zwölf Jahre lang Rottweiler gezüchtet und die Zucht bloß deshalb aufgegeben, weil die Leute bekloppt geworden sind und meine Rottweiler als Kampfhunde gekauft haben. Rottweiler waren noch nie Kampfhunde. Es sind eigentlich Arbeitshunde, die haben früher Karren gezogen.« Seine Stimme duldet keinen Widerspruch.

Ich erfahre, dass Armin Sonnenschein nicht nur ein großer Hundenarr ist, sondern generell Tiere mag.

»Ich bin mit Tieren groß geworden. Mein Großvater war Metzger.«

»Meiner auch«, sage ich überrascht.

»Dann kennen Sie sich ja aus«, entgegnet er und erzählt übergangslos von seinem ersten Beruf, dem Beruf, den er »richtig gelernt« hat: Kopfschlächter.

»An meinem ersten Ausbildungstag zum Kopfschlächter hat mir der Meister erst mal ein Glas Blut hingestellt zum Trinken. Ist gang und gäbe auf dem Schlachthof. Wer das nicht trinkt, wird kein Metzger oder Kopfschlächter. Es war warmes Blut.«

Das ist der Moment, in dem ich mir nicht mehr sicher bin, ob ich Nerven habe. Hatte ich jemals Nerven?

Armin Sonnenschein fährt fort: »Bisschen Pfeffer, bisschen Salz, und dann ging es runter. Am dritten Tag hab ich meine ersten Schweine geschossen, mit einem Bolzenschuss. Heute wird es ja elektronisch gemacht. Da halte ich gar nichts von.«

Als ich frage, aus welchem Grund, hebt er die Schultern und winkt ab. Ich frage ihn, wie er sich dabei gefühlt habe, an seinem dritten Arbeitstag.

»War ganz normal. Ich hab es ja als Kind schon gesehen und war daran gewöhnt. Es hat mir also nichts ausgemacht.« Einen kurzen Moment hält er inne, dreht dabei die brennende Zigarette zwischen den Fingern, ohne daran zu ziehen. Die schmale Rauchsäule zieht beinahe senkrecht zur Decke. »Nach einem halben Jahr oder so hab ich drei- bis vierhundert Schweine am Tag geschossen, Tendenz steigend.«

Mir versagt die Stimme. Und eine andere Stimme, eine mir bekannte, dringt aus der Ferne der Zeit herüber: »Kopfschlächter sind die Härtesten von uns allen!« Das zumindest behauptete mein Opa, der als Fleischer Jahrzehnte auf dem Stuttgarter Schlachthof gearbeitet hat, zuletzt im Kühlhaus.

Ich habe Opa nie gefragt, was er damit meinte. Als ich Armin Sonnenschein von meinem Opa und seiner Auffassung von Kopfschlächtern erzähle, verzieht er den Mund zu einem breiten Lächeln.

»Könnte stimmen. Kopfschlächter sein, heißt töten im Akkord.«

Pause. Wie laut es sein kann, wenn ein Mensch raucht, einfach nur Rauch inhaliert und den Qualm durch die Nase entströmen lässt.

»Darf ich Sie etwas sehr Persönliches fragen?«

»Nur zu.«

»Haben Sie das, wie soll ich es ausdrücken, also, haben Sie Ihren Beruf gerne ausgeübt? Ich meine, es war ja Ihre bewusste Entscheidung.«

Nachdenklich kräuselt Armin Sonnenschein die Lippen.

»Ich war als Kind schon immun gegen Ekel. Da hab ich bestimmt so ein Gen. Mich hat das immer interessiert, wie man schlachtet. Ich hab mit drei Jahren zugeguckt beim Karnickelschlachten. Mein Bruder ist immer weggelaufen, wenn er Blut gesehen hat. Ich fand das immer prickelnd und wollte mehr darüber wissen.« Er nimmt ein paar Züge von der Zigarette und entlässt den Rauch mit zurückgelegtem Kopf an die Decke. Die Tapeten im Büro, das fällt mir jetzt auf, sind ziemlich vergilbt. Ich frage, ob ich die Balkontür öffnen darf. Darf ich.

»Man sagt, ich wär zu hart für diese Welt.«

Eine Zeitlang bleibe ich in der Balkontür stehen. Von der Straße dringt Lärm herauf. Es ist eine breite Durchfahrtstraße, das Verkehrsaufkommen entsprechend. Ich atme mehrmals ein und aus und recke die Nase in die Frischluft, die nicht sehr frisch ist, mir aber frisch vorkommt.

Armin Sonnenschein beobachtet mich vom Tisch aus. Er hat die Arme vor der Brust verschränkt und erzählt mir von seiner Kindheit. Aufgewachsen ist er mit einem Bruder und zwei Schwestern. Er war das Nesthäkchen, »der Jüngste, dafür aber der Größte und Breiteste«. Ich stelle ihn mir vor, das Nesthäkchen Armin Sonnenschein, das als Kind Tiere liebte und trotzdem fasziniert davon war, wenn sie getötet wurden. Das Kind Armin Sonnenschein, für das Urlaube in Bayern und bei der Verwandtschaft in Thüringen immer das Schönste gewesen sind.

»Immer, wenn ich mit Tieren in der Natur zusammen war, war alles gut.« Er fährt fort: »Mein Urgroßvater, mein Opa, mein Vater und meine Wenigkeit, wir alle haben Karnickel gezüchtet. Deutsche Riesen, Weiße Neuseeländer, Rote Neuseeländer, Schwarze Wiener, Weiße Wiener, Graue Wiener, Thüringer. Zu Glanzzeiten hatte ich vierhundert Karnickel.«

»Süß«, sage ich und erzähle, dass auch mein Opa, zwar nicht in dem Umfang, sondern hobbymäßig, Kaninchen gezüchtet hat. »Ich mag Kaninchen.«

»Ich auch. Besonders in Rotweinsoße.« Er lacht. »Kleiner Scherz.« Für die Tochter seiner Lebensgefährtin hält er zwei Hasen. Dass Kinder mit Tieren aufwachsen, ist für ihn wichtig.

»Das entspricht so ziemlich dem Gegenteil dessen, was Sie als Kopfschlächter getan haben. Wie kommt man darauf, Tiere im Akkord zu schlachten?«

»Das gehört dazu«, sagt er ruhig. »Das Leben ist ein Kreislauf. Solange man lebt, soll man das Schönste daraus machen.«

Was macht ein Kind zu einem Mann, der von sich selbst sagt, zu hart für diese Welt zu sein?

»Ich hoffe, Sie finden die Frage nicht zu persönlich: Gibt es etwas, das Sie innerlich berührt, Sie vielleicht zum Weinen bringt?«

»Schwer zu sagen.«

Dann ist erst mal Pause.

Ich knibble an einem Fetzchen Nagelhaut, knabbere daran. Armin Sonnenschein widmet sich seiner Zigarette.

»Es ist eben der Beruf. Schießen. Stechen. Verlegen. Nach drei Jahren Ausbildung, Kopfschlächter ist ja ein echter Lehrberuf, und nach zwei Jahren Arbeit hab ich umgesattelt, als sich die Gelegenheit ergab. Ich hatte vorher schon nebenberuflich als Leichenwagenfahrer und Einsarger gejobbt, um meinen Lohn aufzubessern, und dann hab ich es hauptberuflich getan, zehn Jahre lang.«

Unter solchen Bedingungen, nach meinem Dafürhalten jedenfalls, ist seine Begeisterung und Leidenschaft, Tatorte zu säubern und wieder rückstandsfrei bewohnbar zu machen, kein bisschen verwunderlich.

»Ganz schön morbide, Ihr Werdegang. Woher kommt das?«

Längere Zeit dreht Armin Sonnenschein die Zigarettenpackung in den Händen, deren Haut rau und rissig ist, bis er die nächste Kippe herauszieht, sie aber kurz vor den Lippen in der Luft hält.

»Als junger Mann wollte ich Polizist werden. Ich hab alle Prüfungen bestanden, alle.« Nachdem er die Zigarette in die Packung zurückgesteckt hat, hält er mir seinen Arm entgegen, schiebt den Ärmel seines Sweatshirts bis zum Ellbogen hinauf. »Aber denen haben ein paar Tattoos nicht gefallen.«

Als ich ihn frage, welche das gewesen seien, schüttelt er unmerklich den Kopf und schmunzelt leicht verkniffen. Die Antwort bleibt er mir schuldig. Sorgsam zieht der den Ärmel wieder hinunter bis übers Handgelenk.

»Dann standen Sie also vor der Entscheidung, entweder Bulle zu werden oder Bullen zu töten.« Das rutscht mir so raus, doch er nimmt es mir nicht krumm.

»Hmhm. Jo!«

»Und heute arbeiten Sie mit der Polizei Hand in Hand und werden als Tatortreiniger empfohlen.«

»Als Tatortortreiniger hab ich es sogar besser denn als Polizist. Das Tollste an meinen Beruf ist, dass ich immer wieder was Neues erlebe. Jeder Tag ist neu und abwechslungsreich. Mir gefällt auch, dass ich meine Kunden aufklären kann über die Gefahren, die von einer Leiche ausgehen. Über Leichengifte macht sich ja keiner Gedanken. Ich mache das, und ich finde es wichtig, die Leute zu informieren, dass da echte Gefahren sind.«

Ich bitte ihn, mir ein Beispiel zu geben.

»Nehmen Sie folgenden Fall: Da stirbt ein Verwandter, und nach vier Tagen im Sarg wird die Leiche von den Angehörigen geküsst und gestreichelt. Keiner macht sich klar, wie gefährlich das sein kann. Ich sag immer, da haben unsere lieben kleinen Mitbevölkerungstierchen, die Leichen schon zersetzt und ihre Eier abgelegt. All das Ungeziefer, was das alles übertragen kann, das sieht man ja nicht.«

Wenn nach zwei Stunden der Zersetzungsprozess beginnt, ist das entstehende Leichengift bereits gesundheitsgefährdend. Nach sechs, sieben Wochen, erläutert er, sei eine Leiche »richtig schön zerflossen«, und das Leichengift habe sich ebenso vollständig im Raum ausgebreitet wie Maden und Fliegen.

»Wenn wir in einen Raum, in dem eine Leiche länger gelegen hat, reingehen, dann nur mit Atemmaske. Die ist nach zwei Stunden schwarz. Ist eben ein Risikoberuf.«

Der Stolz auf seine Tätigkeit ist ihm anzumerken.

»Wie kommt man dazu, sich einem derartigen Risiko auszusetzen? Sie könnten doch schön weiter Hunde oder Kaninchen züchten«, schlage ich vor.

Er zuckt mit den Achseln.

»Davon kann man mittlerweile nicht mehr leben. Wegen der horrenden Steuern. Und was das Risiko angeht, naja, Risiko …«, sagt er unbekümmert. »Wenn man sich gut schützt, geht man dem Risiko aus dem Weg. Ich trage Schutzkleidung. Wichtig sind Stechhandschuhe, damit ich mich nicht durch eine Spritze infizieren kann. In einer Messie-Wohnung muss man immer auf alles gefasst sein. Es sagt einem vorher ja auch keiner, der Tote war drogenabhängig oder hatte Aids oder Hepatitis. Ich bin gegen so ziemlich alles geimpft. Alle drei Monate gehe ich zum Arzt und lasse mir Blut abnehmen. Bisher war immer alles in Ordnung.« Sinnierend spielt er mit der Zigarettenpackung. Anstelle von ›*Rauchen ist tödlich*‹ steht da ›*Palenie zabija – ryuć teraz*‹. »Risiko«, sagt er und schaut mich an. »Ich sag mal, jeder Beruf hat sein Risiko, letzten Endes, irgendwo.«

Und dann spricht er darüber, dass er es im Grunde ganz gerne hat, gewisse kontrollierbare und wohlkalkulierte Risiken einzugehen, es sogar als recht »prickelnd empfindet«, und sein Beruf als Tatortreiniger einen interessanten Anreiz biete. Schon als junger Mann habe er nach prickelnden Situationen gesucht, beispielsweise beim Sport. Seit seiner Jugend boxt er.

Erst in letzter Zeit, aufgrund des zu hohen Arbeitsaufkommens, hat er damit aufgehört.

»Mein Onkel war Boxer, und das hat mich schon als Kind gereizt. Ich war ein Fan von Muhammed Ali. Als ich den mit dreizehn im Fernsehen gesehen hab, hab ich auch damit angefangen«, sagt er begeistert. »Boxen ist strategisches Verprügeln.«

Wir unterhalten uns über Muhammed Alis Kampf von 1974, den wir beide im Fernsehen als Kinder verfolgt hatten. Armin Sonnenschein und ich sind gleichaltrig. Bis vor der Begegnung mit ihm habe ich mich über die oftmals merkwürdigen Synchronizitäten, die mir im Verlauf meines Jahres mit dem Tod begegneten, weniger und weniger gewundert. Es erschien mir beinahe zwingend, wie konsequent ich von Zufällen umzingelt wurde. (Genau genommen wenig verwunderlich, bei einer derartigen thematischen Fokussierung.) Doch während des Gesprächs mit Armin Sonnenschein drifte ich von einem Moment des Staunens in den nächsten. Noch nie habe ich einen Menschen getroffen, der so anders ist als ich, gleichzeitig aber so viele biografische Übereinstimmungen mit mir aufweist: Er wuchs auf dem Land auf. Ich auch. Sein Großvater war Schlachter. Meiner auch. Wie in meiner Familie wurden bei ihm zu Hause Kaninchen gehalten. Und jetzt teilen wir das Erlebnis, Muhammed Alis legendären Kampf gegen George Foreman gesehen zu haben.

Ich weiß nicht mehr, warum ich aufgewacht bin. Es war dunkel. Die Schlafzimmer meiner Eltern und Großeltern waren geschlossen. Unter der Tür zum Wohnzimmer drang flackerndes Licht hervor. Mein Opa schaute Fernsehen mit sehr leise gedrehtem Ton. Niemand hätte wach werden sollen vom Gebrüll der jubelnden Fans auf den Tribünen um den Boxring, erleuchtet in der Mitte des Bildschirms. Als ich barfuß und im Schlafanzug in der Tür stand, fragte er nicht, was ich wollte. Er nahm ein paar Decken und Kissen vom Sofa und bereitete mir vor dem Fernsehsessel zu seinen Füßen ein Lager und wickelte mich ein. Es war saumäßig gemütlich. Als zwei Männer in den Ring traten, erklärte Opa mir die Regeln des Kampfes und wer die Männer waren. ›Du musst Cassius Clay die Daumen drücken‹, sagte er, und ich zeigte ihm meine gehaltenen Daumen. Und verfolgte das Geschehen. Männer, die sich hauten und manchmal umarmten. Das Hauen wirkte federleicht, doch mein Opa sagte, die Schläge seien wie Hiebe mit einem Stahlrohr, darum trügen die Boxer auch einen Gebissschutz. Je länger der Kampf andauerte, desto häufiger umarmten sich die beiden Männer. Ich weiß nicht mehr, was ich phantastischer fand, den Boxkampf, der magisch durch das Glas des Fernsehbildschirms seine unbändige Energie übertrug, wenngleich ich nicht wirklich begriff, was dort sportlich und politisch Legendäres geschah, oder gemeinsam mit meinem

Opa etwas zu tun, was ich noch nie getan hatte: wach sein und fernsehen, um vier Uhr, während alle anderen schliefen. Ich war geborgen.

»Jemanden im Ring zu verdreschen, ist Sport, und der Schlechtere verliert«, holt mich Armin Sonnenschein ins Jetzt zurück. »Ich hab ein paar Jahre geboxt und dann angefangen mit Streetfighting. Fünf Jahre lang war ich Streetfighter. Der Unterschied zum Boxen ist der Vollkontakt. Ich hab allerdings nicht auf der Straße gekämpft. Nur im Ring, immer fair, immer freundschaftlich.«

Vollkontakt, denke ich, was für ein merkwürdiges Wort.

»Was ist toll am Boxen? Was reizt Sie daran?«, erkundige ich mich.

»Man lernt seinen Körper kennen und mit vielen Dingen umzugehen, zum Beispiel Gefahren zu erkennen. Man lernt andere einzuschätzen und sich selbst zu beschützen.«

»Vollschutz.« Ich weiß nicht, warum ich das sage.

Armin Sonnenschein nickt schlicht.

»Wenn ich so nachdenke, ich hab nie eins auf die Nase bekommen. Bin unbesiegt. Man sieht es nicht, aber ich hab zu viel Kraft. In den Fingern, Händen und in den Oberarmen.«

»Ich finde schon, dass man es sieht.«

Er lächelt, zupft am Ärmel seiner XXL-Jacke, schiebt ihn dann bis zur Schulter.

»Wollen Sie mal fühlen?«

Zögerlich taste ich auf seinem Bizeps herum und versuche, den in die Haut gestochenen Totenkopf mit Piratenverkleidung nicht zu berühren.

»Mein Bruder war tätowiert«, sagt er. »Das wollte ich natürlich auch.« Er zieht die Jacke aus, hängt sie sorgsam über die Stuhllehne und präsentiert mir noch einmal beide Arme. Unter dem Schädel mit der Augenklappe zeichnet sich deutlich eine Lemniskate, eine auf der Seite liegende Acht, ab, und ich frage mich, ob damit das ewige Leben gemeint ist oder der unendliche Tod. Auf dem Unterarm sind, schon etwas verblichen, lächelnde Lippen und eine herausgestreckte Zunge, das Markenzeichen der Rolling Stones, umkränzt von Ornamenten, Zacken und Rundungen verschlungener Tribals. Ich entdecke ein Spinnennetz und einen Indianer mit Totenkopf.

»Totenkopf hat mit meinem Beruf zu tun, und«, er spannt die Muskeln an, »Indianer kennen keinen Schmerz.«

»Wofür steht der Adler hier?«

»Der ist wachsam. Hat auch wieder was mit Tieren zu tun.«

»Adleraugen sind wachsam«, bemerke ich. »Wie Ihre Augen.«

Er lächelt. Auf seinem anderen Arm ist ein weiteres Tier: Bugs Bunny, als Erinnerung an seine Zeit als Kaninchenzüchter. Dann deutet er auf etwas, das ich nicht identifizieren kann. »Da stand früher mal der Namen von meiner Ex-Frau. Den hab ich wegtätowieren lassen.«

Ganz in der Nähe befindet sich ein Anker und darüber der Rottweiler.

Ich frage ihn, ob das Boxen für ihn ein Ausgleich zum Beruf bedeutet. Ich kann mir gut vorstellen, dass er bei all den Tätigkeiten und Berufen, die er in seinem Leben ausgeübt hat, die alle etwas mit dem Tod zu tun hatten und haben, eine solch körperlich intensive Sportart braucht.

»Jo. Was ich beim Boxen gelernt hab, ist übertragbar auf meinen heutigen Beruf. Es ist extrem wichtig, dass ich schnell erkenne, ob ein Kunde labil ist und ich mit psychologischen Methoden entgegenwirken muss.«

»Was meinen Sie mit Methoden?«

»Auf die Person eingehen, sie versuchen im Gespräch aufzufangen und zu beruhigen, ihr genau erklären, wie man beim Reinigen des Tatorts vorgeht, ihr vermitteln, dass sie sich keine Sorgen zu machen braucht, dass alles gut wird. Dass ich da bin und dass ich das schon mache.«

»Man kann Ihnen also vertrauen.« Das ist keine Frage

meinerseits. Der Mann vor mir wirkt wie der berühmte Fels in der Brandung.

»Kann man. Das Vertrauen des Kunden ist eigentlich schon vorher da, wenn er mir nach dem Erstgespräch die Wohnungs- oder Hausschlüssel in die Hand drückt und sagt: ›Mach!‹ Er hat noch nichts gesehen von unserer Arbeit, doch er vertraut mir die Schlüssel an. Vertrauen entsteht, wenn man es schafft, die Leute durch Fachkompetenz zu überzeugen. Der Kunde merkt, ob jemand Ahnung hat von dem, was er tut.«

Ich sehe mich im Büro um. Der Raum ist karg, die Einrichtung aufs Wesentliche beschränkt. Die Fenster gardinenlos. Gegenüber ein Hochhaus. Der Verkehrslärm der Hauptstraße dringt gedämpft herauf. Ein paar Strahlen Sonnenlicht liegen auf dem Fenstersims.

»Sie haben mehr mit dem Tod zu tun als die meisten anderen Menschen, denen ich bisher begegnet bin. Alle Ihre Berufe und Tätigkeiten drehten sich um dieses Thema. Ich finde es erstaunlich, wie intensiv Sie sich dem aussetzen und was Sie sich alles zumuten. Haben Sie ein besonderes Verhältnis zu ihm?«

Ein paarmal zuckt er die Achseln.

»Nö. Ich hab keine Angst vor dem Tod. Ich glaub auch nicht dran, dass es ein Leben nach dem Tod gibt. Dafür lassen sich heute viel zu viele Menschen verbrennen. Ein Mensch, der sich verbrennen lässt, das ist wie ...«, er stoppt, schaut über die nackte Bürowand, vor der wir sitzen, er blinzelt einmal, »... wie einen Köter zu verscharren.« Dann sind seine Augen wieder groß und weit. »Überall anonyme Gräber und Menschen, die sich verbrennen lassen. Das hat alles nichts mehr mit Würde zu tun. Zu einer würdevollen Bestattung gehört ein Sarg in der Erde. Keine Weltraumbestattung, keine Seebestattung, kein Verbrennen und was es heute alles gibt. Die Menschheit wird immer bekloppter, sag ich immer. Ein Holzsarg, der in der Erde vermodert, wie es seit Jahrhunderten praktiziert worden ist, das ist für mich würdevoll. Der Mensch ist Natur. Man ist geboren, um zu sterben, und zerfällt zu Erde. Ich glaube nicht an Gott oder an irgendeinen Schöpfer. Wenn man stirbt, ist man tot.«

»Haben Sie sich schon einmal darüber Gedanken gemacht, wie Sie einmal sterben möchten?«, frage ich ihn.

Das Zucken seiner Schultern verstärkt sich, als wollte er meine Frage abschütteln. Dann, in knappen Worten, erzählt er vom Tod seines Vaters. Er saß an seinem Bett und hielt seine Hand. Armin Sonnenschein betrachtet seine Hand, die immerwährende Zigarette. So kommt es mir vor, seit ich mich mit ihm unterhalte.

»Schnell. Ich möchte schnell sterben. Ohne große Schmerzen. Wie jeder.« Zigarettenqualm trudelt zur Zimmerdecke. Er lässt sich Zeit beim Ausatmen. Seiner Trauer über den Verlust seines Vaters hat er bis heute nicht nachgegeben, es musste weitergehen, muss weitergehen. Er bezeichnet sich als Optimist.

»In der Ruhe liegt die Kraft, das ist mein Lebensmotto. Wer sich aus der Ruhe bringen lässt, der schwächelt.«

Sinnierend schaut er dem Rauch nach, fadendünn und fast kerzengerade. Er bewegt sich kaum.

»Der Tod«, Armin Sonnenschein richtet seinen Blick auf mich, links am Rauch vorbei. »Ich befasse mich nicht damit.«

»Wie gelingt es Ihnen, sich nicht damit zu befassen? Sie erleben ihn beinahe täglich hautnah, im Grunde begleitet er Sie schon Ihr gesamtes Leben.«

Wieder das Zucken, das Abschütteln, Abwehren. Seine Hände liegen ruhig auf seinen Oberschenkeln. Im Aschenbecher zähle ich neun zerdrückte Kippen. Die letzte glimmt etwas nach.

»Ich rede auch nicht über Krankheiten«, er schnaubt durch die Nase, »denn dann hat man sie auch gleich. Ich bin einzigartig, sagt man mir immer. Wenn in meiner Verwandtschaft von Krankheiten gesprochen wird, gehe ich weg. Ich schalte ab. Das ist mein Naturell. Um abzuschalten muss ich mich nicht anstrengen. Es ist mir gegeben.«

Vorsichtig schiebe ich die Zigarettenschachtel, die zwischen uns liegt, ein Stück in seine Richtung. Er lächelt und versteht die Anspielung. Seine Augen taxieren mich.

»Drei Schachteln am Tag. Ist ein Hobby. Seit fünfunddreißig Jahren.« Er zieht die Schachtel zu sich. »Wenn einer geboren ist, ist schon gemarkt, dass er stirbt. Die Uhr tickt.«

»Wie verbringt man sein Leben am besten, während es tickt?«

»Ich bin viel in der Natur. Die macht mich glücklich.« Genießerisch zieht er an der Zigarette. »Ich arbeite gern mit Menschen und Tieren zusammen. Wissen Sie, ich bin in der Natur aufgewachsen. Wir haben Buden gebaut und Fußball gekickt, wir waren immer draußen. Um mich rum nur Grün. Felder, Wiesen. Strohballen, die kleinen, alten Dörfchen. Ich hab geholfen, Heu einzufahren. Wenn Sie mich heute nach meinem Traumberuf fragen, dann wär es Landwirt.« Während er spricht, brennt die Zigarette zwischen seinen Finger herunter, kurz bevor der lange Aschestängel abfällt, schnippt er ihn in den Aschenbecher, hält den Stummel weiterhin zwischen Mittel- und Zeigefinger, die Restglut nahe der Haut.

»Glücklich«, wiederholt er. »Einfach machen, was Spaß macht. Ich mag es, unterwegs zu sein. Meine Firma ist in halb Europa tätig, Polen, Tschechien, Österreich, Schweiz. Ich komm viel rum, dahin, dahin, dahin. Das macht Spaß. Und dann sollte man immer Ziele haben. Mein nächstes Ziel ist, mir einen eigenen Bauernhof zu kaufen in Thüringen. Meine Mutter kommt ursprünglich aus Thüringen. Ferien auf dem Bauernhof wär doch ein schönes zweites Standbein zum Tatortreiniger.«

Armin Sonnenschein bringt mich zur Tür und verspricht,

sich in ein paar Tagen, wenn er zu einem Leichenfundort

gerufen wird, bei mir zu melden. Er verabschiedet mich mit einem weniger kräftigen Händedruck, als ich es erwartet hätte. Vermutlich hat er im Laufe unseres Gesprächs meine wechselnde Gesichtsfarbe richtig interpretiert und will mich nun etwas schonen.

»Sie haben aber kalte Hände«, sagt er erstaunt.

»Immer, wenn mir etwas flau im Magen ist.«

Verständnisvoll nickt er und wiegt meine Hand in seiner, als wolle er etwas von seiner Wärme abgeben. Den ganzen Tag über habe ich aufmerksam seine Hände betrachtet, doch erst jetzt entdecke ich die drei tätowierten Punkte auf dem Rücken seiner rechten Hand, dort, wo Zeigefinger und Daumen aufeinandertreffen, die Stelle, die an die Schwimmhaut eines Froschs erinnert. Völlig unüberlegt platzt es aus mir heraus, und ich frage, ob er mal im Knast eingesessen hat. Dann erschrecke ich über meine impertinente Frage. Armin Sonnenschein nimmt es mir nicht krumm. Ohne mit der Wimper zu zucken, sagte er: »Nö, den hab ich gereinigt.«

Er entlässt meine Hand aus seiner. Die Punkte, versichert er mir zum Abschied, stünden für Liebe und Treue und Hoffnung.

»Ich ruf Sie dann an, wenn wir einen Einsatz haben.«

Beklommen nicke ich.

»Ehrlich gestanden, Herr Sonnenschein, ich habe schon Sorge, dass mir etwas passiert, wenn ich mit Ihnen zu einem Leichenfundort gehe. Muss ich Angst haben?«

Sein Blick hält mich fest im Griff, und ich komme mir vor, wie Mogli aus dem Dschungelbuch, der von der Schlange Kaa hypnotisiert wird. Nein, ich übertreibe maßlos, doch seinen intensiven Augen kann ich mich kaum entziehen.

»Nicht, wenn ich dabei bin. Ich beschütze Sie. Darauf gebe ich Ihnen Brief und Siegel.«

Hinter der Tür wartet der Tatort. Der Reisverschluss des weißen Spezialschutzanzugs klemmt. Je mehr ich mich umhülle mit Kapuze, Sicherheitsstiefeln, Handschuhen, Atemmaske und Schutzbrille, desto unwohler wird mir. In meinem Hals wird es eng. An meinen Beinen krabbeln Maden empor.

Ich wache auf. Seit Tagen schlafe ich schlecht, seit ich weiß, dass ich einen Leichenfundort betreten werde. Nach diesem Traum ist mir klar, ich kann das nicht. Nach dem Frühstück rufe ich beim Tatortreiniger an.

»Herr Sonnenschein, ich sage direkt wie's ist: Ich kann das nicht. Ich fürchte, ich bin zu zart besaitet.«

»Ok. Kann ich verstehen.«

DEZEMBER – GLAUBE

12

Die Frau im Farbmantel und stehen an der Temperaturgrenze

Schnee und Stille. Draußen verhüllt sich die Welt. Am Morgen hat es zu schneien begonnen. Ein Schnee, der nicht liegen bleiben wird. Nur ein dünner Vorbote des Winters. Ich stehe in der Balkontür, den Rücken gewärmt, das Gesicht gegen die Kälte gewandt und sehe zu, wie die Flocken fallen. Immer wieder bin ich erstaunt, dass es lautlos geschieht. Vielleicht ist das der Grund, warum Schnee so unwirklich ist. Wenn es nach mir ginge, würden die Flocken Klänge erzeugen: sachte, verschiedenartige Töne, jeder nie gehört und unverwechselbar. Zusammen ergäben sie eine Melodie, ein weißes Lied. Versuchsweise summe ich vor mich hin, bis ich feststelle, wie albern der Versuch ist, etwas verändern zu wollen, was perfekt ist. Allmählich schneit es heftiger. Feste, kompakte Flocken, die vom Balkongeländer aufspringen wie Styroporkugeln, von den letzten, herbstbraunen Blättern der Kastanie abprallen und über die Teerpappe des Flachdachs im Hinterhof hüpfen. Kleine Berührungen nur. Unruhige Finger, die knisternde Geräusche verursachen. In Strudeln fegt der Wind die Flocken zusammen und malt damit die Gartenmauer weiß. Der Schnee schmiegt sich an die Ziegel, füllt alle Ritzen aus. Nach und nach verschwimmt die Grenze zwischen Erde und Himmel im Gestöber. Noch kann ich unseren Garten vom Friedhof hinter der Mauer unterscheiden. Eine Windböe streicht ums Haus, nimmt eine Schneewehe, die sich in der Mauerecke gebildet hat, mit und wirbelt sie hoch. Fermate.

Es gab Winter, da war die Grenze zwischen Garten und Friedhof nicht auszumachen. Unsere Zypresse war eine Ausgerissene, die sich von denen, die den Hauptweg zwischen den Gräbern säumen, nicht unterschied. Ein Friedhof an sich ist ein friedlicher Ort. Ein Friedhof im Schnee …

Vor über dreihundert Jahren empfahl Michel de Montaigne, sich einen Ort zu suchen, der einen Blick auf den Friedhof freigibt, um dort für längere Zeit zu leben. Nach seinem Dafürhalten ist *»(d)ie Todesfurcht (…) in jedem Fall gegenstandslos: Wer sein Leben Augenblick für Augenblick recht genützt hat, kann auch in jedem beliebigen Moment lebenssatt sterben. Wer es aber ungenützt verstreichen ließ, dem ist es ohnehin zu nichts nütze. Warum sollte er es festhalten?«*

Lebenssatt …

Seit dreiundzwanzig Jahren ist der Friedhof mein Nachbar. Ich mache also alles richtig. Wann immer ich auf dem Balkon bin, ist er in meinem Blickfeld. Im Frühling grünt er, im Sommer singen die Amseln, im Herbst springen die Eichhörnchen von Ast zu Ast, und an Allerheiligen funkeln heimelige, rote Lichter. Manchmal vergesse ich, dass es Grablichter sind. Auch heute vergesse ich beim Anblick des Schnees und der Vorstellung von der ungehörten Melodie, die von ihm ausgeht, dass der Tod neben mir wohnt. Mittlerweile habe ich die Arme untergeschlagen, meine Hände umfangen meine Taille. Mir wird kalt. Bevor ich mich umdrehe und in die Wärme der Wohnung zurückkehre, atme ich die weißgraue Luft und schaue. Den Blick abzuwenden von dieser Schönheit fällt schwer.

Es gibt einen magischen Moment des Innehaltens, ein gemeinsames Verharren aller Flocken, ein Sich-in-der-Schwebe-Halten, eine fragile Unbewegtheit, ein Zögern der Kristalle in ihrem Fall vom Himmel. Obwohl der Schnee in aller Stille fällt, ist dieser Moment die wahre Stille. Mattleuchtend friert die Bewegung ein und schwebt, und die Zeit verharrt für den Bruchteil einer Sekunde in Unendlichkeit und Größe. Es ist ein gewaltiger Moment: das Aufatmen der Schneeflocken.

Als ich Monika mit einer Umarmung und einem Du-siehst-sehr-gut-aus begrüße, winkt sie mit leichter Hand ab. An einem Finger steckt ein türkisfarbener Ring, der etwas zwischen den Gelenken schlackert. Ich hatte sie kräftiger in Erinnerung.

»Ja, wenn man von außen draufsieht, denkt man, da läuft das Ewige Leben. Innen sieht es freilich ein bisschen anders aus. Aber es ist ja gut, dass man nicht alles sieht.« Sie wirkt munter, als sie den Autoschlüssel klimpernd in die Tasche gleiten lässt.

»Ich bin gut durchgekommen und hab sogar einen Parkplatz vor der Tür erwischt.«

Auf den Ärmeln ihres glänzenden schwarzen Mantels haben geschmolzene Schneekristalle Tropfen gebildet. Sie hängt ihn an die Garderobe und folgt mir in die Küche. Kaffee und Tee duften. Die Plätzchen, die sie mitgebracht hat, sind noch verpackt.

Ich kenne Monika seit über zwanzig Jahren. Sie ist passionierte Autofahrerin und war einmal meine Gesangslehrerin, die engagiert, aber leider erfolglos, versucht hat, mir das Notenlesen beizubringen. Es ist bei meiner wackeligen Altstimme und einem einzigen Konzertauftritt mit ihrem zwölfköpfigen gemischten Vokalensemble ›Feyne Töne‹ geblieben. Dann habe ich aufgegeben. Aus mir wird keine Sängerin, trotz Monikas Enthusiasmus. Den Kontakt zu ihr habe ich all die Jahre über nicht verloren. Er bedeutet mir viel.

Mit Blick durch die Balkontür nach draußen auf die jetzt nur noch vereinzelt fallenden Flocken nimmt sie am Küchentisch Platz und öffnet die Keksdose. Zwischen das Kaffee- und Teearoma schlängelt sich etwas Würziges.

»Nervenkekse nach Hildegard von Bingen. Eine Freundin hat sie für mich gebacken, nachdem ich aus dem Krankenhaus entlassen wurde.« Sie reicht mir den handgeschriebenen Beipackzettel mit einem Zitat: *›Iss diese oft, und alle Bitternis deines Herzens und deiner Gedanken weiten sich, dein Denken wird froh, deine Sinne rein, alle schadhaften Säfte in* *dir minderer, es gibt guten Saft deinem Blut und macht dich stark.‹*

»Muss man daran glauben, dass es hilft?«

Monika lacht. »Man muss immer glauben.«

Seit sieben Jahren hat Monika Krebs. Er hat ihr beinahe ihre Stimme, die ausgebildete Stimme einer Sopranistin, geraubt. Als sie, ausgerechnet kurz vor Weihnachten, die Diagnose metastasierendes Mammakarzinom erhielt, war das zugleich ein Tiefschlag und eine Herausforderung. Noch vor der ersten Operation mobilisierte sie alle Kraft und machte sich auf die Suche nach etwas, worin sie Ruhe und Gehaltensein finden konnte. Es stand ein noch nicht bearbeitetes Projekt für die ›Feynen Töne‹ auf der Agenda, um das Repertoire des Chores zu erweitern. Monika beschloss, dieser Krebs durfte ihr keinen Strich durch die Rechnung machen. Er war da, er sollte sie aber nicht beherrschen. Entsprechend elanvoll ging sie die Arbeit an; eine anspruchsvolle Arbeit, von der sie anfangs glaubte, sie nicht schaffen zu können. Kaum war sie aus der Klinik entlassen, machte sie sich daran, die tausendneunhundertsiebenunddreißig einstimmigen *›Häuslichen Sabbatgesänge – semirot schabbat‹* des jüdischen Komponisten Arno Nadel neu zu arrangieren. Vielleicht wollte sie die in Vergessenheit geratenen Lieder ebenso wieder auferstehen lassen, wie sie selbst auf eine Chance hoffte. Bei der Arbeit fühlte sie sich getragen von Musik. Dem Krebs setzte sie ihre Kunst und Kreativität entgegen, vor allem aber Tatendurst und ihre bedingungslose Hingabe an die Musik. Monika hat keine Kinder, sie lebt allein und hat sich ganz der Musik verschrieben.

Während ich Kaffee für sie und Tee für mich einschenke, deutet sie auf drei kümmerliche Stücke eines Zwetschgenkuchens.

»Selbstgebacken?«

Ich nicke betrübt. »Leider ist er ziemlich matschig. Ich fürchte, man sollte ihn nicht einfrieren.«

Mit einer für sie typischen, eleganten Handbewegung winkt sie ab. »Hauptsache er schmeckt.« Sie kostet, kaut vorsichtig. Essen fällt ihr noch immer schwer. Der Hals schmerzt. Nach den ersten Bissen erzählt sie, weshalb ihr die Nadel'schen Sabbatgesänge so viel bedeuten.

»Die seltene Originalausgabe habe ich extra in New York bestellt. Jedes Wort war mir ein Trost. Gleich beim ersten Lesen spürte ich, wie mein Herz sich öffnete, und mein inneres Ohr lauschte schon einer vierstimmigen Bearbeitung. Die Originallieder sind ja nur einstimmig komponiert. Sie sollten speziell zugeschnitten werden auf die zwölf Sängerinnen und Sänger der ›Feynen Töne‹. Ich sah jedes einzelne Chormitglied mit seinen musikalisch-stimmlichen Möglichkeiten vor mir. Und jedem Wort des Textes verlieh ich eine klanglich-harmonische Bedeutung, fernab von satztechnischen Regeln und Gepflogenheiten.« Sie holt einmal tief Luft. Ihre Stimme war immer glockenhell gewesen. Sie klingt merkwürdig heiser. »Ja, ich habe wirklich bei jedem einzelnen Wort überlegt, welche Harmonie passt wohl dazu, und welche Stimme aus dem Ensemble bringt es schön zum Klingen.«

Monika erzählt, welche Freude sie bei der Bearbeitung der Sabbatgesänge hatte. Durch die intensive Auseinandersetzung mit Wort und Klang habe sie tiefe Glaubenserfahrungen gemacht und sei während des gesamten Arbeitsprozesses von einer großen Ruhe und Geborgenheit erfüllt gewesen, die sie ihre Krankheit nahezu vergessen machte. Sie übersetzt ihre Lieblingspassage aus dem Hebräischen für mich: *›Meine Seele dürstet zu dir. Gott lebt.‹* Gerade das *›Gott lebt‹*, das einem Motto gleich mehrere Male gesungen werde, wirke auf sie wie ein Fanal, durchdringend, berührend und wahr.

Da alle Liedtexte hebräisch sind, keines der Chormitglieder die Sprache versteht und man auch nicht davon ausgehen könne, dass das Publikum sie könne, war es ihr ein besonderes Anliegen, den Inhalt klang-harmonisch auszudrücken. Beim Singen und Zuhören sollte sich jeder aufgehoben fühlen in einem Verstehen jenseits von Sprache.

»Teilweise habe ich ziemlich gewagte Harmonien verwendet, die sogar aus dem Dirty-Bereich kommen.«

»Was ist der Dirty-Bereich?«

»Damit meine ich zum Beispiel Blue Notes aus dem Jazz«, sie zwinkert. »Raffiniert, nicht?«

Sie beschreibt, wie schräg sie das hebräische Wort für ›schön‹ in einer Liedzeile harmonisiert, den Klang ganz bewusst an die Grenze zum Schönen, Erträglichen gelegt habe.

»Wenn man das hört, denkt man: Da stimmt doch etwas nicht.« Sie schnipst mit dem Finger in die Luft. »Also, was ich bei den Sabbatgesängen mit den Harmonien angestellt habe, ist unter technischen Gesichtspunkten sicherlich total verpönt. Hätte ich das als Examensarbeit abgeliefert, wäre es bestimmt 'ne Sechs gewesen, und ich wäre durchgefallen. Aber das war mir so egal. Es war einfach reizvoll, und ich wollte, dass eine Übertragung der Kraft des Textes durch die Musik stattfindet.«

Mit ihrer kratzigen Interpretation wollte sie außerdem ihren Zweifel am Glauben zum Ausdruck bringen. Glaube und Zweifel ist für Monika kein Widerspruch. Ob man zu Gott aus einem bejahenden, frohen oder traurigen und zweifelnden Herzen heraus betet, bleibe sich nach ihrem Dafürhalten gleich. Gerade aus der Tiefe der Trauer und des Zweifelns heraus zu Gott zu singen und ihn auf diese Weise zu loben, sei eine große Erlösung.

»Singen ist Medizin. Davon bin ich überzeugt.« Sie greift nach einem Keks und schnuppert daran, bevor sie ihn wieder zurück in die Dose legt.

»Ich glaube, im Moment sind sie noch zu kräftig gewürzt für mich.«

Sie schiebt mir die Keksdose rüber und hält sich an den Kuchen. Ich werte es mal als Kompliment für seinen Geschmack.

Optisch macht er nämlich nicht viel her. Vorsichtig knabbere ich an einem Keks. Für Teegebäck schmeckt er etwas zu deftig, als könne er sich nicht entscheiden zwischen süß und pikant. Ich verziehe das Gesicht und hoffe, Monika bemerkt es nicht.

»Mit den Sabbatgesängen hatten die ›Feynen Töne‹ einige Auftritte und Konzerte in der näheren Umgebung. Dann wurde ich wieder operiert. Doch gleich, als ich nach sieben Wochen aus dem Krankenhaus kam, haben wir in einem Kraftakt eine CD eingespielt. Das war für mich auch noch mal eine ganz große Freundlichkeit des Himmels, dass ich dabei sein und ein bisschen dirigieren konnte. Das musste einfach noch gemacht werden. Die Chormitglieder haben sich so phantastisch zur Verfügung gestellt und sich mit so viel Begeisterung ins Zeug geworfen. Sie haben mit aller Liebe die hebräischen Texte gesungen. Wir waren alle glücklich, dass wir es noch hinbekommen haben. Und wir planen tatsächlich noch ein Konzert, noch einmal!«

Monika spricht von einem kühnen Unternehmen. Dieses Konzert ist ihr eine Herzensangelegenheit. Es soll vor dem nächsten Krankenhausaufenthalt in einer alten Klosterkirche stattfinden.

»Mir wird ganz warm ums Herz, wenn ich darüber nachdenke, wie sich die ›Feynen Töne‹ mit nicht müde werdendem Eifer, mit großem Fleiß und großer Gewissenhaftigkeit ins Hebräische, in die komplexen Melodien Arno Nadels hineingekniet und sich hineingefühlt haben und den speziellen Klang sich erlauscht haben und daran Gefallen finden.« Sie legt die Gabel an den Tellerrand. Der Stein ihres Rings rutscht zur Seite. Ihre Finger sind dünn, und der Ring wirkt zu groß. Ich habe vor, beim nächsten Konzert in der vordersten Bankreihe zu sitzen. Das habe ich beim letzten Auftritt schon vorgehabt und nicht geschafft. Diesmal verspreche ich es.

»Ich komme bestimmt.«

»Es wird dir gefallen, die Klosterkirche ist ein besonderer Ort.«

Es ist bewundernswert, wie aktiv Monika so kurz nach der letzten und kurz vor der nächsten Chemotherapie schon wieder ist. Man hat ihr den dritten Port gelegt. Die beiden vorherigen hatten sich entzündet. Noch gilt sie nicht als austherapiert.

»Wie viele Chemos waren es seither?«, frage ich.

Sie habe aufgehört zu zählen. »Ich scheue mich davor, von meiner Krankheit zu sprechen. Sie soll mich ja nicht zu sehr belasten. Und euch natürlich auch nicht.« Mit *euch* meint sie, die ›Feynen Töne‹, ihr Ensemble, das ihr in all den Jahren, die sie gemeinsam singen und auf der Bühne stehen, Familie geworden ist, ihren großen Freundes- und Kollegenkreis und auch mich.

»Schmecken die Kekse?«, will sie augenzwinkernd wissen. Ich vermute, sie hat mich durchschaut. Verlegen berühre ich die Keksdose, ziehe das gewöhnungsbedürftige Gebäck zu mir herüber. Tapfer nehme ich mir noch einen. Eine Weile schauen wir zu, wie der Schnee in Regen übergeht.

»Du stellst meine Füße auf weiten Raum«, zitiert Monika. »Dieses Psalmwort begleitet mich schon die ganze Krankheit über. All die Angst und der Schrecken vor dem Wort ›Krebs‹ verliert seine Herrschaft über mich, wenn ich es bete. Obwohl ich die Tiefen einer ›Rundumtherapie‹ durchschreiten musste und bis heute muss.«

Sie kaut langsam, schluckt behutsam. Sie weiß, was es heißt, essen zu dürfen, genießen zu können. Ich erinnere mich an mehrere Nachmittage nach meinen holprigen Gesangsproben in der Eisdiele um die Ecke der Musikschule. Monika ist eine Naschkatze. Zwischen Stracciatella und Vanille fachsimpelten wir über Musik und den Glauben.

»Du hast einmal gesagt, beides kann man nicht voneinander trennen.«

»Ja, das stimmt. Für mich sind es zwei Phänomene, die zusammengehören«, sorgsam streicht sich Monika den Pony aus der Stirn. Endlich ist sie die Perücke los. Die kurzen Locken sind wieder ihre eigenen. »Ohne Musik könnte ich den Glauben gar nicht zum Ausdruck bringen. Musik gibt mir ganz viel innere Freiheit und lässt mich aufatmen, durchatmen und sorgt dafür, dass mein Kopf ganz frei wird. Das ist so, wenn ich selbst Musik mache, aber auch, wenn ich Musik höre. Die Sicherheit, die mir die Musik gibt, ist dem Glauben verwandt.«

»Gilt das für jede Art von Musik, oder hast du eine bestimmte im Sinn?«

»Du weißt ja, wie sehr ich obertönige Musik liebe. Sie deckt das gesamte Klangspektrum ab, sei es durch eine Stimme, sei es durch ein Instrument, insbesondere Streichinstrumente. Es kann aber sogar auch das Klavier sein.« Sie verschränkt ihre Hände ineinander. »Ich muss gestehen, mittlerweile spiele ich nur noch selten Klavier, denn eigentlich spiele ich nur noch auf meinen Stimmbändern.«

Gesungen hat sie, bevor sie wirklich sprechen konnte. Ihre Mutter erzählte immer, sie hätte bereits als ganz kleines Wesen ein Stimmchen gehabt, das die Obertönigkeit hörbar machte. Mit fünf Jahren wusste Monika felsenfest, dass sie Sängerin werden wollte und ließ kaum eine Gelegenheit zum öffentlichen Singen aus. Früh sang sie in der Kirche, auf Veranstaltungen, sogar mit Männerchören. Trotz ihrer Liebe zur Bühne und einer Bühnenpräsenz, die mich jedes Mal beeindruckt, wenn ich Monika erlebe, beschreibt sie sich als scheues Mädchen, zart, aber zäh. Das Singen brachte etwas in ihr hervor, wodurch sie sich herausgehoben fühlte. Ihren Wunsch, professionell als Sopranistin zu arbeiten, habe sie anfangs allerdings unterdrückt und »vernünftigerweise etwas Anständiges gelernt«. Nach der Höheren Handelsschule begann sie eine Lehre zum Groß- und Außenhandelskaufmann.

»Ja, ich bin wirklich ein Kaufmann. Damals hieß es noch Kaufmann, nicht Kauffrau.« Sie lacht kehlig, als sie den Begriff Kaufmann betont. Während der zwei Jahre, die sie ihren Beruf ausübte, blieb sie bei ihren Eltern wohnen. Sie sparte jeden Pfenning.

»Es war klar, damit finanziere ich mir das Musikstudium. Ich wollte kein Kaufmann sein. Ich wollte nur singen.«

Drei Jahre später kam der Tag. Sie schrieb sich an der Musikhochschule Köln ein. Zum Curriculum ihrer klassischen Gesangsausbildung gehörte neben dem Klavierspielen auch Musiksoziologie, Kompositions- und Harmonielehre. Zuerst allerdings wurde sie zur Altistin ausgebildet, was rasch zu einer Stagnation in ihrer Entwicklung als Sängerin führte. Das geliebte Singen aufzugeben, kam jedoch nicht in Frage. Sie wechselte Lehrer und Stimmfach.

»Und das war meine Rettung. Ich studierte zuerst bei Professor Reinhard Becker. Mit seiner Hilfe habe ich dann zu Elisabeth Grümmer auf das Musikkonservatorium nach Luzern gewechselt. Dort fanden jährlich Sommer-Meisterkurse statt, an denen ich teilnahm. Den intensivsten und dauerhaften Unterricht erhielt ich später bei Elisabeth Grümmer und dem Pianisten Hugo Dietz in Alsbach an der Bergstraße. Über viele Jahre fuhr ich alle vierzehn Tage dorthin und ließ mich kneten und schleifen. Das war wahrlich kein Zuckerschlecken.«

Als Monika den berühmten Namen ausspricht, blüht sie auf. »Sie war eine großartige Künstlerin und für mich die Offenbarung. Sie hat mich aus der inneren Verklemmtheit herausgeholt. Sie sagte: ›So, Monika, wir stellen Sie jetzt auf den Kopf, und wenn nach zwei Jahren keine Verbesserung eintritt, dann verabschieden wir uns.‹ Aber es besserte sich viel, viel schneller. Es war so herrlich, bei ihr zu singen.«

Monika berichtet von einer bahnbrechenden Gesangsstunde im Luzerner Meisterkurs kurz nach dem Ende ihrer Ehe. Erfüllt von Liebeskummer habe sie keinen Ton herausgebracht. Kurzerhand entschied Elisabeth Grümmer, sie solle es mit der Rosenarie aus *Figaros Hochzeit* versuchen.

»Ich dachte, das geht doch nicht, das kann ich nicht. Wie soll ich eine Liebesarie singen, wenn ich doch so traurig bin? Ich kann nicht singen. Und dann sitzen da ja überall Leute und hören zu.« Für einen Moment verliert sie sich in ihrer Erinnerung. »Ich glaube, ich habe nie so schön gesungen wie damals. Wo das herkam, weiß ich auch nicht. Frau Grümmer war eine unglaubliche Psychologin. Dabei hat sie nie ein Wort über meinen Liebeskummer und die Probleme in meiner Ehe verloren. Sie hat einfach nur das Beste in einem Sänger gesehen und war in der Lage, es herauszuholen. Durch sie stellten sich meine Sangesfüße auf weiten Raum. Ganz zum Schluss sang ich ›*Komm, o Trauter, daß ich mit Rosen kränze dein Haupt!*‹. Das war so ein schönes, kleines Melisma, das ich gesungen habe.«

Trotz aller Leidenschaft für die Kunst konzentrierte sich Monika nicht ausschließlich darauf, Sängerin zu werden. Sie wusste um die »Ochsentour«, die es braucht, um eine Karriere voranzutreiben. Zur Rückendeckung wollte sie daher – inspiriert von Elisabeth Grümmer – unterrichten und wählte zusätzlich pädagogische Fächer.

»Ich war nicht der Typ, um nur auf dem Singebein zu stehen, denn ich wollte nur Lieder singen. Ich wollte nicht zur Oper.« Sie schaut etwas verloren durch die Balkontür. Schmutziggraues Licht dringt zu uns in die Küche. Der Regen hat den Schnee nun vollends vertrieben und die weiße Welt in eine verwaschene verwandelt. Ich drehe die Heizung voll auf.

»Tja, die Oper. Heute tut es mir sehr leid, denn ich merke, auf der Opernbühne hätte ich sicherlich eine gewisse Verwirklichung finden können. Aber es ist mit meiner Karriere bei diesen schönen, schönen Liederabenden geblieben.«

Sie hat ungefähr die Hälfte des Kuchens auf ihrem Teller geschafft, und ich kann sehen, mit der zweiten tut sie sich schwer. Immer zögerlicher führt sie die Gabel zum Mund, die Stücke darauf werden kleiner. Ich knabbere an meinem vierten oder fünften Keks. Nach anfänglicher Gewöhnungsphase an den intensiven Muskat- und Nelkengeschmack essen sie sich quasi wie von selbst. Vielleicht werde ich süchtig.

»Du hast den Traum gehabt, Sängerin zu werden. Und du hast ihn verwirklicht. Ich kenne kaum jemanden, dem es gelungen ist, seinen Traum aus der Kindheit ohne Abstriche wahr werden zu lassen.«

Monika strahlt. Ich kenne ihr Strahlen. Mit leicht vorgeschobenem Kinn und offenen Augen, ohne die Brauen hinaufzuziehen, setzt sie sich gerade hin und nimmt die Schultern zurück. Die Haltung einer Sängerin. Stolz und aufgerichtet. Es erinnert mich an meine erste Gesangsstunde.

Die Musikschule befand sich damals noch in einer Jugendstilvilla im Stadtpark. Monika positionierte mich so, dass mein Blick durch nichts, was draußen vor dem Fenster vor sich ging, abgelenkt wurde. Wir arbeiteten an meiner Körperhaltung. Ich fühlte mich wie ein Sack Kartoffeln, den jemand vergessen hatte zuzubinden … bis Monika sagte, ich solle meine Finger auf mein Brustbein legen.

»Hier«, sagte sie.

»Ja, ich habe ihn verwirklicht, meinen Traum.« Langsam sinken ihre Schultern. Sie legt die Hände in den Schoß. Eine große Ruhe geht von ihr aus. »Gleichzeitig war ich sehr geprägt durch mein religiöses Elternhaus. Wir waren evangelisch. Doch für mich gab es keinen Zwang. Ich war ganz frei. Ich musste mich nie verleugnen, nicht im Singen und nicht im Glauben.«

Da Monika von klein auf vertraut und verbunden war mit den Liedern des Alten Testamentes, war es das Natürlichste der Welt, Psalmen zu singen, so natürlich wie die Luft zum Atmen.

»Mein Lieblingspsalm ist der 23-ste: *Der Herr ist mein Hirte*. Den kennt ja jeder. Er ist aber auch einfach so wunderbar. Er gibt mir so viel Trost. Bei diesem Text spüre ich, dass er von irgendeinem besonderen Licht erzählt, obwohl von einem finsteren Tal die Rede ist. Wenn ich ihn singe oder einfach den Text memoriere, spüre ich eine Helligkeit, und die ist immer auch verbunden mit Klängen. Ich kann beides gar nicht voneinander trennen. Es ist etwas Fluoreszierendes, und gleichzeitig sind es Farben.«

»Du nimmst Musik als Farbe wahr?« Ich bin ehrlich überrascht.

Vor einiger Zeit habe ich etwas zum Thema Synästhesie gelesen, nachdem ein Freund mir erzählte, für ihn synchronisierten sich Buchstaben mit bestimmten Farben. Ohne auch nur den geringsten Einfluss darauf zu haben, sieht er das M, wenn er es sich vor seinem inneren Auge vorstellt, in weinroter Schrift, das A in Blau, das E in dunklem Violett und so weiter. Bei Synästhetikern vermischt das Gehirn mehrere Sinnesempfindungen auf individuelle Weise miteinander. Äußere Reize werden gleichzeitig aufgenommen und verwoben. Es ist eine besondere Form der Weltwahrnehmung, die nicht beeinflusst werden kann. Jedenfalls nicht ohne Drogenkonsum. Man kann die synästhetische Spezialbegabung weder ein- noch ausschalten. Das Hirn übertreibt sozusagen etwas. Wie Monika es beschreibt, klingt es, als höre *und* sehe sie die Musik.

»Bist du Synästhetikerin?«, frage ich sie.

Sie denkt länger darüber nach, betrachte ihren Türkisring. An dem schmalen Finger rutscht der schwere Stein immer wieder zur Seite. Der Begriff Synästhesie scheint ihr geläufig. »Vielleicht bin ich das. Ohne es zu wissen. Wie kann man das prüfen?«

»Indem wir uns ein Stück, zum Beispiel in A-Moll, anhören und du beschreibst, ob du es in Blau oder Rot wahrnimmst oder in welcher Farbe auch immer, die nur zu dieser Tonart gehört.« Ich habe keine Ahnung, ob ich es richtig erkläre.

Monika versteht mich. Sie streicht sich den Pony aus der Stirn.

»Die Mühe müssen wir uns nicht machen. Bei mir haben alle Tonarten eine bestimmte Farbe. Und«, sie hebt den Zeigefinger, »ich verbinde sie nicht nur mit Farben, sondern auch mit Komponisten. Wenn ich an B-Dur denke, sehe ich statte Erdfarben. Das verbinde ich mit der Musik von Johannes Brahms. Dur-Tonarten schreibe ich natürlich sehr oft dem Mozart zu und dem Blau.«

Viele Künstler sind Synästhetiker. Es ist also gar nicht verwunderlich, dass Monika eine von diesen besonderen Personen ist. Für mich sind Buchstaben schwarz, selbst wenn ich sie mir in Gedanken ausmale. In meinem Hirn vermischt sich nichts auf spektakuläre Weise miteinander. Dennoch gibt es eine Tonart, der ich eine Farbe zuschreibe. Ich sehe sie zwar nicht vor meinem geistigen Auge, doch auf eine gewisse Weise spüre ich sie. Seitdem ich in der achten Klasse im Musikunterricht Mozarts 29. Sinfonie in A-Dur gehört habe, leuchtet sie für mich gelb. Als ich es Monika gegenüber erwähne, wendet sie den Kopf ab.

»Also, mit Gelb kann ich gar nichts anfangen.« Sie schüttelt sich.

»Es ist ein Sonnenblumengelb«, sage ich. »Nicht so ein grünliches, ekliges.«

»Aha, ich verstehe. Du meinst so eine Lebensfarbe.« Sie verzieht weiterhin den Mund. Nein, auch für Sonnenblumengelb hat sie nichts übrig. In ihrem Musikerleben existiert kein Gelb. Dafür leuchtet der Rest der Farbpalette. Gerade bei Brahms, ihrem Favoriten, erblühten die Farben. Teilweise komme es vor, dass sie sich in einem regelrechten Farbenrausch wiederfinde. Bei Gustav Mahler sei das der Fall. Er sei ein ausgelassener, wilder Komponist, der aus ihrer Sicht mit Farbe nur so um sich werfe. Ich muss gestehen, ich bin ein wenig neidisch auf ihre einmaligen Wahrnehmungsmöglichkeiten.

»Du umhüllst dich beim Singen mit Farben?«

»Ja, so ist es.« Ganz die Chorleiterin hebt sie die Arme. Einen Moment lang überlegt sie, wie sie diese ungewöhnlichen inneren Wahrnehmungsprozesse beschreiben soll. »Eigentlich singe ich auch nur Farben und kann damit modulieren. Wenn ich malen könnte, würde ich es malen, damit man sich vorstellen kann, was in mir vorgeht. Aber so mache ich einfach nur mit meiner Stimme Klangbilder. Und so …«, sie führt ihren Finger wie einen Dirigierstab, als wollte sie ihren Chor aufmerksam machen, gleich geht es los: Atmet zusammen ein und lasst dann gemeinsam den ersten Ton erklingen, »… male ich meine Religiosität. Ich spreche sie ja kaum aus, aber ich spüre, dass ich durch den Glauben umhüllt werde von Farbmänteln.«

In den Heizungsrohren klopft es. Die Wärme dehnt sich aus, und an der Wand tickt die Küchenuhr. Kürzlich ist mir aufgefallen, dass ihr Sekundenzeiger auf dem Weg zwischen zwölf und sechs leiser tickt, zwischen sechs und zwölf etwas lauter, als müsse er sich bergauf mehr anstrengen. Gerade bewegt er sich abwärts. An das verträumte Schneetreiben erinnert gar nichts mehr. Die vorhin noch überzuckerten Ahornbäume vor dem Balkon sind nackt. Monika wirkt versonnen. Den Teller mit einem letzten Rest Kuchen schiebt sie von sich. Ihre Hand ist so schmal, ihr Gesicht ist schmal. Monika ist so schmal. Ich stelle mir vor, wie sich mit jedem Lied, das sie singt, ein Farbmantel nach dem anderen um sie legt, ihr schmeichelt, sie schützt und wärmt.

»Welche Farbe hat der Psalm 23?«

Eine Weile rührt sie mit leise klingelndem Löffel in der Kaffeetasse. Sie lächelt, als habe sie die Frage erwartet.

»Hauptsächlich grün. Obwohl es gar nicht meine Lieblingsfarbe ist. Trotzdem ist dieses Grün so lebensspendend. Und auch das finstere Tal ist ganz hell.« Sie legt den Löffel beiseite. In seiner Kuhle sammelt sich etwas Kaffee. »Weißt du, als ich im Krankenhaus lag, war es eigentlich die ganze Zeit schwarz bei mir. Es war so furchtbar dunkel alles, natürlich vor allem nachts, aber nicht nur nachts. Trotzdem sah ich immer einen ganz kleinen Punkt von Licht. Und in diesem Lichtpunkt stand meine Freundin Beatrice, die ein paar Monate vorher gestorben war. Wie ein Pünktchen sah ich sie, und zwar so hell, dass ich vor diesem Dunkel um mich keine mehr Angst hatte. Auch wenn ich meine Augen öffnete, blieb das Lichtfünkchen. Es heißt: ›Und ob ich schon wanderte im finsteren Tal‹. Trotzdem hat die winzige Helligkeit alles Dunkle überstrahlt.«

Mit ineinander verschränkten Händen hat Monika sich auf der Küchenbank zurückgelehnt. Sie wirkt gelöst, fast heiter. Ich glaube, so kann man sich einen Menschen vorstellen, der seinen Frieden gemacht hat und entspannt einer Zukunft entgegenblickt, von der niemand etwas weiß.

»Der Glaube ist mir in erster Linie Trost und Stärke. Er gibt mir Mut. Jeder Mensch weiß ja, dass irgendwann schwere Zeiten in seinem Leben auf ihn warten. Aber bis jetzt, und ich habe sieben schwere Jahre hinter mir, bin ich noch absolut ruhig und gelassen.«

Sieben magere Jahre, denke ich. Bibelgemäß müssten auf Monikas harte Zeit konsequenterweise sieben fette Jahre folgen. Ich bin nicht sehr bibelfest, kenne nur wenige Stellen auswendig. Was man im Religionsunterricht eben lernt. In der Kirche war ich nicht sehr oft, meist bei Hochzeiten, Beerdigungen oder Taufen. Die Bibel hat für mich nicht die Bedeutung, die ein Christ ihr beimisst. Für mich ist sie ein literarischer Text; ein poetischer, wunderschöner Text, insbesondere in der Lutherübersetzung. Einer der schönsten Halbsätze, die ich kenne, lautet: *»Aber sprich nur ein Wort, so wird meine Seele gesund.«* Womöglich ist das Lichtfünkchen, das Monika gesehen hat, die bildliche Übersetzung eines Wortes: Seele. Es könnte sein.

»Mit dieser Krankheit erlebe ich eine Zeit intensiven Lebens«, fährt Monika fort. »Nie zuvor habe ich so intensiv gelebt. Ich lebe jeden Moment sehr bewusst, auch diesen hier, wie wir beide zusammensitzen. Das nehme ich als Geschenk. Durch die Krankheit bin ich eigentlich lebendiger geworden.«

Mir kommt James aus dem Kinderhospiz in den Sinn. Am Rande hatten wir über Gott gesprochen. »Der passt auf uns auf. Aber ich glaube auch an die Wissenschaft. Man kann ein paar Sachen ja nicht ausschließen, obwohl es in der Bibel anders steht, den Urknall zum Beispiel und dass der Mensch vom Affen abstammt. Klar, Adam und Eva könnten gelebt haben. Die Erde ist ja so gemacht, dass sie Leben verursacht. Gott könnte den Urknall gemacht haben. Die Wissenschaft sagt aber was anderes. Das heißt also, es gibt beides.«

Monika kann James' Überlegungen durchaus etwas abgewinnen, ist sich jedoch nicht sicher, ob man dem Glauben auf diese Weise gerecht wird. »Gott mit Logik und Wissenschaft beikommen zu wollen, ist natürlich immer eine unergiebige Angelegenheit.«

Ich erzähle ihr, dass mir vor einiger Zeit die Pascal'sche Wette über den Weg gelaufen ist, die sich die Logik zunutze macht, um gerade für den Glauben zu argumentieren. Blaise Pascal behauptet, es sei cleverer, an Gott zu glauben, weil der Gewinn, der einem winkt, größer ist, als das, was ein Ungläubiger nach dem Tod zu erwarten hat. Ein Gläubiger kann nämlich nur gewinnen. Sollte Gott nicht existieren, hat er nichts verloren. Der Ungläubige schon, für den Fall, dass es Gott gibt. Das ist selbstverständlich kein echter Glaube, sondern auf purer Logik basierendes Kalkül. Bisher fragte ich mich, ob der echte Glaube so weit entfernt davon ist. Ob er nicht mitunter auch etwas Kalkül beinhaltet ...

... Bis Monika das Bild ihres Farbenmantels entwarf. Muss man etwas sehen, um es zu glauben, oder muss man an es glauben, um es sehen zu können?

»Meinst du nicht, Gott hat mehr Respekt verdient, als Gegenstand einer Wette zu sein?«

»Naja«, sage ich, »er ist allmächtig. Vielleicht hat er diese Wette ja erfunden.«

»Dann glaubst du also an ihn?«

»Das ist so eine schwierige Frage. Vielleicht sollte ich sie einfach umdrehen.« Ich halte kurz inne und zwinkere Monika zu. »Was, wenn Gott an mich glaubt?«

»Siehst du«, sie schiebt ihr Kinn vor, »so findet jeder den Glauben, den er braucht. Der Glaube ist auch ein Geschenk. Weißt du, ich möchte diese Krankheit gar nicht missen, obwohl ich manchmal denke, es wäre schön, wenn man zu mir sagte: Es kann alles von dir abfallen, Monika. Ich denke, es wird abfallen von mir, in dem Moment, in dem ich die Grenze überschreite.«

»Die Grenze ist …?« Ich sehe sie an, und es ist mir unmöglich, es auszusprechen.

»Die Grenze ist das Sterben.«

Es gibt diese Momente im Leben, die gleichzeitig tonnenschwer und unendlich leicht sind. Beispielsweise einen Satz auszusprechen und dabei einen Menschen, den man schätzt und mag, anzusehen und zu wissen, man spricht über sein Sterben. Ein Sterben, das sich nicht abstrakt irgendwo da hinten am Horizont befindet, sondern stattfindet und sich stückweise vortastet. Ein Sterben, das nah ist.

Und doch, wir sitzen hier und sprechen über Musik und Gott, über Farben und Licht.

»Hast du Angst vor dem Sterben?«, frage ich sie.

»Bis jetzt noch nicht.« Ihre Stimme ist fest. Ohne einen Unterton. Ohne ein Zittern. »Vor einigen Wochen in der Chemotherapie hatte ich einen Augenblick, in dem ich wie in einem Aufzug nach unten fuhr. Es dauerte nicht mal eine halbe Minute.« Sie legt die Stirn in Falten, denkt nach. Ihre Finger haken sich fest ineinander. »Man verliert das

Gefühl für Zeit, wenn man solche Grenzerfahrungen macht. Plötzlich, in diesem Aufzug, war ich so leicht und dachte, jetzt könntest du fliegen und könntest ein Hohes C singen.« Mit einem Mal beginnt sie zu lachen, hell und ansteckend. »Kannst du dir das vorstellen? Ein Hohes C im Krankenhaus? Das habe ich mich natürlich nicht getraut, in dem Saal mit allen anderen. Aber es war so eine Befreiung, und Singen ist ein Ausdruck von Befreiung, weil man sich ganz loslösen kann und gleichzeitig geerdet ist.«

In mir klingen unversehens die ersten Töne meiner allerersten Gesangsübung wieder: ›Hallo Hanno. Hal-lo Han-no‹. Ich weiß nicht mehr, wie oft ich diesen ziemlich dämlichen Text vorsingen musste, bis Monika zufrieden mit mir war.

Sie nickt wissend, als ich gestehe, dieser Hanno hätte mich derart genervt, dass ich ihm am liebsten den Hals umgedreht hätte. Ich hatte große Schwierigkeiten mit der korrekten Körperhaltung, und Hanno hat nicht gerade dazu beigetragen, sie zu verbessern. Bis Monika sagte, ich solle meine Finger auf mein Brustbein legen.

»Hier, stell dir vor, hier liegt ein Buch.« Für jeden Schüler fand sie die richtigen Worte. Bei mir war ihr völlig klar, über die Literatur findet sie die adäquate Metapher für mich.

»Sei ein aufgeschlagenes Buch, und lass die Seiten frei fliegen. Aber bleib mit den Füßen auf der Erde. Das hast du in einer der ersten Stunde zu mir gesagt«, erinnere ich sie.

»Ja, das habe ich.« Warm schaut sie mich an. »Für eine Sängerin ist die Stimme frei und die Füße sind wirklich gewurzelt. Man hat seinen Stand. Zum Glück habe ich meinen Stand bis jetzt noch nicht verloren. Dieses Wurzeln gibt mir eine unglaubliche Kraft. Manchmal habe das Gefühl, ich bekomme Saft aus dem Boden. Und das tut mir so gut.« Ein paarmal streicht sie über ihren Kehlkopf. »Ich bekomme ja schlecht Luft, trotzdem mache ich jeden Tag meine Übungen. Das klingt nicht mehr so schön wie früher, aber das muss es ja auch nicht. Das ist für mich eine Form von Leben, meine Lebensform. Ich spüre, wie mit dem Singen meine Augen anfangen zu strahlen, bis zu den Ohren hin.« Sie wendet mir ihren Kopf zu, dann senkt sie ihn. Für einen Moment habe ich das Gefühl, sie wollte noch etwas anderes erzählen. Wie fragil manche Momente doch sind.

Während ich frischen Kaffee mache und Wasser für eine zweite Kanne Tee aufsetze, inspiziert Monika die Küche. Vor den an die Wand geklebten Postkarten, die Freunde aus verschiedenen Teilen der Welt geschickt haben, bleibt sie stehen. Sie erzählt von ihren Reisen, schwärmt vor allem von Israel. Bereits Anfang der 1980er-Jahre fuhr sie zweimal ins ›Heilige Land‹. 1987 blieb sie für länger, um Hebräisch zu lernen. Aus Interesse und zur Vertiefung nahm sie in Netanja an Judaistikseminaren teil. Sie wollte eintauchen in die Kraftquelle der jüdischen Sprache, um Passagen aus dem Tanach, der hebräischen Bibel, im Original lesen zu können. Sie kichert bei der Erinnerung, wie sie damals im Studentenwohnheim jeden Tag von morgens bis in die späten Nachtstunden hinein mit ihren vier Zimmergenossinnen Hebräisch geochst habe. Oberste Maßgabe des Lehrplans sei es gewesen, dass kein Schüler in seiner Muttersprache sprach. Auf diese Weise lerne man am besten, selbst wenn man zuerst nur stammle wie ein kleines Kind. Von Anfang an habe sie neben der Vokabelpaukerei jüdische Liedertexte gesungen.

»So begann meine Liebe zu diesen Liedern, und so entdeckte ich Arno Nadel. Es ist ganz eigenartig, denn jetzt, wo meine Stimme nicht mehr richtig funktioniert, also für mich ist es kein Genuss mehr, mich selbst zu hören, bekomme ich mit hebräischen Worten einen ganz anderen Klang in meine Stimme, und«, wieder hebt sie ihren Finger, »ich sehe dabei ganz andere Farben. Hebräische Lieder sind wunderbar blau und violett, vor allem haben sie satte Goldtöne.«

Während mir Monika erklärt, dass die israelische Volksmusik einen unausgesprochenen, starken Bezug zum Religiösen habe, macht es beinahe den Eindruck, als übertrügen sich von ihr einige Goldtöne in meine wintertrübe Küche. Singen beglückt die Seele, das weiß ich längst. Dass selbst das Sprechen über Musik eine solche Wirkung hat, liegt an Monika. Sie glüht, als sie beschreibt, wie sich Klang, Farben und Textinhalte der Lieder zu einer Einheit verweben und all die jahrhundertealten Weisheiten der Rabbiner darin schimmern.

»In einem Lied, wir haben es oft im Ensemble gesungen, heißt es: *In jedem Abschiedswort liegt ein Sterben.* Und das stimmt.«

Durch solche Textpassagen finde sie immer wieder eine Möglichkeit, sich tiefer im Glauben zu verankern. Die hebräische Sprache schaffe ihr unaufdringliche, dennoch intensive Gotteserfahrungen, gerade weil das Judentum der Ursprung ihres Glaubens sei und für sie als evangelisch getaufte Christin keinen Widerspruch darstelle. Im Judentum erkenne sie zugleich Göttliches und das Menschliche.

»Der Herr ist mein Hirte«, zitiert sie. »Im Alten Testament, so empfinde ich es, ist das Tröstende sehr ausgeprägt. Ich bete zu Gott direkt, nicht zu Jesus. Vor allem aber memoriere ich die Psalmworte. Der Tanach ist übrigens viel poetischer als das Neue Testament. Hier kann ich noch tiefer in die religiöse Gedankenwelt eindringen. Da ist kein Wort zu viel. Wofür man im Deutschen sechs, sieben Worte benötigt, braucht man im Hebräischen vielleicht zwei, und die reimen sich auch noch. Es ist reinste Poesie und klingt gesungen wundervoll. Ich bin so dankbar, dass ich Hebräisch lernen konnte. Es ist so ein Gewinn, die Bibel im Original zu lesen. Ich lese zwar langsam und mit Vergrößerungsglas, aber ich lese.«

Mit jedem Satz ist ihre Stimme rauer geworden. Um die Heiserkeit nicht zu verstärken, spricht sie immer leiser. Mich überkommt das schlechte Gewissen, sie zu einem so langen Gespräch gebeten zu haben, und schlage vor, uns zu vertagen. Energisch schüttelt sie den Kopf. Trotzdem schweigt sie eine Zeitlang und hängt ihren Gedanken nach. Ich schließe die Keksdose. Der Duft bleibt in der Luft hängen.

Monika sieht mich an. »Traurigkeit überkam mich, als die letzte Chemo meine Stimmbänder so stark in Mitleidenschaft gezogen hat, dass ich nur noch heiser war und gar nicht singen konnte. Aber ich spüre auch, dass ich schon vieles losgelassen habe. Nach klassischen Liedern von Brahms, Mahler oder Strauss, die ich immer gerne gesungen habe, habe ich keine Sehnsucht mehr. Ich singe nur noch hebräische Lieder. Wenn ich überhaupt singe.«

Sagte sie wirklich, *wenn ich überhaupt singe* ...?

Etwas löst sich in meiner Brust, und ich habe Mühe, die Tränen in Zaum zu halten. Monika ist die Dinge immer mit Entschlossenheit, vor allem aber mit Zärtlichkeit und Aufmerksamkeit angegangen. So behutsam sie mir von sich und ihrer Krankheit auch erzählt: *Wie* sie es sagt, hat es etwas Radikales. *Wenn ich überhaupt singe* ... Sie weiß um die Kostbarkeit ihrer Zeit. Hatte ich vorhin noch mit dem Gedanken gespielt, sie zu bitten, mir eines oder vielleicht zwei Sabbatlieder vorzusingen, traue ich mich nicht, danach zu fragen. Im Wohnzimmer hatte ich sogar das Klavier abgestaubt und den Hocker so zurechtgerückt, dass man seine Position als reine Einladung verstehen würde.

»Ich kann meinen Ansprüchen als Sängerin in der Öffentlichkeit nicht mehr genügen. Meine Stimme macht das nicht mehr mit. Ich hatte so viele Herzuntersuchungen. Mir wurde mehrfach ein Schlauch durch den Hals geführt, der mir die Luftröhre ziemlich ramponiert hat. Die letzte Untersuchung ist zwei Monate her. Ich habe gekrächzt wie ein Rabe.« Sie lächelt. Auch ihr Lächeln macht einen heiseren Eindruck. »Aber es geht schon viel besser.«

Etwas verloren sitze ich da. Monika ohne Gesang?

Sie nimmt meinen Gedanken auf. »Früher habe ich mir manchmal vorgestellt, wie es wohl ist, wenn ich nicht mehr singen kann. Das erfüllte mich innerlich mit großer Traurigkeit. Durchs Singen spürte ich immer meinen Überlebensdrang, schon als Kind war es mein Lebenselixier.« Ihr Kehlkopf hebt und senkt sich. Sie schluckt mehrere Male. »Heute, und ich weiß nicht, woher es kommt, bin ich nicht mehr traurig, weil ich nicht mehr singen kann. Ich bin davon losgelöst.«

Aufmerksam beobachtet sie mich, während sie vom Verlust ihrer Stimme erzählt, räuspert sich, streicht über ihren Hals. Mir ist schwer ums Herz, und ich mache mich daran, die Teller zusammenzustellen und auf dem Tisch hin- und herzuschieben, geschäftig zu tun.

»Wusstest du eigentlich, wie es zu der Bezeichnung ›Feyne Töne‹ gekommen ist?« Elegant wechselt sie das Thema.

»Ich hätte da so eine Idee«, sage ich bemüht fröhlich. »Immerhin heißt du Monika Fey.«

Doch sie schüttelt den Kopf. Sie führt den Chornamen nicht auf die sprachliche Doppeldeutigkeit zurück, sondern auf die ein oder zwei Gläser Wein, die die Chormitglieder an dem Abend intus hatten, als man einen Namen suchte.

»Weißt du«, macht sie wieder einen Schwenk, »ich bin so dankbar und glücklich, wenn ich hier sitze und rausschaue und denke, der Regen fällt so sanft. Auch auf meine Felder, auf meine Lebensfelder. Und ab und zu scheint auch mal die Sonne.«

Nachdem Monika gegangen ist, schwebe ich ein bisschen wie auf Wolken. Ich decke den Tisch ab, stelle das Geschirr in die Spüle, blase die Kerze im Stövchen aus. Ewig lange wische ich mit dem Lappen über das gemaserte Holz der Tischplatte, in gleichmäßigen, kreisenden Bewegungen. Ich denke nichts. In mir klingt etwas nach, ein paar Töne, repetitiv, etwas Flüchtiges. Glaubt man daran, dass den Dingen eine tiefere

Bedeutung innewohnt, oder will man das glauben? Weil man die Dinge gerne beseelt und sie nicht ihrer rohen und urzuständlichen Bedeutungslosigkeit überlassen will? Kann man es überhaupt ertragen, dass etwas keine Bedeutung hat? Ich glaube nicht. Viel lieber will ich an Bedeutung glauben, eindringlich glauben. Als die Küche wie geleckt aussieht, nichts daran erinnert, dass ich Besuch gehabt habe, nicht mal ein Krümel, stelle ich mich wieder in die geöffnete Balkontür. Genau dahin, wo Kälte und Wärme aufeinandertreffen.

Ich bin auf dem Weg in die Klosterkirche Beyenburg, um Monika singen zu hören. Es regnet, der Tag ist trüb. Die Kirche liegt malerisch auf einer Anhöhe über einem Stausee, dessen Wasser wie schmutzige Lauge von den Regentropfen aufgewühlt wird. In den umliegenden bewaldeten Hügeln haben sich Dunstwolken verfangen. Ich bin viel zu früh da und setze mich etwas verloren auf eine Bank, irgendwo in der Mitte. Nach und nach füllt sich die Kirche mit Menschen, ihren Stimmen und ihrer Wärme.

Dann kommt Monika aufrecht durch den Mittelgang zum Altar und positioniert sich inmitten ihres Ensembles, das sie im Halbkreis umrahmt. Es ist überwältigend, ein solch schmales, zierliches Wesen singen zu hören und zu sehen. Mit jedem Ton blüht sie auf. Ihre Stimme ist glockenhell. Sie durchdringt alles und erfüllt die Kirche. Für eine Stunde vergesse ich alles um mich herum und lasse mich von der Musik tragen.

Nach dem Konzert, Monika strahlt noch immer, kommt der Pastor auf sie zu und macht den Vorschlag, das Konzert im Frühjahr zu wiederholen. Monika reagiert darauf mit Gelassenheit. »Schauen wir mal. Zurzeit habe ich nur ein Projekt: die Sekunden zu dehnen.«

Es ist der letzte Tag meines Jahres mit dem Tod. Kann es Zufall sein, dass ich ausgerechnet heute nach Wien geschickt werde, wo Ikonographien des Todes und seine Motive zuhauf auf mich warten? Was das Morbide anbelangt, steht Wien Venedig in nichts nach. So mein Klischeebild der Stadt.

Nach zehnstündiger, ruhiger Zugfahrt in den Süden erreiche ich Wien im frühen Abenddunkel. Wien strahlt. Wien erstrahlt in einer Adventslichterorgie. Die Luft ist weich und viel zu warm für diese Jahreszeit. Unterwegs zum Hotel am Stadtpark verliere ich meine Handschuhe. Beim Nachtspaziergang durch die Gassen um den Stephansdom lockt mich ein Geräusch in einen Gang zwischen zwei eng stehenden Häusern, wovon eines eine Schokolaterie, das andere ein Pelzgeschäft ist. Der Hinterhof besteht aus einem schmalen Schacht, der Blick zum Himmel durchbrochen von einem engmaschigen Netz, das die Tauben davon abhalten soll, über den einzelnen, hagebuttentragenden Rosenstock herzufallen, der hier wächst. Zu beiden Seiten winden sich Wendeltreppen empor bis zum fünften Stockwerk, die Balkone der Wohnungen liegen einander gegenüber. Zu meiner Linken, auf dem Balkon der vierten Etage, steht ein Mann und drischt mit seinem Teppichklopfer auf einen Perserläufer ein. Seine Schläge knallen und hallen wider. Dreck rieselt, Staub schwebt herab.

Unter dem Torbogen bin ich verborgen und gut geschützt. Ich stehe lange und frage mich, was das alles soll, versuche die Zutaten zu enträtseln. Wien, Nacht, Rose, Hagebutte, Dreck, Staub.

Was, wenn es einen Sinn ergäbe? Wenn es grundsätzlich einen Sinn gibt, hinter allem, unter allem, in allem? Was, wenn ich mir die Chance auf Sinnstiftung nehme, weil ich zu wild suche? Was, wenn der Sinn erst kommt, wenn sich alles auf schlichtes Dasein und Erleben ausrichtet?

Staub liegt in der Luft. Er ist leicht. Die Flocken können schweben, trudeln, müssen nicht den Boden berühren, werden vom Wind getragen, letztlich aber werden auch sie von der Gravitation beherrscht. Wie viel Schönheit darin liegt. Die Schönheit zu sehen, Schönheit zu schaffen, den Moment zu dehnen. Man sagt, die Zeit vergehe schnell, sie sei flüchtig. Das ist nicht wahr, meine Gedanken können die Zeit dehnen.

Ich dehne die Zeit wie Staub unter dem Nachhimmel.

Und denke an den Tod – an *seinen* letzten Tag in meinem Jahr. »Ich habe Angst vor dem Tod. Warum ist das so?« Am Anfang stand diese Frage. Am Ende darf ich keine Antwort schuldig bleiben. Schön wäre gewesen, wenn mich die Erlebnisse dieses Jahres so verändert hätten, dass ich eine plausible Lösung zu präsentieren nicht in Verlegenheit wäre. Das Jahr hat mich geprägt. Der Tod ist ein machtvoller Gefährte. Habe ich tatsächlich keine Angst mehr vor ihm? Vermutlich hatte ich sie nie. Die Angst hatte ein anders, tieferliegendes Gefühl überlagert, das sich mehr und mehr herauskristallisiert hat und genau wie diese Staubflocken durch den Hinterhof taumelt.

Wut. Unter der Angst liegt Wut. Ich bin sauer auf den Tod, dass es ihn gibt und bislang keine der segensreichen Erfindungen der Menschheit dazu geführt hat, ihn loszuwerden. Er ist eine Unverschämtheit, eine Zumutung. Was für eine gnadenlose Konfrontation uns zugemutet wird. Wie konnte die Natur nur so etwas erfinden? Ich bin erbost, entrüstet und stinkwütend. Ich will nicht *nicht* auf der Welt sein. Der Tod ist der komplette Untergang einer ganzen Welt, einer Erfahrungswelt, meiner Welt. Die Zumutung dabei ist, dass es ohne mich weitergehen wird. In meine Wut mischt sich eine Art Vortrauer, weil ich das hier, das wunderbare Leben, werde verlassen müssen.

In den meisten Geschichten und Darstellungen, einschließlich meiner eigenen Vorstellung, ist er allein, der Tod. Sofern man ihn personifiziert, ist er eine einsame, verlorene Gestalt. Er verkörpert Verlassenheit, Vereinsamung, Isolation. Dass er auch mir das einmal zumuten wird, macht mich zornig. Denn ich fürchte mich vor der Einsamkeit. Dass da niemand mehr ist, der mein Gesicht sanft in seine Hände nimmt. Davor, verlassen zu müssen. Niemandes Wärme mehr spüren zu können. Der Tod trennt von allem, was ist. Trennt mich von der Liebe.

Aber nicht jetzt. Solange ich lebe, werde ich mich ihm nicht unterwerfen. Ich setze ihm meine Wut und meinen Trotz entgegen, denn das habe ich in diesem Jahr herausgefunden: Wut und Trotz sind mein ureigener Antriebsmotor. Wie oft habe ich gehört, dass die meisten Menschen erst anfangen zu leben und zu genießen, wenn ein Schicksalsschlag sie ereilt hat. Ich brauche keinen Schlag vor den Koffer. Leben ist alles. Lebenssatt werden, darum geht es. Das habe ich begriffen. Dafür braucht es – in meinem Fall – eine Portion Rebellion.

Wir fürchten uns vor der Bedeutungslosigkeit, im Leben wie im Tod. Mit dem Ende des Bewusstseins endet unsere Bedeutung als handelnde Person. Es kann sein, dass einige die Ehre haben, durch ihre Taten und Gedanken ›unsterblich‹ zu werden, dennoch werden ihre Gefühle und Emotionen, ihr Ich, mit dem Tod ausgelöscht, denn alles, was bleibt, wird von den Nachfolgenden interpretiert. Die Vorstellung vom Nichtmehrsein ist so unerträglich, dass wir Geschichten erfinden, die wir so sehr glauben wollen, dass uns der Glaube in Fleisch und Blut, Mark und Bein übergeht, sich regelrecht in uns einschreibt, so dass wir wahrhaft glauben. Wir sind überzeugt von der Realität der Fiktion hinter unserer Geschichte.

Dort gibt es mitunter einen Gott oder Götter, einen Himmel und das ewige Leben, Wiedergeburt. Dort gibt es alles, was nicht endet.

Leider bin ich zu sehr Geschichtenerzählerin, als dass ich an einen götterbevölkerten Himmel oder das Paradies oder welch erfundenes Jenseits auch immer glauben könnte.

Sicher ist es ein fremdes, mir unbekanntes, ungewisses Ziel, das mich erwarten wird. Erfreulicherweise gibt es im Hier und Jetzt ein paar Gewissheiten:

Unsere Seele ist unsterblich, heißt es. Für mich ist die Seele eine Idee. Und Ideen sind grundsätzlich unsterblich. Sie wandern durch die Zeiten, von Mensch zu Mensch.

Mein Körper ist Energie. Die Natur, die Meisterin der Ökonomie, vergeudet nichts. Der physikalische Energieerhaltungssatz ist ein Gesetz. Mein Körper wird zu funkenhaften Energiepartikeln, die – Danke, Goethe! – am Ende mit der Welt amalgamieren.

Ist das gewiss? Gewiss nicht! Es ist Glaube.

Für mich die beste Geschichte, die ich mir selbst erzählen kann.

Wien, Nacht, Rose, Hagebutte, Dreck, Staub. Ich stehe inmitten von Einzelpartikeln, die sich wundervoll zusammengefügt haben, und sehe wie schön alles ist.

Ende ...?

DANK

Mein herzlicher Dank gilt all jenen, deren Jahr ich ein Stück weit begleiten durfte, die mir Zeit schenkten und mich in ihre Leben hineinschauen ließen. Dr. Marc Müller, Fanny und Piet, Bärbel Azis, Alexandra und Gerhard Seidel, Stefan Schneider, Merle Fells und James, Beate Klahold, Judith Grümmer und Jochen Kehrer, Prof. Dr. Heinz Rölleke, Martin Schläpfer, Djalil, Faridah, ihrem Vater und den Kairoer Friedhofskindern Jasira, Amira, Kahina, Mayla und Imad, Johannes Grünwald, Bernd Schaarmann, Herr Iding und Herr Picard, Moussa Benzerga, Armin Sonnenschein und Monika Fey.

Für die Unterstützung und den Zuspruch danke ich außerdem: Michael Füting, Dr. Eva Hölter, Elisabeth Beckmann, Lena Pasternak und Patrik Muskos, Ieva Balode und Andra Konste, Katrin Lange, Stefan Bollmann, Wolfgang Büscher und allen Kollegen vom Sachbuchseminar der Bayerischen Akademie des Schreibens im Literaturhaus München.

Mein besonderer Dank gilt dem Baltic Centre for Writers and Translators in Visby, Gotland sowie dem International Writers' and Translators' House in Ventspils, Lettland. Hier hatte ich Raum und Weite zum Schreiben.

Für alle Lebensliebhaber bietet das Gütersloher Verlagshaus Durchblick, Sinn und Zuversicht. Wir verbinden die Freude am Leben mit der Vision einer neuen Welt.

UNSERE VISION
EINER NEUEN WELT

Die Welt, in der wir leben, verstehen.

Wir sehen Menschlichkeit als Basis des Miteinanders:
Mitgefühl, Fürsorge und Beteiligung lassen niemanden verloren gehen. Wir stehen für gelingende Gemeinschaft statt individueller Glücksmaximierung auf Kosten anderer.

Wir leben in einer neugierigen Welt:
Sie sucht ehrgeizig und mitfühlend Lösungen für die Fragen unseres Lebens und unserer Zukunft. Wir fragen nach neuem Wissen und drücken uns nicht vor unbequemen Wahrheiten – auch wenn sie uns etwas kosten.

Wir leben in einer Gesellschaft der offenen Arme:
Toleranz und Vielfalt bereichern unser Leben. Wir wissen, wer wir sind und wofür wir stehen. Deshalb haben wir keine Angst vor unterschiedlichen Weltanschauungen.

Das Warum und Wofür unseres Lebens finden.

Wir helfen einander, uns selber besser zu verstehen: Viele Menschen werden sich erst dann in ihrem Leben zuhause fühlen, wenn sie den eigenen Wesenskern entdecken – und Sinn in ihrem Leben finden.

Wir ermutigen Menschen, zu ihrer Lebensgeschichte zu stehen: In den Stürmen des Alltags geben wir Halt und Orientierung. So können sich Menschen mit ihren Grenzen aussöhnen und zuversichtlich ihr Leben gestalten.

Wir haben den Mut, Vertrautes hinter uns zu lassen: Neugierde ist die Triebfeder eines gelingenden Lebens. Wir wagen Neues, um reich an Erfahrung zu werden.

Erfahren, was uns im Leben trägt und erfreut.

Wir glauben an die Vision des Christentums: Die Seligpreisungen der Bergpredigt lassen uns nach einer neuen Welt streben, in der Vereinsamte Zuwendung, Vertriebene Zuflucht, Trauernde Trost finden – und Gerechtigkeit, Barmherzigkeit und Frieden herrschen.

Wir geben Menschen die Möglichkeit, den Glauben (neu) zu entdecken: Persönliche Spiritualität gibt Kraft, spendet Trost und fördert die Achtung vor der Schöpfung sowie die Freude am Leben.

Wir stehen mit Respekt vor der Glaubenserfahrung anderer: Wissen fördert Dialog und Verständnis, schützt vor Fundamentalismus und Hass. Wir wollen die Schätze anderer Religionen kennenlernen, verstehen und respektieren.

GÜTERSLOHER VERLAGSHAUS
DIE VISION EINER NEUEN WELT

Bibliografische Information der Deutschen Nationalbibliothek
Die Deutsche Nationalbibliothek verzeichnet diese Publikation in der Deutschen Nationalbibliografie; detaillierte bibliografische Daten sind im Internet über https://portal.dnb.de abrufbar.

Die Autorin wurde gefördert durch

BALTIC CENTRE *for* WRITERS *and* TRANSLATORS

INTERNATIONAL WRITERS' AND TRANSLATORS' HOUSE

klimaneutral
powered by ClimatePartner°
Druck | ID 12559-1708-1001

FSC
www.fsc.org
MIX
Papier aus verantwortungsvollen Quellen
FSC® C014496

Verlagsgruppe Random House FSC® N001967

1. Auflage

Umschlagmotive: pixabay.com
Druck und Bindung: GGP Media GmbH, Pößneck
Printed in Germany
ISBN 978-3-579-07310-1

www.gtvh.de